THE LOST WHITE TRIBE

Explorers, Scientists, and the Theory that Changed a Continent

製造 非洲白種人

聖經故事、殖民探險、人種假說，一段尋找人類起源的歷史

羅賓森◎著
Michael F. Robinson

梁永安◎譯

THE LOST WHITE TRIBE: Explorers, Scientists, and the Theory that Changed a Continent
by Michael F. Robinson

製造非洲白種人：
聖經故事、殖民探險、人種假說，一段尋找人類起源的歷史
（初版書名：非洲失落的白色部落：探險家、科學家與一段改變人類命運的假說）

作　　者　羅賓森（Michael F. Robinson）
譯　　者　梁永安
選書責編　張瑞芳
編輯協力　劉慧麗
專業校對　劉慧麗、魏秋綢、張瑞芳
版面構成　張靜怡
封面設計　陳文德
行銷統籌　張瑞芳
行銷專員　段人涵
出版協力　劉衿妤
總 編 輯　謝宜英
出 版 者　貓頭鷹出版

發 行 人　涂玉雲
發　　行　英屬蓋曼群島商家庭傳媒股份有限公司城邦分公司
104 台北市中山區民生東路二段 141 號 11 樓
劃撥帳號：19863813；戶名：書虫股份有限公司
城邦讀書花園：www.cite.com.tw ／購書服務信箱：service@readingclub.com.tw
購書服務專線：02-2500-7718~9（週一至週五 09:30-12:30；13:30-18:00）
24 小時傳真專線：02-2500-1990~1
香港發行所　城邦（香港）出版集團／電話：852-2877-8606 ／傳真：852-2578-9337
馬新發行所　城邦（馬新）出版集團／電話：603-9056-3833 ／傳真：603-9057-6622
印 製 廠　中原造像股份有限公司
初　　版　2018 年 5 月／二版 2022 年 9 月
定　　價　新台幣 599 元／港幣 200 元（紙本書）
新台幣 419 元（電子書）
I S B N　978-986-262-573-6（紙本平裝）／ 978-986-262-569-9（電子書 EPUB）

讀者意見信箱　owl@cph.com.tw
投稿信箱　owl.book@gmail.com
貓頭鷹臉書　facebook.com/owlpublishing

國家圖書館出版品預行編目資料

製造非洲白種人：聖經故事、殖民探險、人種假說，一段尋找人類起源的歷史／羅賓森（Michael F. Robinson）著；梁永安譯. -- 二版. -- 臺北市：貓頭鷹出版：英屬蓋曼群島商家庭傳媒股份有限公司城邦分公司發行, 2022.09
面；　公分. --
譯自：The lost white tribe: explorers, scientists, and the theory that changed a continent
ISBN 978-986-262-573-6（平裝）

1. CST：非洲史　2. CST：人種學
3. CST：白種人　4. CST：文化研究

760.23　　111011602

本書採用品質穩定的紙張與無毒環保油墨印刷，以利讀者閱讀與典藏。

好評推薦

儘管今日世界已經因為網際網路與交通的發達愈來愈連成一體，但「種族」仍然是今日世界重要的動盪來源。

本書以生動手筆介紹了一個在現代生物基因科技出現之前，西方白人世界如何找尋「白色種族」祖先的故事，這個故事提醒了對於種族的迷信可能如何蒙蔽自己，我們面對「種族」問題又該如何找到開放與尊重多元的態度。

——宋世祥／【百工裡的人類學家】創辦人，中山大學創新創業學院整合學程專案助理教授

黑非洲，在歐洲人的傳統刻版印象中，她象徵著文明落後的黑暗大陸，也意謂是黑色人種地區。本書作者歷史學家羅賓森利用十九世紀探險家史坦利在東非洲發現白種人部落的故事做為引子，從《創世記》被詛咒的含族傳說探討非洲人種膚色問題，在考古學、人類學、語言學等各領域中尋找非洲與白種人關係的研究成果，藉此論述歷史上歐洲人如何自我合理地詮釋與剝削非洲。同時，作者也勾勒出歐洲人存有對非洲白色皮膚部落的種族情感糾葛。

——蔡米虹／國立臺南大學文化與自然資源學系副教授

一部傑出的傳記，傳主是一個觀念：「含族假說」。它把「含族假說」的生成變化娓娓道來，又揭示出它與探險史、科學史、人類起源觀點和許許多多其他事情的關係。

——《新書網絡》

非同凡響……雖然焦點是放在故去已久的探險家和老舊的科學文獻，但本書令人感受到它和當前的政治現實有著驚人的相關性。

——《宗教快遞》

在這本全力投入且深具啟發性的研究中，羅賓森追溯了一個韌性十足的觀念的生成演化。這個觀念是用來解釋人種的分布和差異，曾經讓探險家、科學家、小說家、納粹頭目和其他人入迷不已。本著極大的熱情，這著作充滿各種傳奇故事、歷史洞察和道德教喻。

——肯尼迪，著有《最後的空白空間：非洲和澳洲探險》

這是一趟奇技表演，一部探討現代世界人種觀念的傑出思想史與文化史著作。作者羅賓森為當前科學史與探險史研究的佼佼者之一，而他這部不同凡響的著作對持續進行中的種族辯論亦貢獻匪淺。

——韓森，著有《現代人的高峰：啟蒙運動之後的登山運動》

目次

製造非洲白種人：聖經故事、殖民探險、人種假說，一段尋找人類起源的歷史

第二部分　變白的世界

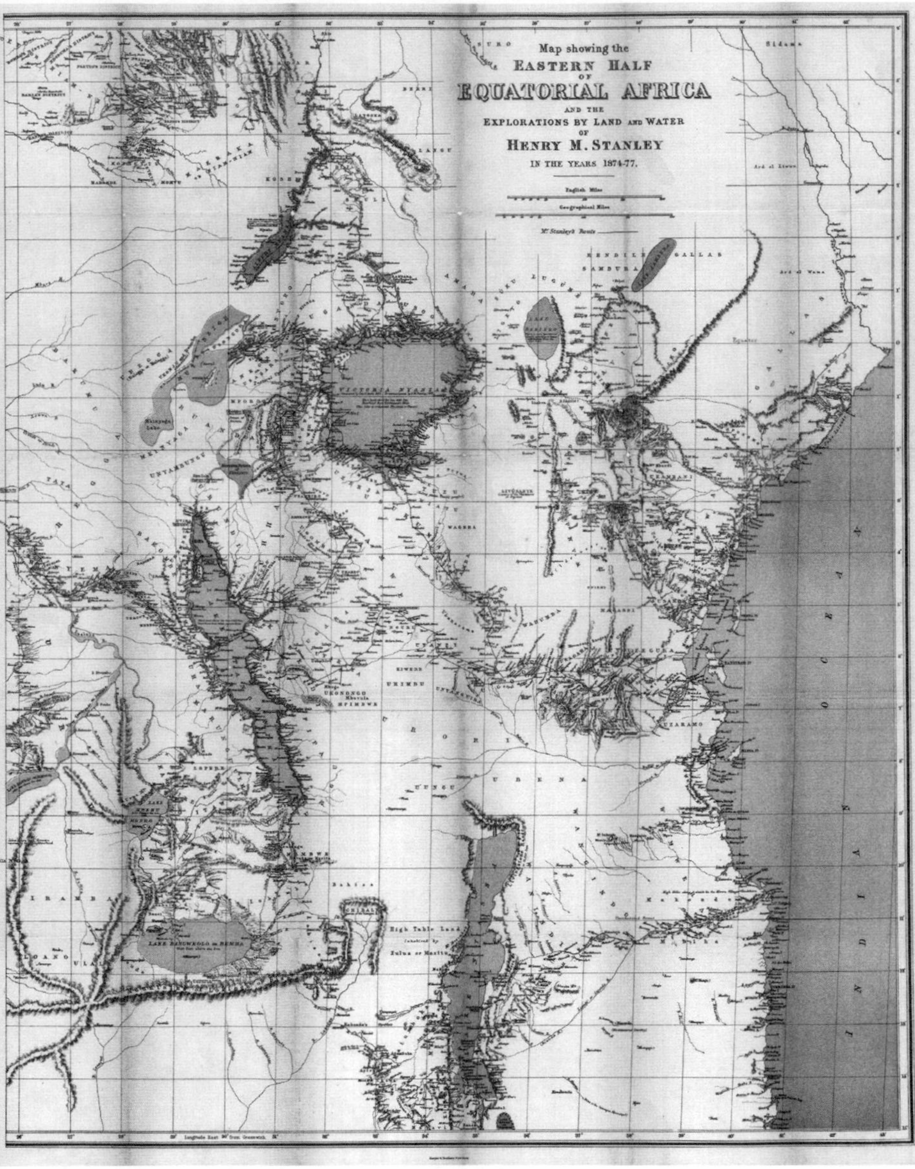
Map showing the
EASTERN HALF
OF
EQUATORIAL AFRICA
AND THE
EXPLORATIONS BY LAND AND WATER
OF
HENRY M. STANLEY
IN THE YEARS 1874-77.
English Miles
Geographical Miles
Mr. Stanley's Route
VICTORIA NYANZA
LAKE BANGWEOLO OR BEMBA
UNYAMBUNGU
UKONONGO
UNYANYEMBE
UZARAMO
UBENA
UNINDU
SAMBURA
GALLAS
High Table Land
Zulus or Mazitu
INDIAN OCEAN

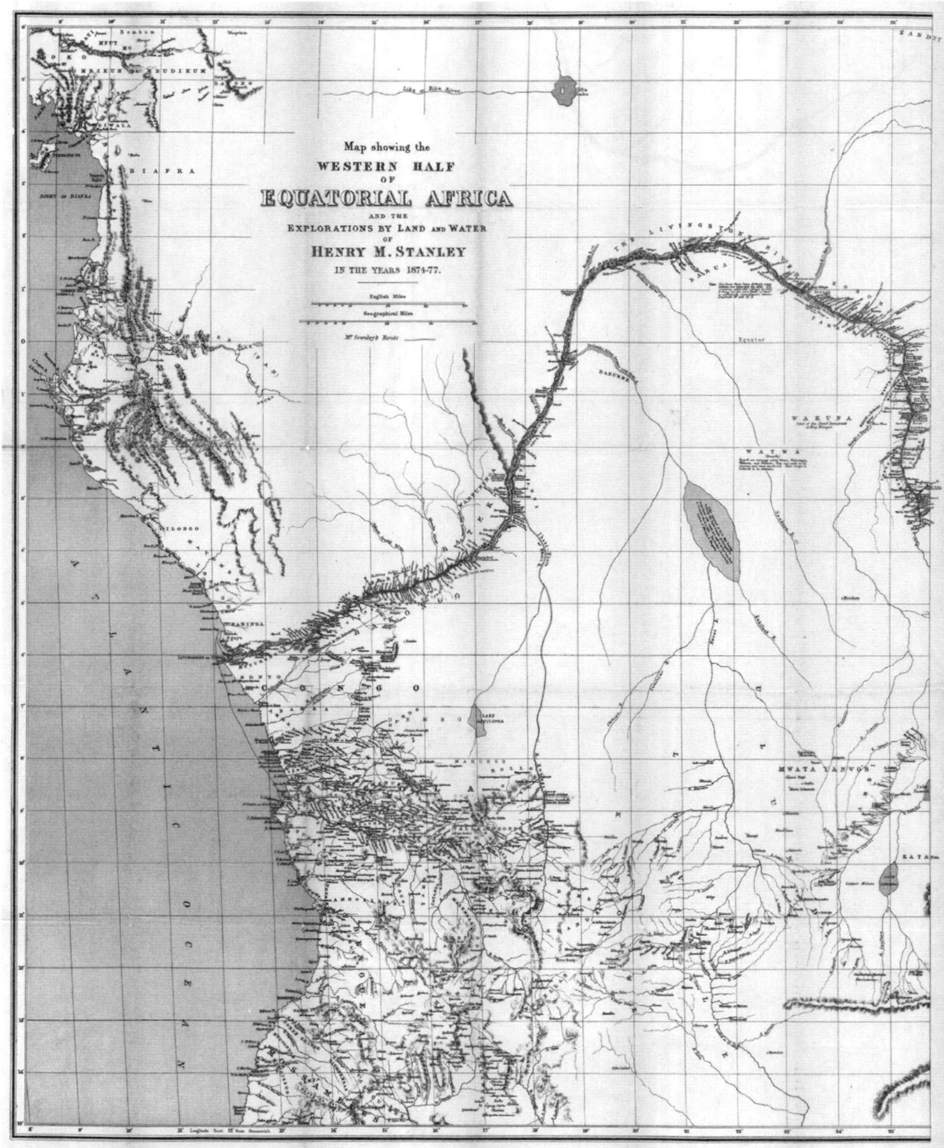

來源：Historic Maps Collection, Princeton University Library. HMC01.246.*

＊譯注：此為史坦利在一八七四至七七年橫跨赤道非洲的路線圖。

獻給米雪

序

十九世紀晚期的龐德街穿過倫敦最時髦的地區，離熙熙攘攘的皮卡迪利街和攝政街都不遠，兩旁盡是氣派的宅邸和藝術館。然而，在一八八五年秋天，當記者克爾打這裡走過時，卻覺得兩旁的建築高大而陰沉沉，讓他有走在一條幽暗廊道的感覺。其中又以史坦利的宅邸「最高大和最陰沉」，一點都不像世界最知名探險家的住處。這位探險家曾橫穿非洲大陸、繪製出剛果河流域圖，還找到失去音訊的英國傳教士李文斯頓。克爾擠過「四濺的行人」，去到史坦利家大門，拉響門鈴。開門的是男管家。他遞上名片，管家隨即把他領到二樓書房。在書房裡，他終於看見一些反映大探險家豐功偉績的跡象：地毯上鋪著一張華麗虎皮，一幅剛果河下游的大地圖攤開在桌子上。

史坦利在幾分鐘後出現。他個子小、身材結實，面容嚴肅。克爾形容，他有著「嚴厲深思的眼神」。雖然已經失去在剛果活動期間的「格鬥士苗條身材」，史坦利的皮膚仍然黝黑。他的頭髮和克爾幾年前看過的「完全不同」。*就連他的說話聲聽在克爾耳裡也是有點怪怪的。

亨利·史坦利。
來源：National Portrait Gallery, London. Reference Number: Ax9169.

長時間生活在英語世界之外讓史坦利養成一種腔調。他的家豪華安靜，唯一和這個環境格格不入的看來只有史坦利本人。他雖然住在倫敦，卻儼然生活在他鄉：更讓他自如的是帝國的邊陲而不是中心。[1]

但史坦利當年在帝國邊陲的表現卻引起倫敦這個世界中心的矚目。一八七一年找到李文斯頓的事蹟讓他一夕成名，躋身國際名人，而他的名氣也大大提高了歐洲人對非洲的興趣。到了一八八〇年代，歐洲列強都把眼睛望向這個南方大洲，垂涎其黃金和象牙、龐大的橡膠和棉花生產力，還有其握控世界重要航道的優越位置。非洲是當時有人居大洲中被了解得最少的一個，卻突然變成了最值得征服的對象。英國、法國和德國對尼羅河三角洲到好望角之間的不同土地各自提出主權主張——這種情形被《泰晤士報》形容為「爭奪非洲」，帶來的結果是非洲被瓜分為東一塊、西一塊殖民地。就連蕞爾小國比利時也軋一腳，急於分一杯羹。最後，它奪得全長四千六百公里的剛果河及其盆地——這個地區的面積比比利時本身大七十六倍。[2]

有五年時間，比利時的野心就是史坦利的工作：協助國王利奧波德把剛果置於歐洲人控制之下。透過一間非洲人和歐洲人合組的小公司，他在剛果河下游建立了一系列水文站，又與住在河兩岸的部落談條約。克爾向史坦利打聽這個龐大計畫的細節，兩人一起端詳桌上的大地

＊指頭髮變白。

圖。克爾想了解剛果叢林區有多麼炎熱潮濕、剛果河的地理狀況和史坦利希望蓋在南岸的鐵路重要性何在。

剛果的命運對史坦利本人和非洲的未來都無比重要，但克爾會專程來龐德街卻是另有理由。經過快一小時的談話以後，他把問題引入另一個方向。那是有關一件時間更早的事件，發生在史坦利一八七四年至七七年橫跨非洲途中經過布干達*之時。布干達國王極有權勢，名叫穆特薩。當史坦利在談話中偶然提到穆特薩，克爾馬上抓住機會，問他：「你就是在穆特薩的領土遇到那些來自甘巴拉嘎拉山的白皮膚非洲人的嗎？你真的認為，就像有些人說的，非洲內陸有一整個這樣的白人部落嗎？」

「沒錯。」史坦利回答。

大約十年前，他在雲霧繚繞的東非洲山區遇到了他所謂的「甘巴拉嘎拉山白色種族」。一八七六年八月，他把這個發現用電報發給《紐約先驅報》。消息登出後，這篇稿子迅即被美國和歐洲數以十計的報紙轉載、轉述或摘錄。《哈特福德新聞報》的標題作「非洲的白色民族」，芝加哥的《每日國際海洋報》的標題作「非洲山區一個淺膚色的新種族」，《阿爾巴尼晚報》的標題作「史坦利得到了一個驚人發現」。這個故事在史坦利回國後繼續流傳。他經常在公開演講中談到這些「白皮膚非洲人」，又把他們寫入他的探險記《穿過黑暗大陸》。

非洲的「白色種族」未幾也引起了科學家的興趣。這個發現引發的爭論同時出現在大西洋兩岸的學術期刊，包括《美國博物學家》和《英國皇家學會會刊》。到了克爾在一八八五年拜訪史坦利的時候，一些要證實其事的探險活動已經展開。一八八四年，葡萄牙探險家雷迪爾計劃到東非的神祕山脈「一訪住在山上的白色種族」。未幾，甘巴拉嘎拉山的故事得到其他西方人的報告證實：這些人包括人類學家、考古學家和探險家，他們自稱曾在非洲內陸的其他地區見過白色人種。[3]

與此同時，在世界其他地方（例如日本北部、菲律賓叢林、中美洲叢林和加拿大北極荒原），美國和歐洲探險家也傳回來有關白色部落的故事。這些發現彼此相關嗎？許多科學家認為是。在十九世紀最後十年，他們彙整一類不尋常的發現（被發現的包括頭髮淡黃色的印第安人、碧眼的因紐特人和圓眼的日本人），希望可以從分散各處的拼圖方塊，拼湊出一個遠古白色人種的全貌。從這些努力產生出一個有關人類演化和遷徙過程的理論，它試圖透過追蹤淺膚色人種進入深膚色人種地區的軌跡，建立人類物種的史前史。這也是史坦利的甘巴拉嘎拉山故事會被嚴肅看待的原因之一。因為它看來是一個更大謎團的線索，而這個謎團的解決在在看來有助於回答一些更基本的問題：人類物種起源於何處？它為什麼會分裂為不同人種？這些人種又是如何散布到地球不同角落？

---

*布干達是非洲一個古老王國，據聞建於十四世紀，位置為今日烏干達境內。

快五點鐘的時候，一個年輕非洲人把茶端進史坦利的書房。採訪近尾聲了。克爾已經得到寫文章的足夠材料。他準備寫的是歐洲列強在非洲的角力，尤其是在剛果的角力，所以，史坦利提供的材料既合時宜又有新聞價值。然而，當這次訪談的內容幾星期後在《紐約時報》登出時，重點卻不是放在非洲土地，而是放在非洲人本身，標題作〈白皮膚非洲人和剛果〉。由此看來，即使非洲已經成為歐洲列強的較量舞台，白色種族的奇特故事依舊繼續點燃著讀者的興趣。

◆—◆—

在兩年後的一八八七年，史坦利將會重返東非，並且從一段距離外再次一瞥淺膚色非洲人所居住的高山家園。與此同時，克爾將會出版一本名為《在白色非洲人中間迷路》的小說——正如他自承，這個寫作計畫之所以可能，「靠的完全是史坦利先生的熱心」。不過它只是世紀末數以十計以發現「迷路白色部落」*為主題的小說之一。到了這時候，「甘巴拉嘎拉山白色種族」的故事已經不僅是小說創作的靈感來源，還愈來愈被當成人類學事實看待。史坦利的報告也只是愈來愈多的同類型報告之一——它們在十九世紀和二十世紀初期的報紙和科學期刊都大占版面。這就不奇怪澳洲作家尼姆在一九〇五年登於《錢伯斯雜誌》的文章〈神祕的白色種族〉裡會這樣說：「普遍相信，在熱帶的偏遠地區，住著一些神祕和與世隔絕的白色部落。這樣的想法長久以來都散發著一股奇特的魅力。」靠著來自許多不同地方的報告助長，這種魅力持續到二十世紀好幾。[4]

但它並沒有持續到今日。甘巴拉嘎拉山業已被遺忘。儘管它曾經引起極多圈子的興趣和影響過一批重要歷史人物，今日的歷史學家基本上絕口不談史坦利的白色部落。早期的史坦利傳記總會提到甘巴拉嘎拉山，但近年的傳記很少談這座山，更是絕不提他遇到過「生活在非洲心臟地帶的白皮膚民族」。霍爾的《史坦利傳》（一九七四）用兩行字把傳主發現甘巴拉嘎拉山的經過交代過去——這樣的字數還算是多的。自此，甘巴拉嘎拉山從談史坦利的著作完全消失。就連紐曼出版於二〇〇四年的卓越之作《帝國足跡》——作者自謂此書致力於重現史坦利每一趟探險的來龍去脈——仍然沒有談及這個片段。[5]

這很令人驚訝，因為史坦利的生平和探險一直受到極詳盡的檢視。在一八七六年發出有關甘巴拉嘎拉山的報告時，他是世界最知名的探險家，並一直保持這種地位直到一九〇三年身故。那之後，他持續知名，哪怕較近期對史坦利的描寫都側重於對他個性複雜和矛盾的一面著墨。繼他之後的新一代探險家雖然人才輩出（有試飛員，有深海潛水員，有太空人，他們業已

＊lost 這個字更精確的翻譯可能是「丟失」，因為它是以西方人為主體，表示那些在遙遠異域發現的「白色部落」是西方人的「失物」。此處譯為「迷路」是為求閱讀通順。

成為定義二十和二十一世紀的一部分），史坦利的鋒頭仍然沒被蓋過。一份在他百歲冥壽（一九四三年）出版的書目列出了一百二十三種研究他的出版品，包括書籍、文章和演講稿。這方面的出版品後來有增無已。有關他的文章、研討會和探險史作品的出現頻率一直相當穩定。據我統計，他的全傳至少有四十本。簡言之，史坦利已經成為維多利亞時代探險活動的一大代表人物，是任何談「爭奪非洲」、「報業崛起」和「大眾文化成長」的著作都會提上一提。但甘巴拉嘎拉山的故事偏偏就是不見了。[6]

道理很簡單。探險家的故事對傳記作者來說是惡夢，涵蓋面大得不是一本書的篇幅所能全面關照。史坦利一生多姿多彩（當過軍人和記者，寫過十本書，領導過七次遠征隊），有關他生平和功績的材料填滿了比利時史坦利檔案館的幾百立方公尺空間。光是追蹤他橫跨非洲和後來橫跨整個維多利亞時代的足跡便已夠複雜了，更遑論爬梳他寫過的新聞稿件和通俗著作。在一八七〇年代和一八八〇年代之間，他的探險故事持續出現在報端，同時是讚譽和爭議的對象。總之，史坦利在大眾文化的高聳身影和尼羅河等長，在歐洲和美國的日報創造出數不盡的故事。有鑑於他的一生有那麼多故事、事件和爭議，甘巴拉嘎拉山會被人忽略誠屬自然。

不過，它又在史坦利自己作品中扮演重要角色，曾出現在他的日記、現場快報、新聞稿件、探險記和自傳，甚至還出現在他葬禮上的悼詞。所以，它會受到忽略，不太可能是集體疏忽所致。更有可能的理由毋寧是，發現白色部落的故事不是那種我們想要聽到的史坦利故事和非洲探險故事。他寫的探險記大多把重點放在地理發現和人命代價。兩者都相當可觀。在一八七一年和一八八九年之間，史坦利前後率領過四支大型非洲遠征隊。有時，他的非洲探險更像是揮舞大棒而不是探險，所到之處血跡斑斑，留下數以百計死傷。早期的傳記作者總是對史坦利的勇敢和堅韌讚賞有加，但後來的作家和學者都指責他罔顧人命（有時甚至是殘忍），並設法從史坦利的心理求得一個深層解釋。還有些人把他的暴力向外投射，說史坦利的探險是「爭奪非洲」的第一響砲聲，開啟了列強殖民非洲的先聲（過程中又引起更多暴力，導致非洲文化被大規模擾亂，政治系統被摧毀，迄今沒有完全恢復）。不過，史坦利的某些方面——例如甘巴拉嘎拉山及其白皮膚居民的故事——並不符合這種觀點。對此，論者只是略過不提。[7]

相對於帝國大業的締建和地理大發現來說，史坦利的白色部落故事看來不值一哂。如果它有代表什麼，那就是代表回到中世紀的世界，當時的非洲地圖上都畫著獨腳怪獸和狗臉人。史坦利有關白色部落的談論也和他在敘事時明顯表現的科學素質顯得格格不入。例如，談到某個地點時，他總不忘記交代經緯度，總是附上土著詞彙表，總是對動植物有詳細描寫。這些都是維多利亞時代探險家的正字標記。與此相比，白皮膚非洲人看來只是史坦利幻想出來，是黃熱病作祟或（更有甚者）黃新聞*作祟的結果。

我們會忘卻甘巴拉嘎拉山的故事還是因為它讓我們感到不自在。過去四百年來，西方人都把白人放在各種有關非洲的記述的中心。這個大洲的故事是從奴隸船的航海日誌、殖民地官員的報告和史坦利等探險家的記述中慢慢浮現。自這個大洲在一九六〇年代擺脫殖民統治開始，非洲人一直設法把在地人的聲音恢復過來（這聲音此前一直被大西洋奴隸貿易和隨後一世紀的歐洲占領所壓制）。所以，二十一世紀的學者會不願意檢視一則非洲有關白人部落的傳說，是可以理解的。他們大概是唯恐這樣做會讓它復活過來。他們擔心，雖然白人侵略者已經走了，但他們的陰影繼續留著，這一次不是要掠奪非洲的人民或黃金，而是要掠奪它的歷史。

那麼，我為什麼要為一則不可能是真的故事甘冒讓帝國鬼魂復活的危險？原因是，史坦利的白色部落故事不管對非洲歷史還是非洲與西方的關係都有著深遠影響。甘巴拉嘎拉山的故事看起來也許無傷大雅，卻包含著一個危險的觀念：黑色非洲是一個摻雜著白人的世界。這為西方人征服和定居非洲提供了一種新的正當性。如果白色部落在非洲真的是歷史悠久，那麼，尾隨史坦利進入非洲的歐洲人便不是殖民，而是**回歸**淺膚色入侵者許多世紀以前占領過的土地。白皮膚甘巴拉嘎拉人為一個可以重新定義非洲歷史的論證提供了佐證。更重要的是，它會為非洲的未來設定道路。我這裡所說的就是所謂的「含族假說」，史坦利既受其啟發又對其有助長之功。

本書是一部傳記，但傳主不是史坦利，而是「含族假說」。這個假說斷言淺膚色部落曾在遠古入侵非洲。源出古代神話，這理論隨著時間而演變，到了十九世紀晚期又成了科學家的最愛。他們用他們最精密的儀器和最器重的分析技術去測試它，一心希望可以憑它解決人種起源之謎。為追蹤「含族假說」的人生故事，本書會穿過一個又一個世紀，回到它的最早源頭。這是一個跨領域和跨學科的故事，牽涉的學科包括人類學、考古學、語言學和生物學。本書會逐個檢視那些開發出工具讓「含族假說」活起來的人物。史坦利的「發現」能引起維多利亞時代的聽眾共鳴，是因為它是一首交響曲的一部分，而這首交響曲是由構成「含族假說」的許多觀念編織而成。

為講述「含族假說」的故事，本書從事了自己的探險。這探險開始於「含族假說」在《希伯來聖經》†的古老源頭，再從東非洲的本土傳說推進至英國語言學家的語法研究，和維多利亞時代解剖學家的頭骨搜集之旅。甘巴拉嘎拉山之謎和其他有關白皮膚非洲人的報告引出了一些問題，而這些問題大部分是探險家沒有足夠裝備可以回答。例如，史坦利前往非洲的目的是解決尼羅河源頭之謎。他有準備好要為河流系統製圖，卻沒準備好為人類的家族樹製圖。所以，即使他知道東非洲內陸有一些謎團等著他去解開，他仍然沒有本領解開它們。人類的血統祖源無法靠直接觀察得知。它們不像明亮湖泊和湍急河流那樣一望即知，不可能被探險家畫在

＊「黃新聞」指煽情和大肆渲染的新聞報導。這裡指有人也許會以為史坦利是想引起轟動而虛構出白色部落的故事。

†猶太教的聖經，以希伯來文和亞蘭文寫成，內容是《舊約聖經》的來源，但有些微差異。

地圖網格內。

結果就是，「含族假說」必須靠其他方法拼湊起來。對於西方科學家來說，膚色是人種的明顯指標，但不是決定性指標。所以他們還從其他方面尋找可以把活生生白色種族（如甘巴拉嘎拉人）連結於他們人種遠祖的痕跡，例如土著神話、文物、語言和傳說。這些痕跡是可觀察、可測量和可驗證。然而，歷史（這是任何訓練有素的歷史學家和考古學家都會承認的）除了需要搜集事實，還需要建構故事。不管一個學者有多知所謹慎，不越俎代庖，光讓證據自己說話，它們仍然需要一個我們為它們創造的框架，方能把證據組合在一起。這個框架可供推論、比較和類推，是根據我們對世界的信仰組織起來。「含族假說」的創造者是靠著結合事實和判斷建立他們的理論，換言之是靠著結合可測量的證據和不可測量的假定。想弄懂「含族假說」為什麼對西方想像力發揮那麼大的影響力，我們除了必須探索博物學家的研究室，還必須探索赤道雨林，因為正是在這些不同的地點讓文物和論證被編織在一起。

最終，「含族假說」不只有助於解釋白色部落之謎，也有助於解釋現代世界。它定錨於一個全人類的起源和遷移理論，所以一旦與雅利安人種理論結合，一定會得出白色部落遍布全世界的結論。這個結論一度看似獲得證實。從一八七〇年代到一九三〇年代，一再有探險家認為自己在最遠的天涯海角（包括維多利亞島的北極荒原、西藏山區和巴拿馬叢林）發現了白色種族。這些發現也是本書要講述的故事的一部分。但與短命的雅利安人種理論不同（大多數人都認為這理論只活在納粹德國），「含族假說」繼續活到二十一世紀的今日。它在現代非洲文化的土壤裡扎了根，塑造出一些西方不太注意到的人種態度——哪怕這些態度曾經助長驚人的暴力行為，例如一九九四年的盧安達種族屠殺。*

「含族假說」被證明驚人耐活，能調適於各種環境，既有本領迷惑歐洲人上千年，復有本領讓非洲人為其作倀。有些本土部落是源自遠古的入侵者（他們被稱為歐洲人、高加索人、雅利安人或含族不等）——這種觀念在西方也許已經被遺忘，卻繼續牢牢留在從印度到東非的一帶。它的西方根源也仍然鮮明。所以，我們的故事將會從歐洲人講起，從他們前往世界最荒涼遙遠地區探索並找到一面照見自己的鏡子講起。

*盧安達種族屠殺是國內胡圖人對圖西人進行的種族滅絕大屠殺，從一九九四年四月至七月中旬的一百天裡，約有五十萬至一百萬人被殺，占全國總人口約五分之一。

第一部分

史坦利已被遺忘的故事

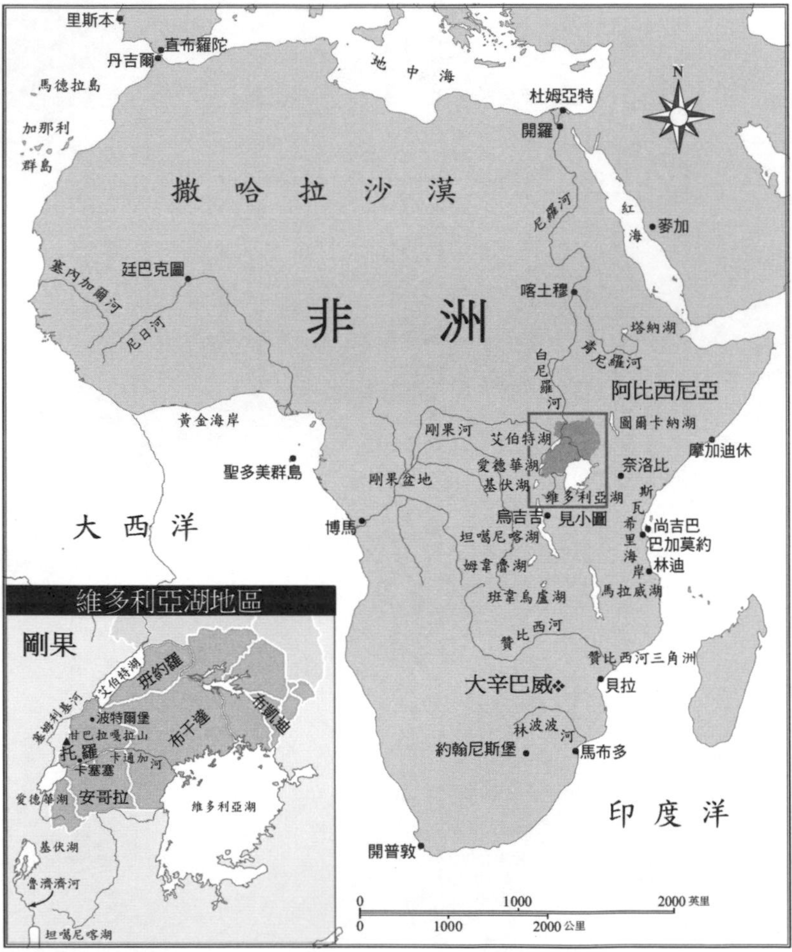
里斯本
直布羅陀
丹吉爾
馬德拉島
加那利群島
地中海
杜姆亞特
開羅
N
撒哈拉沙漠
尼羅河
紅海
麥加
塞內加爾河
廷巴克圖
喀土穆
非洲
尼日河
塔納湖
青尼羅河
白尼羅河
阿比西尼亞
圖爾卡納湖
摩加迪休
黃金海岸
剛果河
艾伯特湖
愛德華湖
基伏湖
奈洛比
聖多美群島
剛果盆地
維多利亞湖
斯瓦希里海岸
烏吉吉
見小圖
尚吉巴
巴加莫約
大西洋
博馬
坦噶尼喀湖
姆韋魯湖
林迪
班韋烏盧湖
馬拉威湖
贊比西河
贊比西河三角洲
大辛巴威
貝拉
林波波河
約翰尼斯堡
馬布多
印度洋
開普敦
0 1000 2000 英里
0 1000 2000 公里
維多利亞湖地區
剛果
艾伯特湖
班約羅
布凱迪
塞姆利基河
波特爾堡
甘巴拉嘎拉山
布干達
托羅
卡通加河
卡塞塞
安哥拉
愛德華湖
維多利亞湖
基伏湖
魯濟濟河
坦噶尼喀湖

第一章　甘巴拉嘎拉山

那四個男人的膚色是那麼的淺，五官是那麼的歐洲，史坦利要不是知道他們的來歷，準會以為他們是「穿白襯衫的希臘人」（他自己的形容）。然而，他又知道這種想法是荒謬的。因為，試問歐洲人到維多利亞湖西邊的這裡來是要幹什麼？只有屈指可數的西方人到過東非洲這個地區。在這個遼闊高原上，有的只是波浪起伏的草原和多結節的大戟樹。那四個男人是護送史坦利進入內陸的兩千多名護衛的其中四人——這支護衛隊很有必要，因為內陸地區飽受部落戰爭和奴隸貿易蹂躪，對外來人極不信任。外觀上，四個男人看上去一點不像其他的干達人*戰士，後者住在維多利亞湖一帶，有著紅褐色皮膚。他們也不像隊伍中的挑夫——這些挑夫家在尚吉巴，來自一千一百公里外的斯瓦希里海岸，帶著家小同行。不過，最重要的差別還不是膚色上的。史坦利觀察到，四個男人的「舉止習慣和來自布干達的人完全不同」：他們紮營後

＊干達人是布干達王國的主幹民族。「布干達」就是「干達人的國家」之意。

史坦利一八七五年率領遠征隊走過東非洲的情景，背景遠處是甘巴拉嘎拉山。來源：Henry Stanley, *Through the Dark Continent*, 1878.

只吃喝很少東西，食物是自己帶來的牛奶。

儘管探險隊隨時都有可能遭遇不友善部落的攻擊，四個淺膚色士兵仍然引起史坦利極大關注。「我的好奇心被挑起到最高點。」他在一八七五年十二月三日的日誌寫道。因為他們非常沉默寡言，史坦利只好向干達人指揮官錫卡育古上校打聽他們的事，由此得知他們不是住在維多利亞湖一帶，而是來自湖西邊的山區。山區最高的甘巴拉嘎拉山*坐落著一些村莊，村民都是淺膚色和有著歐洲人五官。因為高度極高，所以甘巴拉嘎拉山雖然地處赤道，山峰仍然終年積雪。其山坡滿布梯田和瀑布。甘巴拉嘎拉人是牧民，由國王尼卡統治，住在山坡和山麓，以放牧牛隻為生，主食是牛奶和香蕉。每逢外面世界的人來侵，他們就會退守到甘巴拉嘎拉山的雪峰：那裡有一個直徑幾百碼的火山湖，湖四周岩石高聳，易守難攻。[1]

即使聽在十九世紀歐洲人的耳裡，錫卡育古上校的說法一樣洋溢著夢幻色彩。自中世紀以來，非洲便一直是個引人遐想的地方。儘管歐洲幾個世紀以來一直拚命掠奪非洲（包括虹吸撒哈拉以南地區的黃金為其市場提供流動性，和抓走幾百萬奴隸去為其在新大陸的殖民地提供勞動力），但在歐洲人的想像力裡，非洲始終是一片夢幻之地，充滿怪異神祕。在中世紀的地圖上，非洲沿岸總畫著食人族和狗臉男人，內陸總畫著獨眼巨人。與備受鼠疫、宗教戰爭和革命肆虐的歐洲相比，非洲儼然是天堂。如果說它是一片財富之地，它也是一個集神奇與恐怖於一身的地方。[2]

不過，當史坦利在一八七〇年代到達非洲之時，內容怪誕的故事已經失寵。維多利亞時代的學者完全不能容忍牽涉魔法和奇蹟的故事。新地圖反映出思維方式的變化：怪物慢慢地從世界的角落消失，取而代之的是風向表、等溫線和山脈高度對比圖。對受過教育的讀者來說，要他們相信有奇怪的部落存在於奇怪地區，光靠報導人的信用並不夠。十九世紀的探險家以他們對待野生動物的同樣方式對待二手報導：小心翼翼和深思熟慮。在他們把地圖上的空白區域填

---

*根據維基百科，「甘巴拉嘎拉」在土語裡是「我眼睛痛」之意，指該山終年積雪的峰頂非常刺目。

滿之前，他們被認為有責任用理性、常識和科學儀器把盤踞在那裡的神話趕走。身為記者和探險家，史坦利深知未經證實的消息不可盡信。他對有關非洲的故事特別有戒心——他把非洲稱為「充斥荒謬不經故事的地方。」[3]

就像同時代大部分非洲探險家那樣，史坦利更感興趣的是地理學問題而非人類學問題。當時最引人關注的地理學問題是尼羅河的源頭。兩千年來，學者、神職人員和皇帝對這條偉大河流的發源地一直爭論不休。據說，凱撒曾對埃及祭司埃科雷斯這樣說：「沒有其他事情可以激起我更高興致。告訴我，這條著名河流是何溪何澗所哺育？」到了公元二世紀，亞歷山卓地理學家托勒密認為他知道答案。在《地理學》一書中，他斷言尼羅河源出於赤道附近的兩個湖，而兩個湖都是依偎在月亮山脈的山腳。這個理論的基礎相當薄弱，主要是來自商人和旅人的道聽塗說。但地圖繪製師照樣相信：自此，有一千多年時間，非洲地圖上總看得見月亮山脈和一對雙子湖。[4]

當歐洲探險家在十九世紀開始向非洲內陸推進之後，世人都預期尼羅河源頭之謎將被破解。他們會抵達尼羅河流域最南端看來只是時間問題。雖然這些探險家極少是科學家，但他們常常象徵著方法嚴謹的科學正向著世界的隱祕角落進軍。通過他們的努力，理性將會取代神話，觀察將會戰勝傳說。尼羅河源頭何在的知識沒有什麼實用價值，但實用價值不是重點。重點是，這種知識以把尼羅河從長期的傳聞和猜想中解放出來，讓它變成人類進步的象徵，成為任何學習初級地理或翻開家裡地圖集的人都可以知道的事實。在這個意義下，追尋尼羅河源頭會產生出什麼物質利益並不重要，真正重要是它代表的事情：仔細觀察打敗憑空臆測。

本著這種精神，一個世代的探險家（大多數是英國人）在一八五〇年代至六〇年代之間紛紛投入解謎運動。在皇家地理學會的支持下，英國遠征隊先後勘察了尼羅河的以北、以南和以東。一八五六年，都在英屬印度服役過的伯頓和斯皮克從東非洲海岸長途跋涉，進入內陸，並在一八五七年抵達遼闊的坦噶尼喀湖。不久之後，斯皮克又抵達坦噶尼喀湖以北的另一個大湖——他把它命名為維多利亞湖以對當時的女王表示尊崇。另一支由貝克夫妻率領的遠征隊在一八六二年從北面向尼羅河的源頭推進。到達尼羅河兩大支流（青尼羅河和白尼羅河）的交匯處之後，貝克夫妻溯尚未畫入地圖的白尼羅河而上，最終遇到了另一個大湖（「一個水銀之海」）。他們以王夫的名字把湖命名為艾伯特湖。後來，李文斯頓又在坦噶尼喀湖的南面發現了更多湖泊，包括班韋烏盧湖。在這二十多年的過程中，英國探險家完成了對東非洲的大探勘，讓它的湖泊和河流全部現形。它們儼如一些拼圖方塊，現在，只要把這些方塊拼在一起，尼羅河源頭之謎便可迎刃而解。[5]

問題是，探險家和地理學家對於他們解決了**什麼問題**意見不一。曾經在一八五八年站在坦噶尼喀湖遼闊湖畔的伯頓相信，這湖就是尼羅河的源頭。他的前拍檔斯皮克則認為維多利亞湖才是河源所在。李文斯頓又是另一種意見，聲稱尼羅河流域發源自坦噶尼喀湖西南，有可能是班韋烏盧湖。不奇怪地，他們擁護的都是他們各自發現的湖泊。這種互不相讓的情況後來公開化。隨著地理學家在這個爭論中選邊站，英國科學促進協會安排了三位探險家在其一八六四年的年會進行辯論。不過，在年會前夕，斯皮克卻意外死亡：他和親戚一起去獵鷓鴣，要爬過一面矮牆時用自己的獵槍來借力，不料扳機卻勾到樹枝而觸發，子彈射穿斯皮克胸口，把他打死。根據他的親戚和其他目擊證人的證詞，法庭裁定斯皮克死於意外。但伯頓不信服，認為斯皮克是因為自知辯論時一定辯不過他，害怕丟臉而舉槍自殺。6

尼羅河之謎引起的恩怨拆穿了維多利亞時代的探險神話。地理大發現並不是如一般所以為，是一種不帶名利動機的活動，而參與其中的人也不是沒有利害關係。雖然在科學儀器的協助下，勇敢而堅韌的探險家是可以在未知的世界步步推進，但科學儀器無法消除他們的偏見、情緒或自利心理。非洲內陸的輪廓是在當時的地理學期刊初具雛形，而當時的地圖仍然必須靠人手來繪畫。科學並未提供一種可以把觀察者的成見和被觀察對象斬斷開來的方法。地圖繪製師也有一樣的問題：他們是繼探險家之外的重要地理學推手，但他們對未知地域的偏見（有時全憑想像）一樣會滲透到他們所畫的地圖上。

進入一八七〇年代之後，尼羅河源頭之謎仍然未解。這讓史坦利有理由在一八七四年再訪非洲，時距他尋獲李文斯頓的著名功績僅僅三年。因為只有少數東非洲湖泊已被完全探勘清楚，所以仍然無法得知這些湖泊的支流是怎樣把它們互相連接在一起。史坦利的泛非洲遠征隊是由《紐約先驅報》和倫敦的《每日電訊報》共同出資，目的是環行維多利亞湖和坦噶尼喀湖，把還不清楚的事情弄清楚，然後溯盧阿拉巴河而上，找出它的流向。這流向只有兩種可能：要不是向西流入剛果河就是向北流入尼羅河。

一八七四年十一月十七日，史坦利從東非洲海岸啟程，隨行者包括三個英國人、二二八名尚吉巴男女、品種一應俱全的驢和五隻狗。大部分挑夫負重四十至六十磅，每個大包包裡塞滿布匹和珠子，是要用來和內陸居民以物易物。其他人分段扛一條船。船身長十二公尺，根據史坦利年輕未婚妻的名字被命名為「淑女愛麗絲號」，是要用於探勘維多利亞湖和坦噶尼喀湖。一八七五年二月二十七日，遠征隊到達維多利亞湖，換言之是一百零三天之內跋涉了一千一百公里。考慮到遠征隊規模龐大，又是在炎熱赤道的崎嶇地帶徒步行走，這種速度不可謂不驚人。[7]

但如果我們知道遠征隊在路上吃了多少苦頭，會對他們的速度更加刮目相看。隨隊其中一個英國人波考克因為出天花，半路上一命嗚呼。另一個英國人巴克高燒不退，會在到達維多利亞湖之後不久死亡。隊伍中很多人都因為吃不飽而身體衰弱。有些人發燒，有些人在與土著的衝突中喪生。這些土著是尼亞姆韋齊人，住在維多利亞湖南面一帶。史坦利自稱，他受到的都是無端攻擊。但尼亞姆韋齊人自有仇視外人的理由。近年來，維多利亞湖南面一帶已成為了尼亞姆韋齊人和來自非洲東岸的斯瓦希里阿拉伯人的戰場，兩者為爭奪奴隸貿易的控制權而頻起衝突。後來，從南部又來了一波波的強盜和雇傭兵，一再攻擊村莊，抓走很多人當奴隸。所以，湖區一帶的非洲人常常誤把史坦利的遠征隊當成強盜。讓他們更有理由這樣認為的是遠征隊隊員常常到村莊偷食物。有一次，一些挑夫因為到恩雅圖魯人的村子偷牛奶而引發大戰，衝突中，遠征隊有二十二個人被殺或失蹤。等泛非洲遠征隊到達維多利亞湖之時，已失去了六十二名成員，換言之是失去了四分之一人馬。[8]不過，接下來的探勘活動要順利得多。他們把「淑女愛麗絲號」組裝起來（這條船是由輕質雪松木所造），給船上裝滿布匹、麵粉、魚乾和其他儲備。一八七五年三月，史坦利把大隊留在維多利亞湖南岸，自己帶著十個人啟航，試圖證實斯皮克所主張的，維多利亞湖是尼羅河的源頭。

有時划槳有時張帆，史坦利一行向東航行，開始了對維多利亞湖的逆時針大環行。他們一度在湖的北岸登陸，進入布干達王國。這王國稱國王為「卡巴卡」，現任「卡巴卡」名叫穆特薩，擁有極大權勢。史坦利已經從早前探險家的報告得知有穆特薩這麼一號人物。據斯皮克形容，穆特薩是個殺人不眨眼和虛榮心極重的暴君。史坦利發現，穆特薩雖然脾氣古怪和專制，但聰明又樂於助人。在穆特薩提供的皇家獨木舟的護航下，史坦利在五十七天內完成對維多利亞湖環湖一圈的勘察。勘察結果支持斯皮克的主張。維多利亞湖位於海拔一二七五公尺高度，面積和愛爾蘭相當*。它源自北面的里彭瀑布，又透過支流流向艾伯特湖或直接注入尼羅河。雖然地區內的其他湖泊（艾伯特湖、愛德華湖和坦噶尼喀湖）的情況尚未明朗，但有一點看來是明明白白的：維多利亞湖的湖水大體是向北流，中途會流經沼澤和牧草地，再匯入大瀑布和穿過荒漠草原（Sahel），然後於撒哈拉沙漠馳行一千六百公里，最後以扇形流入五千六百公里以外的尼羅河三角洲。

因此，靠著早前探險家提供的線索，史坦利已經開始寫出尼羅河探險史詩的勝利最終章。但這個勝利也透露出歐洲人對非洲內陸的情況有多麼無知：雖然維多利亞湖是世界第三大湖泊，但歐洲人卻是僅僅十五年前才知道其存在。它四周的廣大區域仍然籠罩在神祕中，只能從斯皮克、伯頓和貝克夫妻的報告略知一二。在穆特薩派出的二千人的護衛下，史坦利接著前往維多利亞湖西面去完成他對尼羅河流域的調查：先是到艾伯特湖，然後是坦噶尼喀湖，最後是更遠處的盧阿拉巴河。

正是這支護衛大軍讓史坦利有機會認識甘巴拉嘎拉人。護衛大軍由東非洲多個部族構成，展現出大異其趣的體型、高矮、面型和膚色，反映出非洲人的多樣性。不過，在這種多樣性中，甘巴拉嘎拉人仍然鶴立雞群，與護衛大軍的其他成員明顯不同。當史坦利向西朝艾伯特湖推進以尋找尼羅河的其他源頭時，他也是向著一個新的神祕謎團推進。

史坦利意氣昂揚興致高昂。向西穿過東非洲的草原和連綿起伏的丘陵時，他發現探險的樂

＊維多利亞湖的面積接近台灣一倍。

趣足以抵銷它的危險。雖然為自己塑造出一個西方捍衛者的形象，他從來沒有對歐洲或美國的生活感到自在。他是在威爾斯一間濟貧院長大，十八歲移民美國。艱苦磨練了史坦利的韌性，但也留下了心理傷疤。他始終避談自己的身世和出身。雖然因為在一八七一年找到李文斯頓而大名鼎鼎，也熱切於在非洲探險中以歐洲文明的代表自居，但他常常覺得與英國的上層階級格格不入，無法克服不安全感。他交朋友交得很慢，別人對他稍有輕視便會讓他感到受冒犯。所以，就像他積極爭取上流社會的認同，他也樂於遠離歐洲（歐洲被他稱為一個「為骯髒利益計較和為雞毛蒜皮小事擔心」的地方）。他指出，在非洲之類的地方，心靈「會釋放自己，無拘無束地翱翔在高得多的高度，讓整個人發生看不見的變化」。[9]

但各種狀況很快就把史坦利拉回地面。遠征隊一離開布干達就會進入班約羅（今日烏干達西部）的山區。統治班約羅是穆特薩的死對頭卡巴雷加。在布干達和班約羅的接壤處，自然景觀為之丕變：草原不見了，取而代之的是嚴峻地貌。史坦利在他的探險記裡描述：「山峰、山錐、駝峰和圓頂狀丘陵在每一個方向拔地而起，冰冷溪流翻滾呼嘯，撕裂和搗毀途經的岩石。」嚴峻地形預示著其他挑戰。布干達和班約羅的關係極差。干達戰士幾年前才入侵過班約羅，而卡巴雷加也不太可能搞得清楚史坦利的人馬是在進行地理探險隊還是全面軍事入侵（尤其是遠征隊包含了兩千名干達士兵）。

然而，幾天後，當他從錫卡育古上校得知四名淺膚色士兵的底細後，他被這個故事所包含的元素深深吸引，愈來愈覺得這事情說得通。一八七六年一月七日，當遠征隊接近愛德華湖時，史坦利爬上卡通加河附近一座小山上，從山巔「隱約看見了群山之王甘巴拉嘎拉山」。它的山峰直插雲霄，高達四千至四千五百公尺。相隔著三十二公里的距離，史坦利感覺甘巴拉嘎拉山是「一塊碩大無朋的青色團塊」。但相隔的距離畢竟太遠，他不可能看得見任何瀑布、梯田或火山湖，更遑論它那些長相奇怪的居民。在他能進一步調查之前，卡巴雷加揚言要攻擊遠征隊。史坦利想要繼續推進，但錫卡育古和其他領隊的非洲人不答應。既無法和卡巴雷加協商以取得安全通過保證，又不願意在沒有非洲士兵護送的情況下前進，史坦利的隊伍只好折向南，返回安全的布干達。他將會在十二年後才再次看見甘巴拉嘎拉山。10

史坦利會完成他的目標。在遠征過程中，他將證實維多利亞湖就是尼羅河的源頭，會發現坦噶尼喀湖和盧阿拉巴河連接於剛果河流域，會為剛果河流域繪製出全圖（從它位於湖區的安靜支流到它注入大西洋之前的洶湧澎湃下游全部畫入）。在這個過程中，他也將會從東向西橫穿非洲。在接下來幾年，他將會有很多事要忙，包括演講、接受訪談、寫書、寫文章和計劃未來的探險。在他堆積如山的工作中，甘巴拉嘎拉山似乎只是個微不足道的古怪插曲，只是他在一八七六年冬天一個月內搜集到的少許觀察和軼聞。與發現尼羅河源頭和為剛果河繪製地圖的豐功偉業相比，甘巴拉嘎拉山的故事顯得不值一哂。

然而，史坦利還是繼續思考這些白皮膚非洲人，一再在他的書、文章和演講中提起這些人

——哪怕他在一八七六年沒有能夠抵達他們居住的那座山。不過，也有可能，這就是他會念茲在茲的原因。他是個企圖心強得異乎尋常的人，正因如此才會在探索尼羅河源頭一事擊敗大多數探險家，聲名鵲起。多年後，在監督一條沿剛果河修築的道路時，史坦利將會被剛果人稱為「布拉馬塔」，意指「破岩者」。這個外號讓他受用。他在橫穿非洲時展現的決心補償了他在歐洲上流人家沙龍裡感受到的不安全感。自律是一個貫穿他所有探險記的主題。他相信，驅動地理大發現的引擎不是飽學或高貴血統，而是意志力。這是非洲得以被打開，向西方敞開的關鍵。然而，一個人的意志力總是有時而窮。望見甘巴拉嘎拉山那一次，他離終年積雪的山峰雖然只有三十二公里遠，但就是無法再往前走一步。就這樣，甘巴拉嘎拉山成了史坦利的北極，是未知世界的軸線的終極點。[11]

事實上，甘巴拉嘎拉山遠比北極容易到達。它位於一個連接歐洲和中東貿易的大陸，輪廓早已被葡萄牙和中國的水手勾勒出來，而且陸上縱橫交錯的貿易路線已經存在超過一千年。不過，泛非洲遠征隊證實了西方對非洲內陸的所知何其少。歐洲人對東非洲遼闊高原的了解尤其貧乏——這高原從印度洋沿岸拔地而起一千兩百公尺，就像甘巴拉嘎拉山那樣代表著一座幾乎不可能攀登的壁壘。在環繞非洲所產生的謎團中，最讓人費解的是這一個：為什麼西方長久以來對這個大陸的所知少得可憐？

第二章　另一個世界

航經非洲海岸時，哥倫布觀察到一些奇怪事物：笨重的海牛、棕櫚樹和大河流。他還記下了一些他預期會發生卻沒有發生的事情：例如，他的船在經過赤道時，海水沒有沸騰。這和一些中世紀哲學家的預測相違背。他們會這樣預測很合理，因為亞里斯多德不是把赤道稱為「燃燒地帶」嗎？哥倫布在一四九五年寫給西班牙兩位君主的報告中說：「我是一個很好的證人：這地方並不是不能居住。」探險家卡達莫斯托同樣覺得他在非洲看見的事物非常古怪，讓人瞠目結舌，感覺自己有如去到了另一個星球。他寫道：「跟我們的習俗和土地比較，我所看到東西大可以說是屬於另一個世界。」[1]

地圖繪製師透過修改沿用自古代的世界地圖，企圖弄懂這個新大洲的意義，或至少是為它騰出空間。他們在原來是汪洋的地方畫上土地，又把它的海岸線向南延伸。每逢有歸航者帶回來最新報告，他們就會再次修正，把海岸線移向更下面的緯度。這樣一次次修改下來，非洲的南端不斷南移，看似最終必然會與南極洲連在一起。發現這些海岸的知識讓西班牙和葡萄牙

（十五世紀的大西洋新強權）趾高氣揚。但新知識也帶來了憂慮。在地圖繪製師與地圖搏鬥的同時，哲學家也絞盡腦汁要把新資訊塞入中世紀知識的靴子裡，設法把它們協調於《聖經》和古典著作的記載。航海者不僅測試著地理學的極限，還測試著觀念的極限。身為來自歐洲的探險家，他們把他們長久以來奉為圭臬的古代文本拋諸腦後。詩人賈梅士在〈葡國魂〉一詩用以下詩句濃縮了地理大發現所帶來的興奮和失去方向感：

> 現在，越過燃燒地帶，我們向下推進，
> 在那下面是另一個天堂和未知的星辰，
> 是古代的英雄和聖賢聞所未聞。
> 我們的船艏向南，要走過無路之路。[2]

探險家向南推進，穿過燃燒地帶，要探勘一塊無邊廣袤的地塊的邊緣。一如卡達莫斯托所形容的，那裡是另一個世界，只曾經在旅人的報告和古人的著作隱約出現。那裡是非洲大陸。日後，史坦利將會帶著和其他人一樣多的疑問，抵達非洲。非洲吸引了學者的注意力兩千多年，但仍舊是一個謎，甚至比哥倫布發現的另一個大洲還要神祕難解。它之所以大部分地區都未經探索，是因為內陸難於通行——這個困難要直到十九世紀晚期才會被克服。史坦利在一

仿照五世紀地圖繪製的十五世紀世界地圖。

八七六年共花了三年才橫越非洲，反觀坐特快列車從紐約到舊金山只需要八十三小時。非洲是一個只能被慢慢發現的地方，也因此有大量供人猜測和詮釋的空間。[3]

有人主張，在一四〇〇至一六〇〇年地理大發現時代（當時的歐洲航海者第一次勾勒出世界的輪廓），非洲的重要性備受忽略。亞洲因為盛產茶葉、絲和香料，所以更讓歐洲受其吸引。反觀非洲卻是個掃興鬼，是個前往亞洲時必須避開或繞過的大障礙——哥倫布在一四九二年選擇避開它，達伽馬在一四九八年選擇繞過它。根據這種觀點，歐洲是出於對奴隸的需求才會在十五世紀把目光轉向非洲。

但事實上，歐洲探險家一直都把非洲視為聖盃，這種關注甚至早於大西洋奴隸貿易開始增長之時。非洲的物產豐富引得歐洲航海者在十五世紀初期大膽進入大西洋較為危險的水域——這過程持續了一個世紀，讓葡萄牙的探險家慢慢認識了非洲的全部海岸。當時還沒有人知道非洲的南部會延伸多遠。歐洲地圖繪製師一貫把三個公認的大洲（歐洲、非洲和亞洲）放在北半球。地理學家假定，非洲的南部海岸結束於赤道以北，又以為赤道是一圈沸騰的海水，把「人境」（即已知世界）分開於「對跖地」（即世界南方的土地）。於是，非洲被認為只有歐洲大小，而且是和其他大洲密靠在一起。在馬克羅比烏斯和其他中世紀地圖師製作的地圖上，非洲看上去根本不像一個大洲，只是從不列顛延伸至中國的單一陸塊的南側。只有細長的水域（地中海和紅海）讓非洲可以被視為一個獨立地區。4

當中世紀的地圖師把非洲和歐洲畫成彼此靠近的時候，他們也是在表達一個有關非洲的觀念。在他們的世界觀裡，非洲算是地中海土地，是一個北方世界的南緣，透過文化、歷史和貿易跟歐洲緊密聯繫。這種觀點會大為流行，是因為歐洲人對非洲北緣的理解更多：這個地中海沿岸地帶東起尼羅河三角洲，向西延伸六千公里，直至丹吉爾。沿著這條長濱旅行，歐洲人看到的風景（摩洛哥的森林、阿爾及利亞的雪山或尼羅河三角洲的麥田）似乎和在歐洲所見者無多大不同。這些風景還會讓歐洲人聯想起《聖經》的場景。北非是舊約聖經的大舞台之一：在那裡，摩西曾經和法老王對著幹，帶領猶太人擺脫奴隸枷鎖。北非也包含著一些更近代的信息。例如，當羅馬皇帝康士坦丁在四世紀皈依基督教之後，非洲北部海岸便成為了基督徒的土地。事實上，如果中世紀的歐洲人被要求說出一個非洲人的名字，他們會說的八成是希波的奧古斯丁——他成長於迦太基城鄰近地區，後來成了古代晚期的著名主教。5

儘管如此，凡是十五世紀在亞歷山卓走過一個露天市場的歐洲人都必然會意識到非洲還有神祕的另一面。市場裡很多東西都會讓人覺得好奇：例如一袋袋的幾內亞辣椒（又稱為「天堂椒」，是用來給食物和葡萄酒增加風味）、一包包非洲明礬（一種樣子類似石英的礦物，是用來讓染料固著），還有堆得老高的巨大獠牙（它們等著上船，運往歐洲，到達之後被雕刻成十字架或聖母像，擺放在教堂祭壇）。這些項目大部分都是從開羅和其他更南邊的城市沿著尼羅河順流而下，運到亞歷山卓。它們的產地引人好奇。尼羅河本身也是一個謎：這麼巨大一條河流是如何在沙漠裡奔流數千公里而不需要支流或雨水補充水量？所以，歐洲人雖然把非洲設想為地中海世界的一隅，他們還是從蛛絲馬跡看出另外還有一個非洲，它位於撒哈拉沙漠以南，一點都不像北方海岸的那個非洲。6

有關南方非洲的知識難以獲得。撒哈拉沙漠構成了旅行和獲得資訊的巨大障礙。這個沙漠從東到西橫跨五千公里，從北到南涵蓋三千公里，比美國本土還要大。羅馬帝國時期，商旅沿著馬車道路往返撒哈拉沙漠，路上受到堡壘和崗哨的保護。但馬不是這種旅行的理想交通工具。到了二世紀，生活在北非洲的柏柏爾商人開始使用駱駝作為向南長途旅行的工具，沿途依靠綠洲作為驛站。穿越沙漠的旅程昂貴而危險，需要花費好幾個月才能完成。為降低風險和成本，商旅擴大商隊的規模。到了中世紀，通過撒哈拉沙漠的商隊動輒是由一千匹甚至更多的駱駝構成。牠們馱負著香料、象牙和染料，要賣給地中海沿岸的市場。7

儘管如此，關於撒哈拉以南非洲的信息還是慢慢地滲透到了北方。除了地理上的阻隔，還有政治和宗教上的障礙讓資訊傳播困難——這種情形一直維持到維多利亞時代才有所改變。北非自八世紀開始便處於穆斯林控制之下，而他們對歐洲各個基督教王國充滿敵意。他們有理由有敵意，因為在西方，西班牙基督徒為把穆斯林部隊趕出伊比利亞半島，發起了漫長戰爭，而在東方，十字軍也正在和穆斯林哈里發爭奪聖城耶路撒冷的控制權。戰爭沒有中斷基督徒和穆斯林在地中海的接觸：從威尼斯和熱那亞開出的商船繼續航向埃及、的黎波里和穆斯林控制的西班牙部分。然而，這些貿易受到限制。穆斯林當局禁止人民與來自「戰爭地區」的商船貿易，少數例外是尼羅河三角洲上的若干城市，例如亞歷山卓和達米埃塔。雖然歐洲人被允許進入這些城市，但活動範圍仍然有所限制，只能住在稱為「豐杜克」的外國人居住區。8

因此，有關撒哈拉以南非洲的信息都是流向中東和亞洲，不是流向歐洲。穆斯林對北非的征服逐漸把伊斯蘭教帶到撒哈拉以南極其邊境處的荒漠草原區。結果就是，這些地區除了透過貿易，也透過信仰與中東發生聯繫。到麥加朝聖的非洲穆斯林讓這個網絡進一步強化。地理學家伊德里西在一一五四年繪製的世界地圖《魯傑羅之書》是根據穆斯林商旅提供的資料，所以是當時最正確的非洲地圖，要再過三百年才會被超越。在十四世紀，摩洛哥探險家伊本白圖泰曾南下斯瓦希里海岸和橫穿撒哈拉沙漠，他的探險記生動描述了內陸的情況，對增加非洲的知識貢獻匪淺。不過這些文本都是以阿拉伯文撰寫，對歐洲人的地理知識增益有限。所以，語言上的障礙，加上宗教、政治和地理構成的障礙，全都聯手一氣限制了歐洲人對撒哈拉以南非洲的認識。不過，這並未減少他們對該地方到處都是寶的想像。

對於歐洲人來說，非洲的最重要寶貝是黃金。自古代起，西非的黃金便透過北非出口歐洲。西非荒漠草原區的居民用黃金與柏柏爾商人貿易，換取鹽、羊毛和紡織品等商品。在十四世紀，由於馬里帝國在西非崛起，黃金交易變得更組織化。當這個帝國的皇帝曼沙穆薩在一三二四年前往麥加朝聖時，他的駱駝隊馱負著一整噸黃金。他揮金似土，導致沿途各地物價飆漲，黃金市場崩潰。阿拉伯歷史學家奧馬里記載，曼沙穆薩「用他的賞賜淹沒了開羅。他對每個大臣、埃米爾*和官員都會以一小袋黃金相贈。」[9]這種慷慨贈金之舉讓人留下永久難忘的印象。在歐洲人畫的北非地圖上，從此多了一個曼沙穆薩：只見他坐在王座上，看著握在右手裡一塊拳頭大小的天然金塊。隨著基督徒商人把黃金用作通貨，這種貴金屬在歐洲的需求劇增。到了一三七〇年代，光是熱那亞一地，為鑄幣需要，每年便得進口近一噸黃金。[10]

黃金供給無法滿足不斷上升的需求。西方對東方香料、棉花和絲綢的需要大於東方對西方

＊指伊斯蘭或阿拉伯國家的貴族王公、酋長、地方首長。馬里帝國的地方行政首長為各地依傳說選定，此處埃米爾或指此。

羊毛和木材的胃納。歐洲對亞洲的貿易赤字不斷增加。在十五世紀初期，威尼斯每年都會向黎凡特地區*支付一噸黃金的貨款。由於歐洲的黃金和白銀不斷被拿來換取東方的奢侈品，歐洲的貨幣供給變得吃緊。因為缺乏貴金屬，歐洲的鑄幣活動為之停擺。葡萄牙在一三八三年鑄造出最後一批金幣之後，要等到一四三五年才有下一批的金幣面世。特蘭西瓦尼亞、德意志和撒丁島的金礦和銀礦都卯足全力生產，以滿足歐洲鑄幣之需，但就是填補不了缺口。在法國和勃艮第，地方經濟倒退為以物易物階段，教會開始給教眾分發鉛幣。由於黃金和白銀變稀少，金屬的價值增加到超過硬幣的面值。因為不願意把實際價值高於面值的金幣銀幣拿來使用，歐洲人開始囤積貨幣。隨著貨幣慢慢失去流通性，貨幣危機為之加深。雪上加霜的是，馬里帝國後來陷入混亂，讓歐洲失去一個黃金的重要來源。至此，歐洲發現自己陷入了「黃金荒」。[11]

情急之下，歐洲列強考慮要想方法直接控制非洲的金礦。最有希望的方法是拿下非洲的西海岸，因為據信，那裡有一條注入撒哈拉以西大西洋的「黃金河」。從源頭處取得馬里的黃金可以省下歐洲商人為把黃金運過撒哈拉沙漠所需支付的高額成本。此舉還可以讓基督教王國的經濟生存較少依賴於穆斯林政權。另外，歐洲人也不是不知道，他們用來換取黃金的木材、鐵和樹脂被穆斯林用來在地中海建造戰船。所以，跨撒哈拉的黃金貿易不僅昂貴，還有危害性，會讓歐洲穆斯林的軍事實力壯大。[12]

宗教焦慮和經濟憂慮加在一起，讓歐洲想要探索撒哈拉以南非洲的衝動益發強烈。航向非洲西海岸不只讓歐洲有希望得到黃金，還可以藉此得知穆斯林世界的規模，特別是穆斯林在撒哈拉以南非洲的擴張情況。歐洲人還預期，他們可能會在撒哈拉以南找到同是基督徒的盟友。這種希望是從歐洲人和非洲人的一系列會遇所點燃。例如，當十字軍在一〇九九年血腥征服耶路撒冷之後，驚訝地發現城裡竟然住著一些衣索比亞僧侶和朝聖者（都是東正教修道院的成員）。這是歐洲基督徒和非洲基督徒在中世紀的第一次碰面，日後還會有很多次。一三〇六年，三十名衣索比亞人組成的代表團前往羅馬、熱那亞和阿維儂，尋求與西方締結聯盟，共抗黎凡特地區的穆斯林勢力。及至十五世紀初期，衣索比亞人已經在威尼斯設有使館。[13]

認為撒哈拉以南有基督徒的想法也受到一個在歐洲流傳了幾百年的傳說助長。根據這傳說，有祭司王約翰這麼一號人物的存在，而他是東方或是非洲一個強大基督王國的君主。這傳說由來已久，又在一一六五年重獲生命，因為在當年，拜占庭皇帝曼努埃爾一世收到據稱是約翰寫的一封信。信中，約翰描述了自己國家有多麼富強，又表示自己殷切渴望參與防衛聖城的戰爭（由十字軍占領的耶路撒冷將會在一一八七年被薩拉丁攻陷）。自從歐洲人知道衣索比亞有基督徒存在之後，祭司王約翰的王國便愈來愈常出現在歐洲人的非洲地圖上——通常是畫在尼羅河的源頭的附近。[14]

＊今日的敘利亞、黎巴嫩和約旦所構成的地區。

到了十五世紀，歐洲人把非洲看成一個潛藏著大量財富和基督徒勢力的地方，相信攫取這地方可以解決歐洲的黃金荒和幫助解放被穆斯林占領的聖城。葡萄牙雖然是小國，但在王子恩里克（又稱「航海家亨利」）的大力鼓勵下，葡萄牙率先探索非洲西海岸。這國家面朝大西洋，對航行於所謂的「近大西洋」地區原先就有可觀經驗。不過，因著種種危險，對非洲海岸的探勘進展緩慢。這些危險地中海人無一經驗過。首先，雖然非洲的西岸距離里斯本很近（這距離只有到亞歷山卓的一個零頭），但事實證明，傳統的地中海船舶敵不過大西洋的風暴。它們的「煤渣」船體只是個蓋上甲板的空殼子，很容易在波濤洶湧的大海上解體。而且，不管是掛方形帆的柯克船還是加萊船都不適合航行在大西洋的強勁風力和洋流中。東北貿易風（起自歐洲東南而吹向西非洲海岸）固然可以提供南下船隻極棒的順風，卻讓回程變成幾乎不可能。所以，遠征非洲西海岸的探險隊一般都是以災難收場。例如，熱那亞的維瓦爾第兄弟在一二九一年順著非洲海岸南下，尋找通往亞洲的路線。繼他們之後的是一三四六年從馬約卡島前往非洲尋找黃金河的烏梅費雷爾。兩支隊伍都是一去不回。由於類似災難一再發生，葡萄牙人最後確認非洲海岸的不歸點是在北緯二十六度的博哈多爾角。雖然沒有任何十五世紀的歐洲水手會相信世界是一個平面（認為他們這樣相信只是作家歐文在十九世紀創造的神話），但博哈多爾角卻真就像是世界的一個邊緣，凡航行超過這裡的船隻都會往下掉。死亡等在這個沙多風大的絕壁的再過去。[15]

但博哈多爾角並沒有讓亨利王子卻步，他在先進技術的協助下推展自己的計畫。新型的「卡拉維爾帆船」採取有骨架的船體設計，變得堅固許多。這些船也改為兩桅或三桅，可以掛上各式各樣的帆，包括吃順風的方形帆和可迎風航行的三角帆，凡此都更有利於對抗東北貿易風。因為已經懂得利用指南針和六分儀來確定方向和緯度，伊比利亞水手愈來愈擅長在看不見陸地的海面航行。一旦擺脫了對海岸的依賴，他們很快就找到了「返航之路」：先遠航至加那利洋流和東北貿易風終止之處，再藉助西風返回歐洲。一四三五年，葡萄牙航海者阿尼什把不歸點的落點拉遠了一倍。接下來不到十年，葡萄牙人便進抵北緯十六度的塞內加爾河河口，其地就在撒哈拉沙漠南緣。柏柏爾商人就是在這裡用黃金換取歐洲的布料、小麥和馬匹。至此，葡萄牙終於找到了黃金河——至少是找到了它的支流。16

過程中，他們也發現了其他財富。隨著伊比利亞船隻放膽冒險往南進入大西洋，他們發現了一批島嶼和群島，包括加那利群島、馬德拉島、亞速群島和佛得角群島。這些火山島被他們用作中轉站，為探索非洲海岸的商船提供支援。這些島嶼也提供了種植甘蔗的絕佳氣候。之前，歐洲人只能從成熟水果享受甜的滋味，糖非常珍貴稀罕。隨著蔗糖更容易取得，一場味覺革命隨之發生：歐洲人開始把它加入茶、咖啡、果醬、果凍和糖果。葡萄牙人用加那利群島的土著關契斯人，作為奴工，創造出一個種植甘蔗的強迫勞動制度，既殘忍又利潤豐厚，很快就被其他歐洲強權仿效。規模超龐大的大西洋奴隸貿易就是開始於這些小型種植園，而奴隸的使用未幾便擴大到甘蔗種植之外，隨著哥倫布在一四九二年發現西印度群島，歐洲人、非洲人和美洲人（部分透過利潤誘使，部分透過強迫）被編織在一起。[17]

當葡萄牙人一四四〇年代在撒哈拉海岸第一次捕獲非洲人時，這種事看似甚輕鬆容易。當一船柏柏爾奴隸在一四四二年運回里斯本之後，奴隸生意馬上成為談資。葡萄牙官員祖拉拉寫道：「當眾人看見船隻運回來這一大筆看似短時間內便獲得的財富，他們紛紛問自己，要怎樣才能分一杯羹？」[18]然而，想透過突襲抓到奴隸後來變得愈來愈困難。一旦意識到歐洲人所構成的威脅，撒哈拉海岸的阿拉伯人和柏柏爾人紛紛撤向內陸。葡萄牙船隻不得不航向更南邊，突擊塞內加爾河上那些人口較為稠密的區域——據卡達莫斯托報導，那裡「所有的人都非常黑」。[19]

在這些南部土地要抓到奴隸是完全不同的一回事。撒哈拉以南沿海地區人煙稀少，鄉村防衛力量薄弱，突擊隊很容易得手。但塞內加爾河以南的城鎮則是另一回事，它們人口比較多，也比較有組織。葡萄牙商人特里斯坦是在一四四四年企圖抓奴隸時明白這個道理，但為時已晚。他的船下錨在一條河的河口，然後特里斯坦帶著二十二人分乘兩艘小艇溯河而上。登岸後，他們遭遇八十個持弓的非洲人，被對方以毒箭攻擊。特里斯坦一行人倉皇逃回小艇，但毒藥已在他們身上發生作用。四個組員死在小艇上，回到大船之後又有十六人毒發身亡——包括特里斯坦本人在內。[20]

非洲內陸對歐洲人還有其他致命危險。瘧疾、黃熱病和昏睡症在非洲中部的稀樹大草原和雨林蔚為流行。歐洲人因為是來自一個截然不同的環境，對這些病原體完全沒有免疫力。敢於到內陸涉險者常會遭殃。[21]

一五六九年，巴雷托率隊遠征莫塔帕王國（其地包括從津巴布韋到莫三比克海岸），而他們的遭遇證明了疾病對歐洲探險家多麼有殺傷力。因為聽說非洲南部內陸有著極豐富的黃金礦藏，巴雷托帶領一支幾百人的部隊，溯贊比西河而上。當他的人馬開始因為一種怪病紛紛倒下，他懷疑是當地的穆斯林商人下的毒。[22]涉嫌者被捕，然後被各種別出心裁的方法處死。隨行的耶穌會會士蒙克拉羅記載：

> 有些人被活活插在尖柱上；有些人被繩子拉到樹頂，然後鬆開繩子，讓其摔得粉身碎骨；有些人被手斧劈開背部；有些人被小砲處決，目的是嚇唬當地人；還有些人被交到士兵手裡，任其處置：碰到這些時候，士兵都是用火繩鉤槍把犯人打死以抒發怒氣。[23]

這種嘉年華式暴行讓斯瓦希里穆斯林社區備受摧殘，但沒能阻止疾病的蔓延。數百名士兵在前往莫塔帕王國的路途上病倒，有些更是一命嗚呼。遠征隊慢慢解體。巴雷托只好帶著殘餘部隊折返海岸，但瘟疫仍然糾纏不捨。巴雷托在回海岸區後的第八天開始絞痛和嘔吐，第二天歸西。蒙克拉羅把巴雷托的遺體帶到聖馬薩爾教堂，想予以安葬，卻發現沒有地方可葬。該教堂已成了太平間。「每個地方都擺著剛死的屍體，根本沒有地方放他，不得已只好把他放在祭壇前的走道。」[24]

到了十六世紀晚期，歐洲人終於明白他們不可能安全地探索非洲內陸。非洲的王國太強大，氣候太要命，難以征服和殖民。於是，葡萄牙人把活動範圍主要放在非洲海岸，在那裡建設「商站」（有防禦工事的貿易據點），用於和非洲商人購買或交換黃金、奴隸和象牙。其他歐洲國家起而效法，與葡萄牙和彼此爭奪沿岸砲台和貿易網絡的控制權。即使有了這些防護措施，住在海岸區的歐洲人通常不長命。即使到了十八世紀初年，即巴雷托遠征莫塔帕的一百五十年後，每三個在幾內亞皇家非洲公司工作的英國人中，就會有一個是在到任後的四個月內死亡。每五個便有三個是在到任後的一年內死亡。這樣緩慢的進展讓英國地理學家感到失望，因為他們在一七八八年組織非洲協會的目的就是要探索非洲內陸。被他們派去當地的萊德亞德甚至還沒有離開開羅便死掉。下一位探險家盧卡斯去到利比亞沙漠便難以為繼。接下來的十五年，非洲協會共派出五位探險家去填滿非洲地圖上的這片空白，他們無一能活下來。在十九世紀初期，英國探險家靠著徒步、航行或坐雪橇去到了地球最遠的各個角落，卻沒有一個人到過非洲內陸——更精確的說是沒有一個人能從那裡平安返回。從此，非洲內陸被稱為「白人的墳墓」。25

哥倫布和卡達莫斯托在十五世紀晚期對非洲的赤道海岸驚嘆不已，認為它有如「另一個世界」，截然不同於非洲的地中海沿岸。但到了十六世紀初期，這個世界的輪廓已逐漸清晰：撒哈拉沙漠、黃金海岸、奴隸海岸、象牙海岸、尼日河三角洲、剛果三角洲、好望角和東非洲的斯瓦希里海岸，現在西方人都不陌生，細節被記載在遊記、航海日誌和貿易帳簿裡。設有砲台的貿易據點在非洲海岸星羅棋布，把非洲內陸的財富虹吸到大西洋世界。在世界地圖上，非洲不再只是歐亞大陸的附屬物。對海岸區的廣泛勘察讓歐洲的地圖繪製師可以給予非洲一個新形貌——這個形貌至今沒有多大改變。二十一世紀的學生可以輕易在一幅十六世紀的地圖上辨識出非洲的所在，它的標準形象是在一五三〇年代確立。

然而，對非洲海岸的發現只讓非洲的內陸更添神祕。歐洲人繼續好奇尼羅河的源頭在哪裡，和托勒密所說的月亮山脈是否存在。現在，他們把非洲其他大河流的源頭加入到他們的謎題清單：尼日河、贊比西河和剛果河。剛果河是那麼的巨大遼闊，讓一位探險家不禁發出驚嘆：「離海岸區二十里格*，它的水是甜的。」他們早知道馬里從古代起便盛產黃金，而從葡

*里格（league）是歐洲和拉丁美洲的長度單位，今日不再為任何國家官方使用。在英語世界，一里格在陸地上通常定義為三英里（約四．八二八公里），約等同一個人步行一小時的距離，海上則定義為三海里（約五．五五六公里）。

萄牙人在非洲東南從事黃金貿易，他們現在又知道了在非洲南部的索法拉或莫塔帕附近存在金礦——說不定《聖經》中記載的著名金礦俄斐就是其中之一。[26]

非洲內陸把自己的祕密一直保存至十九世紀晚期，即保存至非洲海岸已被深入探索過的很久之後。這些祕密不只有關河源、高山和礦藏，還有關非洲的居民。從尼羅河的河口到好望角，中間包含著七千七百萬平方公里有人居的土地。儘管西方人跟西非人、北非人和衣索比亞人都有所接觸，但仍然對內陸地區居民茫無所知。史坦利的東非湖區之旅會引起舉世矚目，部分原因在此。

這也解釋了為什麼甘巴拉嘎拉山的奧祕會讓史坦利那麼念念不忘。他對該山的第一印象記錄在他寫於一八七六年一月的田野日誌，但當時他僅僅把甘巴拉嘎拉山視為他離開維多利亞湖之後的許多發現之一。日誌裡沒提白色部落。稍後，在發給《紐約先驅報》的稿件中，史坦利詳細描述了甘巴拉嘎拉山，又提到了錫卡育古上校就四個淺膚色士兵發表的談話。但到了兩年後寫出全本探險記的時候，講述甘巴拉嘎拉山的部分卻是以「甘巴拉嘎拉山的白種人」為標題。換言之，隨著時間的推移，史坦利愈來愈把重點放在甘巴拉嘎拉山的居民，而不是山本身，哪怕它同時是非洲第三高峰和擁有非洲最高山脈*的冠冕。在史坦利，甘巴拉嘎拉山逐漸後退為神奇事件的背景，不再是神奇事件本身。

為什麼會有這種轉變，理由也許和遠征隊碰到的狀況有關。畢竟，在他第一次寫到甘巴拉嘎拉山的時候，遠征隊正受到卡巴雷加的軍隊威脅，讓他無法專心把故事說完整。或許還是因為他逐漸意識到，非洲竟存在一個白色部落一定會讓讀者大感好奇（這是一個好記者會有的直覺判斷）。最後還可能是因為，史坦利對甘巴拉嘎拉人的思考需要時間來發展成形。在他寫下上述日誌和發出上述稿件的幾星期之間（他說這期間他的好奇心「被挑起到最高點」），他有時間反省他更早前在非洲遇到過的另一些人，重新評估他們的意義（他一開始並未想過這些人可能跟甘巴拉嘎拉人有關）。史坦利慢慢開始相信，東非洲存在著一個與全世界其他白種人失去聯繫的白種人部落。他知道這個，是因為他更早前便看到過他們。

＊魯文佐里山脈。

第三章　早期相遇

在遇到甘巴拉嘎拉人的四年前，史坦利曾執行英國傳教士李文斯頓的遠征任務。李文斯頓本人在中非洲探險了三十多年，期間在內陸建立了基督教傳教站，又繪製了內陸一些湖泊和河流系統的地圖。他為人極難相處和喜怒無常，非常不勝任領導別人和向非洲人傳福音的任務。在三十年的傳教生涯裡，他未能讓半個土著信主，又不斷與遠征隊其他成員爭吵，對他們的想法和意見嗤之以鼻。他也沒對他那些病倒或死去的下屬表示同情。當遠征隊的博物學家桑頓因為替大家張羅食物而感染痢疾並因而去世後，李文斯頓寫道：「桑頓是個傻瓜，竟然跑去泰特買山羊……他是被自己的愚蠢殺死。」李文斯頓年輕時代就嚴肅兮兮和不合群，到了在非洲工作期間變本加厲，把自己孤立於其他同伴，一如他曾經自外於英國社會。遠征隊的隨隊醫生柯克寫道：李文斯頓「是我遇過的人類中最不知感激和狡猾的一個」。[1]

儘管毛病多多，李文斯頓是個熱情和無畏的探險家。當史坦利抵達非洲找他的時候，他已經去了南非洲，從開普敦一直去到喀拉哈里沙漠，然後又沿著贊比西河向東行，勘察了從尼亞

李文斯頓。來源：*Stanley in Africa* 1890.

薩湖到坦噶尼喀湖的廣大水文系統。過程中，他先後得了瘧疾、痢疾和慢性潰瘍，還中過毒箭和被獅子抓傷。這些冒險和意外讓他的健康付出代價，但又讓英國大眾印象深刻——他們讀到他出版於一八五七年的《南非傳教旅行考察記》時都驚嘆不已。

如果說李文斯頓的脾氣有可取之處，那就是他從來不理會別人意見，這樣他可以頑強地一心一意追求自己的目標。到了一八六〇年代，他基本上已放棄傳教工作，全心投入地理發現，特別是想要找到尼羅河的源頭。伯頓和斯皮克幾年前就尼羅河源頭發生的激烈爭論激起李文斯頓的興趣，而這並不是偶然：他不喜歡這兩個人，特別是不喜歡伯頓。李文斯頓已經開始相信，尼羅河的真正源頭是在維多利亞湖以南，甚至是在坦噶尼喀湖以南。之前，在一八六七年，他去過赤道以南八度的地區考察，看到了盧阿拉巴河。這條巨大河流向北而流，大體是流向坦噶尼喀湖的方向。他相信，這條發源自班韋烏盧湖（位於維多利亞湖以南八百公里）的河流就是尼羅河的真正源頭。在李文斯頓動身去證明自己的假設之後，他的健康日走下坡，與外界的聯絡愈來愈不頻繁。從一八六九年起，尚吉巴的英國領事館再沒有收到他從內陸寫來的報告。世人對他的下落愈來愈關切，於是，《紐約先驅報》的老闆貝內特開始組織尋找他的任務。[2]

貝內特比任何人更知道，大眾對探險故事如痴如醉。他一八五〇年代踏入成年，那時歐洲和北美都陷入探險狂熱。數以十計的遠征隊前往美國西部、非洲和北極之類未被探勘過的地方考察，每份送回來的報告都馬上成為紐約、波士頓和倫敦各大報的頭條。其中又以到北極探險的富蘭克林爵士最引起萬眾矚目，因為他在一八四〇年代晚期帶領一百二十八人尋找「西北航道」*，結果全員失蹤。見富蘭克林沒有歸航，英國和美國各派出遠征隊前往北極高緯度地區的海岸尋找他的下落。接下來十年，數以十計的探險隊搜索了北極地區的海灣和冰角，慢慢從發現的物品中拼湊出災難的面貌。被找到的東西包括：文島的一個冬季營地；從庫利貝的因紐

*一條被認為穿越加拿大北極群島，可以連接大西洋和太平洋的航道。

特人那裡得到的叉子、湯匙和諸如此類的遺物：風化的骨頭、一艘救生艇和富蘭克林部下在威廉王島留下的一份破破爛爛文件。富蘭克林的失蹤之謎，還有後來為尋找他所投入的空前努力，全都讓大西洋兩岸的讀者目不轉睛。在一八四八至六〇年之間，有關搜尋富蘭克林下落和猜測其死因的報導不絕如縷。這件事帶給貝內特和其他出版人的啟發再清楚不過：探險家的探險故事很好賣，但他們的失蹤故事會更好賣。[3]

因此，一聽到李文斯頓失去音訊之後，貝內特便準備好採取行動。他派遣旗下戰地記者史坦利前往尚吉巴主其事。尚吉巴是個象牙和奴隸貿易發達的擁擠小島，也是東非洲的主要門戶。在那裡，廁身於肉桂樹和刷成白色的房屋之間，史坦利著手招募遠征隊伍。他將會帶領遠征隊向西朝坦噶尼喀湖進發，因為據信李文斯頓就是停留在那裡，不然就是在貿易城鎮烏吉吉附近。全部人馬兩個月後完成集結，其中包括一百個非洲人和尚吉巴人挑夫、兩名英國人和二十二頭馱運物資的驢。史坦利騎著他的坐騎「班那穆古巴」，精神抖擻地率領他的人馬進入非洲內陸。「四周是一片煥發著光彩的可愛景色。我看見肥沃的田畝、生氣盎然的植被和樣子古怪的樹木。我聽見蟋蟀和田梟的鳴聲，還有許多昆蟲的嗡嗡聲——牠們看來全都是要告訴我：你終於出發了。」他會心情大好的理由不理難解：在尚吉巴經過兩個月的籌備和繁瑣的談判後，他終於可以開始尋找李文斯頓了。「我的脈搏健康地跳動著，困擾了我兩個多月的煩惱已經被留在後頭。」[4]

如果他知道有什麼在面前等著他，史坦利一定會對他留在尚吉巴的兩個月有較好印象。遠征隊一進入沼澤地，采采蠅和其他會叮人的昆蟲便蜂擁而至。史坦利的馬被咬得嚴重受傷，「四條腿看似鮮血淋漓。」不到一個星期，遠征隊的兩匹馬便都會死掉，驢子也全部生病。一行人沒能逃過瘟疫。到了一八七一年五月，他們將會成為一籮筐疾病的受害者，其中包括瘧疾和痢疾。史坦利因為瘧疾而發高燒，飽受發冷和幻覺煎熬。「我看見了一些上帝創造和另一些不是上帝創造的爬蟲類動物……牠們每一刻都變形為更加怪異的形狀，每分每秒都變得更加讓人困惑、更加複雜、更加猙獰和更加可怕。」他的體重從一百七十磅掉到一百三十磅。到九月份，史坦利不得不丟下兩個隨隊的英國人：他們都太虛弱，無以為繼。他們不久就會死去。[5]

到了九月，因為有些人死掉又有些人跑掉，史坦利的人馬從一百人銳減為三十四人。除了這些磨難，遠征隊又被捲入斯瓦希里阿拉伯商人和土著尼亞姆韋齊商人之間的戰爭——兩者是為爭奪奴隸貿易和象牙貿易的控制權而開打。因為選擇站在阿拉伯商人一邊，史坦利一行險遭尼亞姆韋齊人屠殺。隨著遠征隊人數愈來愈少，李文斯頓看來愈來愈遙不可及。遠征隊是會先到達坦噶尼喀湖還是先解體，當時尚不明朗。「要驅散我心頭的各種不祥預感需要有比我本擁有的更多的勇氣。」[6]

一八七一年十一月初，史坦利的隊伍終於開進坦噶尼喀湖湖畔的烏吉吉。火槍手鳴槍宣布一行人的抵達，鎮民紛紛前來相迎。史坦利在擁擠的人群間走向一個蓄大鬍子和臉色蒼白的男人，對方戴藍色鴨舌帽，穿一條灰色花呢絨長褲。他不是別人，就是李文斯頓。史坦利知道這一刻有多麼意義重大，但表面上保持從容自若（日後記述這段往事時，他形容自己當時「真想像個瘋子那樣大叫大跳」）。這個碰面對李文斯頓來說也是情緒激動的一刻。他在烏吉吉窮困潦倒，補充物資全被人搶去，又因為腳上的潰瘍出血而步履蹣跚。他尋找尼羅河源頭的努力已經停擺。據說，史坦利開口說的第一句話是：「閣下想必就是李文斯頓博士？」這句話被傳為佳話*，但史坦利是不是真有說過卻不可考。李文斯頓在日誌裡沒提兩人說過什麼話，而史坦利後來也（非常啟人疑竇地）撕去了日誌裡記錄這次會面的幾頁。但不管怎樣，當《紐約先驅報》在一八七二年七月二日登出兩人碰面的消息之後，馬上引起轟動。這新聞隨即傳遍歐洲和北美。它將會成為探險史上最著名的其中一刻，也讓史坦利一舉成名，成為大名鼎鼎的探險家。[7]

不過，史坦利四年後在寫那篇甘巴拉嘎拉山白色部落的報導時，回憶起的卻不是這次會面，而是緊接其後發生的事情。在烏吉吉碰面之後，史坦利和李文斯頓相約一起探勘坦噶尼喀湖的北岸。當伯頓和斯皮克在一八五八年第一次抵達這湖時，發現其北端連接著一條河流：魯濟濟河。因為無法深入湖的北岸，他們無從得知魯濟濟河的水是注入坦噶尼喀湖還是反過來。如果魯濟濟河的水是來自坦噶尼喀湖（伯頓就是這樣認為），那它也大有可能是艾伯特湖和尼羅河的源頭；但如果坦噶尼喀湖的水是來自魯濟濟河（斯皮克就是這樣認為），那坦噶尼喀湖就不太可能和尼羅河流域有關係。所以，搞懂魯濟濟河的流向將有助於揭露坦噶尼喀湖是否為尼羅河的源頭之一。伯頓和斯皮克在一八五八年無法做到這一點，因此史坦利和李文斯頓認為這是一個解決爭論的機會。史坦利也唯恐，如果他來到了坦噶尼喀湖這裡卻沒有解開魯濟濟河之謎，「回國後將會招來每個人的竊笑和大笑。」8

一八七一年十一月，史坦利和李文斯頓坐上一艘有十六個槳夫和兩名嚮導的長獨木舟，朝坦噶尼喀湖的北岸進發。這對搭檔怎麼看都不像能搭在一起的一對。儘管有共同利益，他們各有不同目標。對傳教士李文斯頓來說，探險只是傳福音的前奏曲。雖然引人歸主的紀錄掛零，他傳播基督教的使命感並未降低（他的另外兩個使命是終結奴隸貿易和開啟非洲內陸和西方的接觸）。但對記者史坦利來說，探險只是獲得好故事和賞金的方法，功用是增加報紙銷量和個人名望。另一方面，兩個人又有著好些共同之處：靦腆又專橫、容不得別人批評，也不擅長於與別人合作。但不管怎樣，他們在烏吉吉的碰面讓他們被綁在一起。隨著他們漸漸接近坦噶尼喀湖的北岸，兩人竟然發展出一段不太可能產生的友誼。9

湖北岸的景觀漸次從山巒變成河流縱橫的草原。綿羊和乳牛在岸邊吃草，放牧牠們的是住在湖東北邊緣村落的烏茲吉人。後來，史坦利一度因為瘧疾而陷入高燒，探險隊便在烏茲吉人

---

*它可以表現出史坦利的冷靜。

史坦利和李文斯頓在坦噶尼喀湖近魯濟濟河河口處探勘的情景。
來源：Henry Morton Stanley, *How I Found Livingstone* 1878.

的地域靠岸。一群手持長矛的男人看見他們，同意提供一間小屋供探險隊居住。第二天早上，史坦利開始退燒，烏茲吉人的酋長穆坎巴前來拜訪，彼此交換了禮物。當他們問他魯濟濟河的情況（該河位於他們所在位置以北十六公里），得知其河水是注入坦噶尼喀湖。兩名探險家在兩天後到達魯濟濟河，證實了酋長所言是事實。[10]

穆坎巴還給他們提供了其他資訊。首先是，在坦噶尼喀湖以北和維多利亞湖以南的土地，住著一批白種人。史坦利和李文斯頓對此持懷疑態度。他們沒認為穆坎巴說謊，只是認為他所說的不是真正白種人，只是淺棕色皮膚的蒲隆地人。「李文斯頓和我都覺得非洲心臟地帶住著白種人之說有夠荒謬，相視而笑。」因此，史坦利沒有在發出的稿件中提到穆坎巴這個說法，也沒把它寫入《我是如何找到李文斯頓》一書。儘管穆坎巴對坦噶尼喀湖地理環境的描述精確無誤，但史坦利仍然認為，白色部落之說既不合理又無法驗證。[11]

更重要的是，坦噶尼喀湖探險隊關心的是地理學問題而非人類學問題。同時期大部分非洲探險隊莫不是如此。沒有探險家相信見於中世紀地圖和手抄本插圖上的獨眼巨人、狗臉人或其他怪物真的存在於非洲。非洲最引人入勝的謎團是尼羅河的源頭、月亮山脈和南方的金礦。這些都是從古代起便引起爭論的問題，所以，在揭示出（有時是戳破）非洲神祕地點的真面目時，探險家不僅是擴展了人類知識，還是把自己連接到一個長達幾千年的地理學傳統。因此，就像尋找「西北航道」、「黃金國」*和古老的特洛伊那樣，尋找尼羅河源頭在十九世紀擁有了自己的生命。沒有人比李文斯頓更能夠說明這種衝動的性質。因為他研究中非洲的湖泊和河流系統已經多年，對這地方的了解可說無出其右，但就連他也一樣會把古希臘大地理學家希羅多德說過的話當成線索。所以，即使到了十九世紀，古人仍會對世界說話，而探險家也仍然會聆聽他們說話，用古代形塑的觀念和想法去編織自己的發現。

* 「黃金國」（El Dorado）是西班牙帝國拓殖南美洲時的傳說，謠傳在亞馬遜雨林中有個充滿黃金的國度。西班牙征服者在十六世紀曾展開一系列黃金國探險活動，但經常都是鎩羽而歸。

反觀非洲人文地理學的發展卻落後許多。西方人對生活在撒哈拉沙漠以南的非洲人只有最簡單和最籠統的理解。從古代一直到十七世紀，地中海人一律稱南方人為「衣索比亞人」（Ethiopian，源自意指「焦臉」的 *Aithiopse* 一詞），而所謂的南方，除了是一片橫跨非洲的地域，有時還包括印度次大陸。另一個名稱是「古實人」。這個稱呼源自《聖經》人物挪亞*的孫子古實，他被認為定居在尼羅河以南。伊斯蘭世界的作家則稱非洲內陸人為「蘇丹人」，而這是源自「黑人的土地」（Bilad al-Sudan）之語。到了十八世紀，這些術語逐漸被「尼格羅人」（Negro）和「黑人」（black）取代。在大多數歐洲人心目中，非洲人仍然是一個單一人種，只有一種膚色。[12]

儘管如此，一些西方人還是慢慢認識到非洲人之間有各種差異，特別是那些因著奴隸貿易而與他們密切接觸的非洲人。葡萄牙商人把他們在幾內亞海岸和更南地區碰到的不同非洲人細細記錄在筆記裡面，包括塞內甘比亞的沃洛夫人和南方的剛果人。雖然無法直接到達內陸，歐洲人也注意到（主要是因為接觸到本土奴隸販子和他們綁架而來的黑奴的關係）內陸黑人之間的差異——哪怕這種注意是為了做好生意多於滿足好奇心。例如，法國牧師和種植園主拉巴特[13]便按照非洲人的個性和行為舉止把他們分類：有些黑人溫馴聽話（例如班巴拉人），有些愛乾淨（例如塞內甘比亞人），還有些特別適合從事粗重勞動（例如幾內亞人）。不過，隨著大西洋奴隸貿易在十九世紀走向衰退，就連這種粗糙的區分亦被人遺忘。解決地理學謎題再次成為探險家的主要任務，重要性只有營救富蘭克林或李文斯頓之類歐洲人的遠征任務可以並駕齊驅。史坦利和李文斯頓完成探險後，往南回到烏吉吉。不到十八個月時間，史坦利將會聲名鵲起，而李文斯頓將會撒手人寰，最終還是死於瘧疾和痢疾。當時，尼羅河的源頭仍然是非洲探險的聖杯，而這個聖杯將會在一八七四年代吸引史坦利回到非洲東海岸。屆時他將會憶起酋長穆坎巴說過的話，從而意識到非洲有著吸引力尤甚於河流和分水嶺的謎團。

在他接觸到甘巴拉嘎拉人的幾個月前，他有過其他類似的相遇。先前，一八七五年的時候，史坦利在布干達國王穆特薩的宮廷已經看見過淺膚色非洲人。史坦利當時就注意到，有些干達貴族在人種上顯得和其他貴族截然不同。例如，納米恩育親王（他是甘巴拉嘎拉山國王的弟弟）膚色極白，看來像阿拉伯人多於非洲人。他讓史坦利聯想到開羅的埃及人。維多利亞湖上錫斯群島的女王也是如此。在大多數情況下，這些淺膚色非洲人都是貴族，有著與被他們統治的非洲人不同血統。這些經驗讓史坦利開始相信，非洲說不定有一個白人部落存在。「要直到當時，在我看見過好幾個淺膚色的樣本以後，我才開始相信，在非洲的心臟地帶，有一個人數眾多的淺膚色部落生活在遠離所有商旅路徑經過之處。」[14]

＊本書提及《聖經》人物，以讀者熟悉的新教人名為準。但須留意，本書第五章討論的時期，為新教尚未出現的時期，但為了閱讀一致性，不特別改換天主教譯名。改以括弧標示。

前面說過，只要符合他的利益，史坦利會願意讓真理有一點彈性。*現在的情況正符合他的利益：他早前看過的淺膚色非洲人會讓甘巴拉嘎拉山住著一個白色部落的主張更加可信。他堅持，有許多非洲證人（有時甚至多至數千）可證明他遇見過甘巴拉嘎拉人。然而，這些人無一是可以找來查詢。他們在史坦利的敘事裡都是來去匆匆，就像褪色透視畫裡的人物：不清晰且只有兩度空間。每逢他們說話，都是透過史坦利的筆端說出，沒有可以證明他們存在的獨立證據。

儘管如此，對史坦利的報告還是不能置之不理。他不是第一個報告撒哈拉以南地區有白皮膚非洲人存在。最早的報告可以追溯到十五世紀。雖然亨利王子在十五世紀進行的非洲探險沒有找到祭司王約翰，但非洲有著一個基督徒國王的傳說繼續流傳，這是因為歐洲人盼望有這樣一個人物可以讓他們結為盟友，把穆斯林驅逐出聖城。這種希望很可能是日耳曼學者博埃米奧所助長，因為他把祭司王約翰描述為一個極為強大國家的統治者，麾下有六十二個領主和百萬大軍。歐洲人也傾向於把國王約翰想像為淺膚色和有著歐洲人外觀。博埃米奧寫道：「他不像大部分衣索比亞人那樣是黑皮膚，而是白皮膚。」十六世紀的書本插圖支持這種觀點。一個例子是一個葡萄牙人所寫的衣索比亞遠征記《祭司王約翰國土的詳實資訊》（一五四〇）：其封面畫著一個淺膚色的祭司王約翰穿著歐洲人服裝，騎在馬上。在麥卡托製作於一五六九年和一六二八年的世界地圖上，我們同樣看見一個淺膚色的祭司王約翰坐在王座上，地點是尼羅河源頭的附近（離史坦利在兩百五十年後遇到甘巴拉嘎拉人的所在不遠）。不過，從十七世紀開始，畫家把這位基督徒國王改為深膚色。到了十八世紀，因為不管在衣索比亞還是斯瓦希里海岸都找不到他的蹤影，地圖師和編年史家更是把他從地圖和史冊除名。[15]

但即使撰寫報告和繪製地圖的標準變得較嚴格，非洲仍有一些白皮膚部落的說法繼續在十八世紀出現。它們有些是來自歐洲地理學家最熟悉的西非洲。十八世紀的西非洲不再是帝國的模糊邊陲，而是成了蓬勃發展的大西洋奴隸貿易的心臟。雖然不是所有這些報告都被當一回事，但其中一些仍然有足夠權威讓地圖師採信。例如，在他繪於一七一〇年的非洲地圖上，莫爾在所謂的「黃金海岸」四周寫上一行字：「在距離幾內亞海岸以北約一百里格的土地上，住著一群白人，或至少是住著一群不是黑人的人。」[16]

莫爾所說的「幾內亞白人」和史坦利一百六十五年後遇到的甘巴拉嘎拉人相隔甚遠（四千公里），但也有一些報告的時間和地點是與史坦利的報告接近。一八四四年，年輕美國商人謝培德在尚吉巴聽到一些阿拉伯象牙商人談到非洲內陸的情況，「據那些回到Z（指尚吉巴）的人描述，那裡有一個長得和歐洲人很像的白色種族存在。那些人用很精良的船隻航行在又大又非常美麗的湖泊上。」雖然是二手資訊，但謝培德的記載非常引人好奇，因為它們後來被證實

---

*應是指他願意讓他遇到李文斯頓時被認為說過的第一句話流傳下去。

精確無誤。當謝培德在一八四四年把這個道聽塗說記錄下來的時候，還不曾有歐洲人踏足過東非洲的廣大湖區。十三年後，伯頓和斯皮克將會站在坦噶尼喀湖的遼闊湖岸（斯皮克後來又去到了維多利亞湖），見證到這些「又大又非常美麗的湖泊」。一些報紙報導，有些探險家也發現了白色部落存在的證據——這讓謝培德的記載不只可信，還信而有徵。17

第四章　故事中斷

從班約羅一座小山看到過甘巴拉嘎拉山的青色輪廓的二十個月後，史坦利帶著殘餘人馬舉步維艱地進入了恩桑大——剛果河的大西洋河口附近的一個小鎮。當時史坦利帶著有三個歐洲男人和二二八名男女婦孺的遠征隊離開尚吉巴已將近三年。這段期間，遠征隊由東向西橫跨了兩千九百公里的非洲土地，連攀爬和航行算在內則是跋涉了一萬一千公里。全隊人馬如今只剩下一一五人，許多都是離死不遠。換言之，有近一半成員在途中死去。三個隨隊的歐洲男人都死了。有四十人害病，得的病包括痢疾、潰瘍和壞血病。通常，壞血病更常見於漫長的海上航行和北極探險，是因為難以取得新鮮蔬果而引起。這種病似乎和剛果河下游的河谷格格不入，因為那裡是世界上最青翠的地區之一。然而，除了花生，在這些河谷很難採集到什麼食物。當地村民都不願意和探險隊交易。他們想要的是蘭姆酒，不是史坦利提供的珠子和布匹。所以，遠征隊成員的身體愈來愈衰弱，等快走到剛果河河口的時候，一行人更是快要餓死。[1]

無計可施之下，他派出一個信差前往港口小鎮博馬求助，因為他知道那裡住著一小批歐洲貿易商人。他在求救信中寫道：「我們處於迫在眉睫的饑荒狀態……補給品必須兩天之內送達，否則我恐怕會身處死人堆裡。」利物浦貿易公司（哈頓）駐博馬的幹部收到史坦利的信，火速組織了一支救援隊。兩天後，救援隊抵達史坦利的營地，帶來了米、魚、紅薯和其他物資。遠征隊歡聲雷動。許多人等不及米和魚煮熟，直接生吃。史坦利心情激動到最高點。「雖然我努力裝出若無其事的樣子，但最後還是不得不跑回帳篷，以免讓人看見我即將流出的眼淚。」[2]

遠征隊幾天後到達博馬，而史坦利非同尋常的旅程也至此落幕。他無法從博馬看見大西洋的蔚藍海平線，因為大西洋在博馬以西再過去一點點。但海洋的氣息無處不在。剛果河的河面在此變寬闊，河水變舒緩。這條「殺人不眨眼的可惡河流」[3]曾經淹死他的人馬和打壞他的船（「淑女愛麗絲號」），但如今卻一片靜謐。曾拖慢遠征隊行程的上游峽谷和激流已經從視野消失，眼前是一個溫柔的沖積平原，它在潮水的沖刷下微微膨脹，散發著大海氣息。博馬是個不上不下的地方，不太是河流區，也不太是海洋區。

它也在另一個意義下不上不下。這小鎮是浩瀚剛果河一個主要中轉站，負責西方和非洲之間的貿易交換。直到十九世紀初年，它一直是大西洋奴隸貿易的運作基地，也是歐洲人和剛果人鄉村居民的接觸點。當史坦利在一八七七年來到這裡的時候，遠洋蒸汽輪船還會在碼頭靠岸，把蓋在剛果河旁邊六家歐洲貿易公司據點的貨物裝運上船。

十八個歐洲貿易公司幹部住在幾千鎮民中間，負責看管用來交換象牙和橄欖油的蘭姆酒、槍支和布料倉儲。他們已經適應了他們這個位於赤道的新家，住的是用樁子架高的木框架房屋（架高是為防剛果河氾濫）。在這裡，他們廁身於非洲猴麵包樹之間，穿著亞麻布衣服打理他們花園裡種的蘋果、鳳梨和番石榴。

沐浴在博馬的「西方文明溫暖光輝」讓史坦利滿心歡暢，對其歐洲居民提供的款待充滿感激。能夠完成任務也讓他欣喜若狂。在這趟任務，他從坦噶尼喀湖附近的支流開始追蹤剛果河，一直追蹤至大西洋岸邊，以腳跡在中非洲畫出一個逆時針方向的大弧形。另一方面，史坦利又感到無所適從，無法在這個港口小鎮的文化碰撞中找到自己的定位。這一點在他和博馬的歐洲居民相處時表現得最是明顯：

> 當我看著他們的臉，我會納悶他們的臉為何會如此蒼白，並因而發窘……在你看過那麼多深黑色和古銅色的臉之後，這種蒼白的顏色會沒由來讓人覺得陰森森……我還不敢直視他們的眼睛：這些平靜的藍色和灰色眼睛讓我敬畏，而他們衣服的一塵不染也讓我目眩。我樂於設想自己是連接白種人和非洲人的那個環節。[4]

史坦利對於自己是站在「白種人－非洲人」光譜中哪個位置已經不再清楚。博馬歐洲人的陰森膚色讓他震撼，但這也象徵著他愈來愈疏離於被他留在後頭的西方世界。他在非洲人中間已經生活太久，讓他感到他和他們（尤其是他的尚吉巴挑夫）的紐帶還要緊密於他跟他的英國和美國同儕。就像是為了向他強調這一點似的，史坦利得知他的未婚妻愛麗絲．派克已經毀棄婚約。事實上，到史坦利抵達博馬的時候，她早已另嫁他人，還有了一個孩子。

回到倫敦之後，他幾乎找不到有什麼可以讓他和歐洲的生活重新發生連結。侷促不安和單身的他把精神投注在撰寫探險記，八十天之內完成了一部一千八百頁的大部頭。[5]這部《穿過黑暗大陸》按時間順序記錄了他橫跨非洲之旅的各項非凡成就。在兩年半的時間裡，他的遠征隊畫出了剛果河的地圖，由東到西橫越了非洲大陸，探勘了世界最長的湖泊坦噶尼喀湖。遠征隊還環行了維多利亞湖一圈，確證其為尼羅河的源頭，結束了一段長達兩千年和讓維多利亞時代探險家癡迷的公案。就連他的批評者（主要是批評他把暴力和死亡帶到他去到的任何地方）都不能不對他的地理發現刮目相看。《穿過黑暗大陸》只有四頁談及甘巴拉嘎拉山的地理和居民（但包括一幅刻劃遠征隊在山影下行進的全頁插圖）。四頁篇幅對一本超過千頁的書來說似乎不值一提，但要知道，當《穿過黑暗大陸》在一八七八年出版之時，甘巴拉嘎拉山已經被報紙和科學期刊討論了近兩年。早在史坦利的探險結束前，淺膚色非洲人在西方已名聞遐邇。

史坦利有效地推銷出自己的獨家報導。在東非洲遇到甘巴拉嘎拉人的七個月後，他給《紐約先驅報》發出五篇報導，通過快遞送到尚吉巴。這些報導總計一萬四千字，詳細介紹了泛非洲遠征隊第一年的成果——包括發現甘巴拉嘎拉山一事。儘管其他發現的材料要更豐富，但報社卻抓住甘巴拉嘎拉山做文章，突出其重要性。第一篇報導在一八七六年七月二十六日登出，標題作「甘巴拉嘎拉山及其淡色臉居民」。接下來幾星期，《紐約先驅報》六次重提這個故事，把史坦利描寫他碰到甘巴拉嘎拉人的五百字完整重登一遍，又用一張地圖顯示甘巴拉嘎拉山在維多利亞湖以西的位置。6

編輯室會這樣做當然是因為估計讀者會被吸引，但他們也是奉老闆之命行事。貝內特是泛非洲遠征隊的靠山和推動者，大量報導史坦利的故事才符合他的利益，而《紐約先驅報》也確實在一八七六年的整個秋天和冬天都這樣做。史坦利的遠征隊不單純是該報紙的報導，還是由它所創造，目的是增加報紙銷路。

甘巴拉嘎拉山很快就有了自己的生命。數以十計的美國報紙從《紐約先驅報》把它拿過來報導。有些報紙只是把「白皮膚非洲人」的故事視為史坦利一系列非洲冒險的一個插曲，順帶提到。但有些報紙——例如大發行量的城市報紙《芝加哥國際海洋報》和農村報紙《緬因州農民報》——卻只報導甘巴拉嘎拉人的故事，用的是例如以下的標題：「一座非同尋常的山和一個淡色臉非洲人種族」（《華盛頓晨星報》）或「非洲的白皮膚民族」（《哈特福德新聞報》）。7

在倫敦，《泰晤士報》和《每日電訊報》都討論了甘巴拉嘎拉山，把它的故事傳遍整個大英帝國。到了一八七六年八月，甘巴拉嘎拉山的名字開始出現在世界其他地方的英語報紙，例如印度的《馬德拉斯郵報》和紐西蘭的《奧克蘭星報》。墨西哥市的《十九世紀報》和巴拿馬市的《每日明星先驅報》都報導了史坦利的故事，標題分別是「淺色臉部落」和「一個白皮膚尼格羅種族被發現」。[8]

科學圈一樣表現出興趣。《自然》、《大眾科學》和《美國博物學家》等期刊都報導了史坦利在非洲發現「白色種族」的事。《美國博物學家》指出，史坦利的發現「從民族學的角度看極為引人入勝」。美國、英國、法國、義大利、德國的地理學會都在它們的期刊和演講裡向會員提到這件事。曾經和斯皮克一起遠征維多利亞湖的格蘭特在皇家地理學會討論了「捲髮的白色民族」，而美國探險家夏葉朗在美國地理學會就同一主題發表演講。這些演講的內容後來都在報紙登出，讓甘巴拉嘎拉人的故事更廣為人知。[9]

到了一八七六年冬天，史坦利發現白色部落的事已無人不知，無人不曉，不再是新聞。它已進入了通俗文化，成了其他課題的試金石。一八七五年十二月，當坐牢紐約政客特威德逃獄的消息傳出，芝加哥和華盛頓的報紙都登出一則諧仿史坦利特稿口吻的報導：

我先前在信裡提過……甘巴拉嘎拉山住著一個白皮膚的尼格羅人種族。考慮到這一點，在那場爭奪一些這種怪人的戰爭中，我專心地觀看。我看見一個又高又壯的白臉男人，身處扭打成一團的人群中，看來是其他同類的一個領袖。我把他一把抓住……原來他是「老大」特威德。[10]

甘巴拉嘎拉山的故事是那麼深入人心，乃至可以被拿來當笑話。以下一段笑話出現在《倫敦雜誌》的幽默專欄「滑稽」：「蝦蛄夫人不相信非洲有一個白色種族，因為就她對當地氣候的了解，非洲實在太暖，不可能從事這一類運動。*」[11]

其他對待甘巴拉嘎拉人的方式要莊重得多。在愛爾蘭，《都柏林大學雜誌》登載的一首詩（題為〈甘巴拉嘎拉山的淺色臉孔〉）用矯揉詞藻來強調這些山民的神祕：「住在那兒的人啊，我們除了知道汝等額頭煥發蒼白光輝，其餘一無所知。汝等是何所來自？」在葡萄牙，探險家雷迪爾向所屬的地理協會提出計畫，要橫跨非洲大陸，抵達傳說中的神祕山脈，一訪住在那裡的「白人種族」。[12]

就像其他人一樣，史坦利在寫完他的探險記之後也開始思考甘巴拉嘎拉人的意義。他寫了一篇活潑生動的文章談班約羅的風景地貌，用想像的方式描寫如果坐在一列從東向西前進的火

---

*這是一個雙關語笑話。「白色種族」（white race）又可理解為「白色運動」（雪上運動）。

車向群山靠近，會看見些什麼。在文章的最後，史坦利形容甘巴拉嘎拉山是「群山之王」，說這山「直插蔚藍的天空，冠頂上披著一襲白紗」。文章的輓歌體語言透露出，甘巴拉嘎拉山現在在他的心目中不再只是一塊「青色團塊」（這是他兩年前隱約看見它時的感想）。文章中的甘巴拉嘎拉山是那麼壯觀，足以讓觀看它的人折腰，成為崇高感情的催化劑。「在這種不爭的崇高和莊嚴面前，他〔指他本人〕的靈魂似乎蜷縮到自己裡面去和確證了自己的渺小。」13

史坦利終生沒有發表這篇文章。一八七八年寫一篇演講稿的時候，他把「群山之王」形容為「截去尖端的青黑色圓錐體，以近四千公尺的高度直插雲霄」。但後來又刪掉整個與甘巴拉嘎拉山有關的部分。事實上，白色種族的故事在一八七〇年代晚期雖然在報刊上繼續流行，但史坦利已經不再提起。他大概是對錫卡育古的說法失去了信心，不再相信甘巴拉嘎拉山山峰上住著些白皮膚村民。又或者是他開始覺得這些淺膚色非洲人的外觀可以另有解釋，讓他們夠不上資格被稱為「白色種族」。不過，史坦利不再提甘巴拉嘎拉山是不是真的是出於審慎，我們無從確知。14

史坦利極少認為自己有責任受真理束縛。他在他的自傳和探險記裡常常誇大其詞。不過，他也非常在乎有關信譽的事情，盡了極大努力讓自己說的話顯得可靠。因此，他一次又一次為自己著作的準確性和真實性辯護。在《我是如何找到李文斯頓》一書中，他寫道：「出於良心，我必須照事情發生的樣子報告它們，並竭盡所能如實記錄發生在探險途中的事件和事故。」[15]甘巴拉嘎拉山的故事沒有達到這種要求的高度。雖然有本領攫住記者、科學家和探險家的想像力，但它仍然是一件細節模糊的不合理怪事。史坦利固然親眼看見過甘巴拉嘎拉山，但只是站在一個遠距離外看見。他固然是遇見過「歐洲膚色」的非洲人，但沒有追蹤他們到他們的原籍地。甘巴拉嘎拉山的故事介於一個親眼目睹和道聽塗說之間的位置，只算是個半生不熟的發現。

在探險史上，半生不熟的發現司空見慣。事實上，這一類發現才是最常見的發現。有些最知名的探險在細節上固然無比清晰（例子包括哥倫布第一次看見新大陸、路易斯和克拉克*到達太平洋，以及阿波羅太空船登陸月球），但大部分的地理發現都不會馬上提供確定的答案。這是因為，這些經驗總是片面，還無法描畫出被探索地區的全貌。即使探險家後來能夠繪畫出較全面的畫面，記憶總是難以完全精確，而畫面中最值得注意的事情並不總是顯而易見。例如，發現加拉巴哥群島的第一批歐洲人最嘖嘖稱奇的是島上的巨型陸龜（這是因為牠們可以為向西航向太平洋的船隻提供現成的食物補充來源）。然而，當達爾文在一八三五年隨「小獵犬

---

*路易斯與克拉克遠征（Lewis and Clark expedition，一八〇四至一八〇六年）是美國國內首次橫越大陸西抵太平洋沿岸的往返考察活動。領隊為美國陸軍的梅里韋瑟・路易斯上尉（Meriwether Lewis）和好友威廉・克拉克少尉（William Clark），該活動是由傑佛遜總統所發起。

號」抵達加拉巴哥群島時，引起他注意的卻是一些不那麼引人注意的事情：蜥蜴、雀類和反舌鳥。牠們顯示出物種的微妙多樣性。這些觀察結果所代表的意義又要等達爾文回到英國之後才全面浮現出來。簡言之，一個發現的意義不會即時被理解。只有日後在一個寧靜的環境寫作和回憶往事時，探險家才會碰到他們的「尤里卡時刻」*，然後按當下的需求把他們的發現加以剪裁，刪去多餘的枝葉。16

不管一個探險家的眼界多窄或偏見多深，仍然可以透過第一手觀察對一個地點作出完整的描述，需要的只是把天氣、野生動物生態、水文和地形的資訊組合起來。反觀要詮釋一群人卻沒有這麼容易，因為他們的存在會涉及歷史和血統的問題，不是現成的資訊可以解決。例如，要理解非洲土著的時候會牽涉以下的問題：他們與歐洲人是不是有著共同祖先？如果是的話，他們是什麼時候和為什麼會分離出去？在這個過程中，又是什麼原因讓他們的外觀變得如此不同？換句話說，我們不可能光靠讀一個晴雨表或一幅海港草圖而解釋得了一群先前未知的人群。要得到那樣的解釋，必須重構一些不可能直接觀察的過去事件，把目光轉向一些必須靠想像力喚起的事件，例如戰爭、饑荒、婚嫁和遷徙。這樣，我們才解釋得了一支人口為何會從他們的原居地去到遙遠的離散地（不管那是加勒比海的島嶼還是甘巴拉嘎拉山的山峰）。完整重建人類的歷史和譜系將會成為航海家和民族學家的新癡迷——一種尤甚於追求發現河流源頭或山脈的癡迷。

歐洲人雖然出於經濟利益而買賣和奴役非洲土著，但他們仍賣力要把非洲土著寫入人類大家庭的族譜裡。這種矛盾反映出歐洲人的意識裡對於非洲土著的地位意見分歧，也反映出血緣系統在歐洲基督教社會的核心地位。在那些仍然由世襲制度支配的歐洲王國，血統決定了一個人在社會層級中的位置。對大多數歐洲人來說，人生是由譜系架構，而最終極的譜系來自《聖經》。

＊「尤里卡」是希臘語，指「我發現了」。這是阿基米德洗澡（西元前二八七至二一二年）時突然想出如何解決一個科學難題時說過的話。

第五章　含受詛咒

在十九世紀晚期，學者已經能夠用天文望遠鏡看見無限遠和用顯微鏡看見無限小，而且會根據熱力、壓力和運動法則解釋自然現象。所以，當我們看見這些學者繼續仰賴《聖經》來解釋人類的起源和歷史，難免會感到奇怪。事實上，直到十九世紀好幾，《聖經》仍然是人類起源問題的主要資訊來源，這是因為這課題不只是科學問題，還是神學問題。《希伯來聖經》裡沒提到白色部落，也沒談人種的地理分布（它甚至根本沒有人種的概念）。但對這些問題感興趣的學者還是先從《聖經》著手，因為它裡面不只包含著天地被創造的歷史，還包含著人類起源、遷徙和分布到地球各個角落的歷史，換言之是包含一份完整的人類系譜。許多維多利亞時代的科學家幾乎感覺不到《聖經》裡的故事和他們在自己四周建立起來的機械化宇宙有任何扞格。就連那些認為《聖經》解釋不了宇宙運作的科學家，仍經常相信《聖經》包含著歷史真理的內核。以這種方式，《聖經》繼續對維多利亞時代愈來愈祛魅的科學界發揮著權威性。

權威中的權威是《希伯來聖經》的第一卷，即《創世記》，其中詳述了世界的被創造和人類的起源。雖然基督教和伊斯蘭教日後都會建立起自己的聖典（分別是《新約聖經》和《古蘭經》），但《創世記》裡的故事對三大一神教同樣神聖，也規定了它們對人類起源的看法。所以，雖然教義分歧常常讓三教的教徒彼此廝殺，讓十字軍、大屠殺、宗教改革和異端裁判所之類的現象定期發生，蹂躪歐洲和中東長達一千年，但三教仍然多多少少有著一些基本共識。這些共識包括：天地萬物都是一個獨一和全能的上帝創造；最早的人類是亞當和夏娃；兩人一度與上帝關係密切；所有人類都是這對男女犯罪和被貶凡間之後的後裔。這些基本認定當然會引發一些問題，而三教內部也就這些問題爭論了十幾個世紀。最根本的問題是這一個：如果所有人類（包括亞洲人、非洲人和歐洲人）都是亞當和夏娃的後代，為什麼他們外觀上會如此不同？

《聖經》在這一點上沒有提供多少答案。古代世界沒有「人種」的概念。它是歐洲人在十六世紀調整世界觀之後才出現和變得極其重要。《創世記》最重要的範疇是部落和宗教。希伯來人用來把自身區別於黎凡特地區其他居民的標準是親族和宗教信仰，不是膚色、頭形或其他身體特徵。然而，到了十字軍東征的時代，當歐洲商人在黎凡特地區（一個國際貿易的輻輳點）見識過眾多不同的民族之後，人群之間的長相分歧便成了一個要求解釋的課題。除了是跨大洲貿易抬頭所導致，十字軍本身也讓歐洲最遙遠基督教地區注意到阿拉伯人、非洲人和印度人的存在。伊斯蘭世界的朝聖活動也起著類似作用：前往麥加朝聖的阿拉伯人一定會遇到來自中亞和撒哈拉以南的穆斯林，從而意識到人群的多樣分歧。總之，世人的大幅度交會必然會讓人類多樣性的現象凸顯出來。[1]

神學家向《創世記》第六至九章尋求解答，《聖經》的這部分敘述了大洪水的故事。類似故事也見於古代中東地區很多不同文化（包括美索不達米亞文化），而這十之八九是因為災難性洪水氾濫乃是這些依賴河流的文化的共同經驗。這些故事的核心主題是世界的毀滅和重生，又因為這樣而有著許多道德和象徵寓意。《創世記》的大洪水故事是上帝創造世界故事的頂點。有鑑於上帝在《創世記》第一章是從一片水汪汪的虛空中創造出世界，那祂會在《創世記》第七章選擇用水來摧毀世界可說是自然不過。大洪水摧毀了除挪亞（天主教譯為諾厄）一家和方舟裡的大動物園以外的一切。挪亞的故事重演了最早的創造人類故事，因為方舟在亞拉臘山的著陸代表了上帝的一次重新創造。如果說大洪水代表著上帝對人的罪性與墮落的不悅，那它同時顯示出上帝願意拯救人類中最善良的部分。祂與倖存者立了一紙新的聖約，承諾永不再摧毀世界。巨災重新肯定了上帝與其選民的特殊關係。[2]

然而，對地中海和中東的古老民族來說，大洪水只是故事的一半。大洪水提供的不僅是一紙新的聖約，還是一份新的系譜，一個嶄新的開始。基於此，中世紀神學家用它來解釋世界各民族之間的關係。人類的種子固然是幾千年前便在伊甸園裡發芽，但他們的根卻是扎在亞拉臘山山巔。對那些試圖拼湊出世界各族人民關係的學者來說，人類的故事並不是始於一個花園，而是始於一個山頂，更具體地說是始於挪亞的三個兒子，即雅弗（天主教譯為耶斐特）、閃和含。《創世記》第十章列出了一份挪亞三代男性後人的清單（即記載至挪亞的曾孫），他們是後大洪水時代世界新秩序的開創者。《創世記》第十章這樣作結：「以上是挪亞三個兒子的宗族，是按照各部族、各世系記錄的。洪水後，世界上所有的民族都是從挪亞的兒子們傳下來的。」

雖然《創世記》第十章包含一份相當詳細的族譜，但對地理方面的事情卻語焉不詳，沒怎麼提到挪亞的後人是在哪裡定居和繁衍。《聖經》的早期注釋家也不太關心區域地理學的事情：山脈和海岸線的形狀、城和鎮的坐落、政治邊界的位置，這些事情在中世紀晚期以前一直晦暗不明。歷史學家約瑟夫在西元一世紀試過處理部分問題，但他的見解基本上無人聞問。後來的猶太教釋經作品——例如在第三至第七世紀彙編而成的《創世記拉巴》——也是很少提及挪亞後人的遷徙路線。再後來才有人嘗試考證挪亞其中一些後人的落腳地點。例如，含的兒子迦南（天主教譯為客納罕）被認為是定居在黎凡特地區，另外三個兒子古實、弗和麥西（天主教譯為雇士、未茲辣殷、普特）被認為是定居在非洲，古實的兒子寧錄被認為是定居在美索不達米亞。不讓人意外地，這些大膽斷言挪亞後人分布狀態的評論家往往意見相左。[3]

不過，久而久之，學者之間還是達成了若干共識，其中包括讓挪亞三個兒子各據一個大洲。發端者是八世紀一個名叫阿爾昆的學者和老師，他是不列顛人，在七八二年被延攬進查理

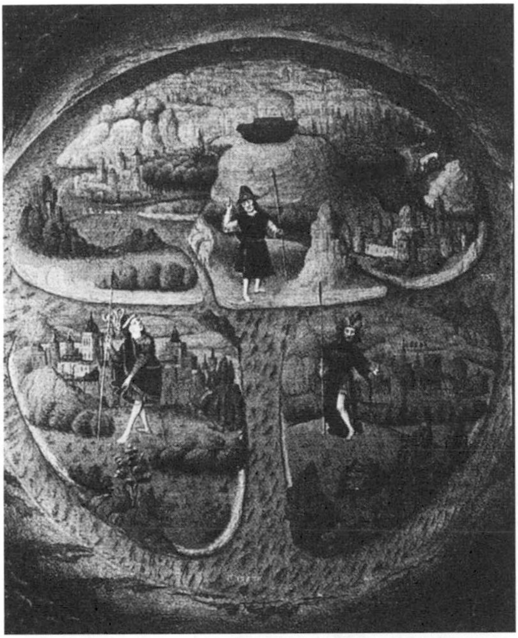

十五世紀法國出版的地圖。地圖中，挪亞三個兒子各據世界三大洲其中一洲。含占據的是非洲（右下方）。來源：*La Fleur des Histoires* by Jean Mansel.

曼的宮廷。他有可能是為了方便教學，才把挪亞族裔的複雜分布狀況加以簡化。不管動機為何，他的構想都流行了起來。不久，中世紀插畫家就讓挪亞三個兒子在被稱為「T－O地圖」的世界地圖上各占一個大洲（稱之為「T－O地圖」是因為它是圓形，內有一個T字形結構）。這個解釋人類多樣性的方法除了簡單優雅，還充分符合中世紀經院哲學的精神——經院哲學致力於建立人類世界和宇宙的對應，建立微觀世界和宏觀宇宙世界的對應。T－O地圖對航海毫無用處，卻是上述對應關係的絕佳證明。T－O地圖除了把挪亞三個兒子各配一個大洲以外，還讓基督的身體疊在世界上（他的心臟部位正好就在耶路撒冷），要以此顯示彌賽亞對世界的支配。以這種方式，中世紀的學者把形而上界和形而下界縫紉在一張單一的宇宙掛毯上。4

但正因為挪亞家族的成員各據一方，人種的問題便變得更加緊迫。儘管《創世記》第十章提供了詳細的族譜資訊，卻沒解釋挪亞的後代為什麼會在接下來幾千年變成不同的人種（「幾千年」之數是從《聖經》提供的族譜推算出來）。由於《創世記》從頭到尾都沒有討論人種的問題，中世紀神學家只能從字裡行間加以推敲，把某些經文詮釋為可解釋挪亞某支後人何以會發生身體變化。

在所有經文中，以《創世記》第九章最有這種潛力，因為它為大洪水之後被重新創造的世界提供了一個黑暗面，與《創世記》第三章講述的亞當夏娃墮落故事前後呼應。第九章的故事開始得平平無奇，但後來卻出現一個災難性轉折：

從船裡出來的挪亞的兒子是：閃、含、雅弗。（含是迦南的父親。）挪亞這三個兒子就是散布在全世界的人類的祖先。挪亞是農夫，也是第一個培植葡萄園的人。有一次，他喝酒喝醉了，脫光衣服躺在帳棚裡。含（迦南的父親）看見他父親赤身露體，就出去告訴他兩個兄弟。閃和雅弗拿了一件長袍，搭在兩人的背上，倒退走進帳棚，把那長袍蓋在父親身上；他們把臉轉向外面，沒有看見父親赤裸的身體。挪亞酒醒後，知道他最小的兒子所做的，就說：「迦南該受詛咒！他要作他兄弟的奴隸。要頌讚上主，閃的上帝！迦南要作閃的奴隸。願上帝使雅弗繁盛！願他的子孫跟閃的子孫共住！迦南要作雅弗的奴隸。」（創9：18－27，《聖經現代中文譯本》）。

《創世記》的作者沒解釋挪亞為什麼會勃然大怒。挪亞也許是因為含看見了他的裸體生氣：根據一些古代法律，這是一種不敬父母之罪。但也有些論者猜測，含是對父親做了一些非常醜惡的事（如閹割父親或雞姦父親），讓《創世記》的作者不好啟齒。但又有可能，不提的原因是含做過什麼事已不可考。[5]現在已經知道，《創世記》第九章其實是出自另一則更古老的故事，而該故事只有一部分被編織到《希伯來聖經》。例如，在迦南古城烏旮瑞特出土的陶板中，有一則類似的故事，講述大神厄勒因為酗酒陷入昏迷，必須依賴兩個兒子照顧。經過幾個世紀的流傳和改編，這則最早故事的動機和寓意已經不再為人所知。隨著離開發源地愈遠，它的原來意義也愈發隱晦，到最後只剩下行為和行為的結果：含因為犯罪，受父親詛咒，導致兒子迦南必然淪為奴隸。[6]

不奇怪地，含的故事所引發的問題比所能回答的還多。《創世記》沒有說明迦南為什麼會受到詛咒，但我們幾乎可以肯定，這情節反映的是《創世記》作者的現實關懷。根據《聖經》記載，希伯來人出埃及之後入侵迦南，因此，給迦南人安上罪名可以正當化希伯來人對迦南土地的占領和勞役迦南人的行為。這解釋了迦南這個角色為什麼會毫無預告，突然出現在《創世記》第九章，也解釋了為什麼含的兒子裡光就迦南一個受到詛咒。總之，《創世記》第九章可以合理化希伯來人對待他們鄰居迦南人的方式。7

後來的神學家對挪亞的詛咒有不同詮釋。從四世紀開始，《聖經》注釋家把迦南受到的詛咒視為黑人是黑皮膚的緣由。因為這時期正值黑奴貿易興起，所以《創世記》第九章很快又被同時視為可解釋黑人為什麼會是黑皮膚和淪為奴隸。有些學者認定，希伯來文中的「含」字就是「黑」的意思（事實證明這是一種詞源學謬誤）。到了八世紀，這種解釋在伊斯蘭世界也廣為接受，理由大概也是一樣：穆斯林征服北非以後大量使用黑奴。就這樣，含的故事被用來解釋人種的分歧。

儘管如此，中世紀對《創世記》第九章的詮釋仍然有許多不同聲音。此時，三大一神教內部都在討論這個故事，所以，對於人種祖先是誰的問題自然會有許多相互競爭的不同意見。例如，中世紀暢銷書《曼德維爾爵士遊記》便把含說成是亞洲人而不是非洲人的始祖（這書是以盎格魯－諾曼法語寫成，流行於十四世紀晚期）。曼德維爾除了把含連結於亞洲而不是非洲之外，另一個引人注目之處是他把被詛咒的含說成不是變成奴隸，而是變成專制君主。換言之，含的失德反而讓他獲得了權力。「含是最強大的……而因為他是最強大的和沒有人敢反對他，他遂被稱為上帝的兒子和世界的主宰。」所以說，既有人把含看成非洲奴隸的可憐祖先，也有人把他看成一個狡猾無情的暴君。[8]

不過，曼德維爾的詮釋沒能動搖詛咒理論，而隨著歐洲人在南北美洲、撒哈拉以南非洲和東印度群島遇到愈來愈多沒有見過的民族，《創世記》第九章也愈來愈常被拿來作為解釋落後人種和奴隸存在的理由。到哥倫布發現新大陸之後，又多了印第安人人種需要被整合到挪亞的族譜裡。總之，用《創世記》第九章和第十章來解釋不斷擴大的人類家族樹的方法被使用得愈來愈頻繁。但它也反映出這時期歐洲人的經濟利益：隨著探險的足跡愈來愈深入大西洋（包括葡萄牙人對休達的征服和對非洲西海岸的探索），歐洲人跟非洲人和奴隸制度的關係變得更加密切。

十五世紀後期，歐洲人開始把非洲人運到大西洋上的島嶼（例如馬德拉群島和聖多美島），充當種植園奴工。此後，對挪亞詛咒的紛紜詮釋逐漸定於一尊，即被認定是一個對黑奴的詛咒。一個例子見於英國教士珀切斯對其暢銷遊記《珀切斯朝聖之旅》的修訂。他在此書的第一版（一六一三年）強調，所有人類「無分膚色、國籍、語言、性別和環境」，全是上帝的兒女。但在後來的版本中，他卻改為接受新的定見，特別指出非洲奴隸「是被詛咒的含的後代……是因為挪亞對含的詛咒而得到現在的膚色」。至此，大部分人都相信，受奴役是含的非洲後裔的宿命，因挪亞對含的詛咒永遠注定。[9]

「含的被咒」為奴隸制度（又特別是奴役黑人）提供了長達三百年的合理化理由。描述一船運抵葡萄牙的非洲奴隸時，官員德祖拉拉寫道：「根據挪亞在大洪水之後對兒子含的詛咒，含的人種理應受到全世界其他人種宰制。」這種思想在十九世紀初期和中期的美國最常聽見，當時的基督教牧師和政治領袖同時使用《聖經》先例和道德論證來反駁北方廢奴主義者愈來愈高的廢奴呼聲。例如，猶他州州長楊百翰在一八五二年一月二十三日發表了一篇捍衛奴隸制度的演講，其中承認「有色人種命運艱苦」，但又主張他們是咎由自取，而「除非是上帝親自把詛咒解除，否則他們必然要繼續承受其後果」。[10]這就是「含族假說」*在捍衛某種人種觀時的力量，而哪怕人種的差異後來有了較理性的解釋方式，「含族假說」繼續屹立不搖。《聖經》的權威雖然受到挑戰，仍然有說服力。

大西洋奴隸貿易強化了含是非洲黑人祖先的觀念。然而，邁入十九世紀之後，用來解釋人種起源的《聖經》詮釋走向衰落。在南北戰爭之前幾十年，美國南方白人一直認定含的故事可以合理化奴隸制度，但考古學家、語言學家和民族學家卻重新檢視這個問題，認為《聖經》中記載的歷史不足以解釋人種分歧。

這些學者開始改塑「含族假說」和擴展它，最終讓它獨立於《聖經》之外，改為是由科學加持。與此同時，他們將會把「含族假說」顛倒過來，讓它從一個解釋非洲黑人起源的故事變為解釋**白皮膚**非洲人來源的故事。但這個轉化過程並非一蹴即就。它的發生分為幾階段，基礎是建立在對文物和人骨的研究，還有是對身體特徵的觀察（這是由史坦利和其他探險家開先河）。新的假說將會在整個十九世紀的進程改變人對非洲人的看法。說來諷刺，率先把含族理論推向世俗化和科學化的並不是人骨或文物研究，而是另一批聖典——這批聖典也不是用亞蘭語†或希臘語書寫，而是用梵語書寫。

＊這是作者在序言之後第一次提到「含族假說」。如前所見，這「假說」認為，挪亞之子含因為受到父親詛咒，後代——被稱為「含族」——變成了黑皮膚，並注定為奴。與「含族」類似的觀念是「閃族」的觀念：早期西方人因為認定阿拉伯人、敘利亞人和猶太人是含的兄弟閃的後代，統稱他們為「閃族」。

†亞蘭語（Aramaic）是耶穌時代猶太人日常生活的主要語言。很多學者認為耶穌的母語就是亞蘭語。

第六章　東方瓊斯

在一七八〇年代，一個叫瓊斯的博學英國人發現了一種研究古代史的新工具：語言。瓊斯相信，不用參考《創世記》，單是把不同古代語言的字詞或語法加以比較，一樣可以追溯出世界第一批部落的遷徙路線。瓊斯是虔誠基督徒，無意推翻《聖經》的權威。然而，他認為，研究語言可以填補《創世記》留下的空白，完整勾勒出人類是如何分散到世界各地。事實上，瓊斯對語文學（philology，日後會改稱歷史語言學）的學術熱忱與他對《聖經》的尊崇並存不悖。對他來說，含的故事不是什麼古代神話，而是一個事實，可以為一個有關人類遷徙的新理論佐證——日後的學者把瓊斯提出的這個新理論稱為「印歐民族」理論或「雅利安人」理論。瓊斯本人不可能知道，他的語言學理論對十九世紀的人種起源思想將會產生深遠影響。透過研究語言來研究歷史將會成為研究人口流動（又特別是研究所謂的白色部落）的關鍵方法。不過，在一八七〇年代，瓊斯的熱情是落在語言，不是人種，而他的發現之旅也不是發生在非洲，而是在印度：他是受東印度公司之聘，到印度出任法官。

一七八三年，瓊斯乘坐英國海軍「鱷魚號」取道非洲海岸前往印度。船上，他繼續保持英國紳士的習慣：讀法律文本，下棋，在甲板上來回走動作為運動。他還研究了波斯文——加爾各答的宮廷語言。他知道，懂波斯文將會對他在最高法院的工作有用。然而，他對波斯文的興趣並不只是出於職業需要。他在出版於一七七一年的《波斯語語法》一書中寫道：「波斯語言豐富、悠揚和典雅。」[1]他也欣賞其他語言。他能說十幾種語言，包括拉丁語、阿拉伯語和希伯來語。不過，對瓊斯來說，「典雅」只是這些語言的部分吸引力。更重要的是，不同的語言是通向不同世界的門戶。他覺得古典語言（如拉丁語、阿拉伯語、希伯來語和波斯語）尤其如此。他形容，不懂得欣賞古典語言的人「猶如那些以為太陽只是為他們而升起和落下的野蠻人。他們無法想像，環繞他們小島的海浪會在別的海岸留下珊瑚和珍珠。」他會接受法官之職是因為工作穩定和收入有保障，但更主要是因為這工作可以讓他去到印度。他志在離開自己的小島，尋找珍珠去。

當「鱷魚號」繞過好望角、朝西向印度洋航行時，瓊斯列出了一份清單，題為「我居留亞洲期間的研究項目」。這份清單可以讓人一瞥他的興趣有多麼寬廣：

印度教和伊斯蘭教法律
古代世界史

《聖經》的證明和闡釋
大洪水等等的傳說
印度地理和政治
治理孟加拉的最佳方式
亞洲數學和「混合科學」
印度醫學、化學和解剖學
印度產物
亞洲音樂、詩歌、修辭和道德
《詩經》
有關西藏和克什米爾的紀錄
印度的貿易、製造業和農業
見於《阿拉姆吉爾教法彙編》和《阿克巴治則》的莫臥兒帝國憲章
馬拉地帝國的憲章

這清單不只透露出瓊斯充滿知性雄心，還透露出他打算怎樣把這雄心付諸實現。他會把「印度教和伊斯蘭法律」列為第一優先很好理解：這對他在加爾各答最高法院的工作是關鍵。

然而，另外三個項目（古代世界史、《聖經》的證明和闡釋、大洪水傳說）卻看來沒有實際用途。但瓊斯還是把它們列為「研究對象」。[2]

理由在於他對東方文化深感興趣。他是一個東方學家，但不是文化相對主義者。他深深相信猶太教－基督教史觀，認為《創世記》的內容百分百忠實，大洪水對世界的破壞是全面性，挪亞是現今所有人類的始祖（他是人類大樹的樹根，從這樹根產生出不同分支）。瓊斯與之前大部分學者的不同處只在於，他認為《希伯來聖經》僅是世界古代史的資料來源之一。古代希伯來人只記錄了挪亞家族一個分支的動向。希伯來人的親戚（埃及人、波斯人、印度人和中國人）一樣是大洪水之後繁衍起來，一樣有自己的起源記載。把這些民族的故事整合到世界史是瓊斯的終極目標，而他相信，這個目標仰賴兩件事情而成為可能：一是他對波斯語和其他語言的知識，另一是有收藏在印度的珍貴古代手稿。所以，早在「鱷魚號」到達印度海岸之前，瓊斯便知道自己要找的是什麼珍珠，也知道自己計劃如何把它們串起來。[3]

一七八三年九月，在海上航行了五個月的「鱷魚號」繞過印度次大陸的尖端，進入了孟加拉灣，沿胡格利河溯流而上。胡格利河是恆河支流之一，河水來自位於北方幾百公里外尼泊爾和中國境內的喜馬拉雅山脈冰川。迎面而來的恆河高於海平面八公里，就像是從天而降，把它的水注入恆河三角洲的廣闊沖積平原。對於印度教徒來說，它是一條聖河，連接塵世和天穹，讓人類可以在兩個世界之間往返。對瓊斯來說（他在碼頭上受到一個盛大接船儀式歡迎），看見恆河也標誌著他人生的轉變。他是以律師的身分離開英國，卻是以古代史探索者的身分到達印度。4

不過，在能夠探索過去之前，他必須先搞定現在。在一七八三年，加爾各答是英國東印度公司的首府——這公司本來只是一家殖民企業，卻逐漸壯大為一個帝國。公司的收入要上繳英國政府，但在運營上自成一國，不受英國法律規範。因為不受監督，東印度公司極盡膽大妄為。曾在一七五〇年代為東印度公司打過幾場仗的克萊夫將軍被公司高層的無法無天嚇了一大跳。「我只能說，從來沒有一個地方的無政府狀態、混亂、受賄、腐敗和敲詐尤甚於我在孟加拉所看見或聽說。」東印度公司在印度榨取香料、茶葉和鴉片，不在乎印度人快餓死。一七七三年，利用東印度公司無法繳足該繳的年度款項，英國政府出面干預，成立獨立的最高法院，進行監督。孟加拉的公司理事會對此極為感冒，把最高法院的權力視為對自己權威的威脅。所以，瓊斯到任後，他坐上的乃是殖民地政府不樂見到他坐上的位置。5

這不是他唯一的挑戰。東印度公司事實已經發展成為一個獨立的印度王國，這表示最高法院不只要審英國人，而是還有印度人。問題是，土著應該守的是印度法律還是英國法律？一七七二年，孟加拉總督黑斯廷斯指示法院根據本地法律審判印度人。但事情沒有這麼簡單。印度法律是用古代梵語書寫，而這種文字只有少數婆羅門學者看得懂。他們因為精通神聖的《吠陀經》而被稱為「梵學家」。在黑斯廷斯的授意下，東方學家哈爾海德（瓊斯在牛津大學的舊識）組織了一支十個梵學家的團隊，把一批已經譯成波斯文的梵語文獻再譯成英文。他是寧可直接學習梵語，但梵學家拒絕教他。他抱怨說不管他怎樣利誘，這些梵學家「就是口徑一致，不肯教我這種方言。即使總督出面發揮影響力一樣不管用」。[6]自此，從波斯文英譯而成的《印度教法典》（一七七六）成了英國法官判案的重要依據。但因為《印度教法典》既有翻譯錯誤又有語意不清楚之處，所以法官在判案時仍然少不了梵學家對梵語原本的知識。

瓊斯非常不滿意這種情形。他精通十幾種語言，又寫過一本波斯語法書，現在卻因為不懂梵語而不得不依靠差勁的翻譯本，當然會為之氣結——更何況審案時得仰賴沒有受過正規英國法律訓練的人出意見。他開始不信任梵學家有關印度法律的意見。他在寫給英國首相皮特的信中說：「我有一種學梵語的衝動。學了梵語，我在法庭上就可以知道那些梵學家說得對不對。」到了一七八五年夏天，他已經受夠。他離開加爾各答，前往九十公里以北的古老大學城克里希納加，設法找一個願意教他印度神聖語言的老師。[7]

還有其他動機驅使瓊斯學習梵語。他已經對梵語詩歌深深著迷（他讀的是波斯文的譯本），並開始相信它們是了解古代世界歷史的關鍵，是了解挪亞時代人類的途徑。

這也是歐洲啟蒙運動時代許多學者的抱負，所以瓊斯並不是沉迷什麼冷門的學術研究。他也不是古板的東方學家，不是遺世獨立的學究。對於瓊斯和像他那樣的學者來說，亞洲是一扇大門，可以帶來新的啟蒙，即讓人對世界歷史有煥然一新的認識。這工作太重要了，不應該關起門來做，所以，在一七八四年，他創辦了「亞細亞學會」作為感興趣於東方語言和文化的學者的論壇。在學會的第一屆大會上，他宣布：「學會的探究範圍是亞洲地理邊界之內的一切，任何由人和大自然創造的東西都包括在內。」8

瓊斯在克里希納加找老師的行動開始得並不順利。大學的許多梵學家都去度假或朝聖了，留下來的那些都不肯教他梵語，不把他提供的優厚報酬當一回事。最後，他終於得到梵學家拉姆洛昌點頭。此君六十五歲，屬於醫生種姓，是個行醫者，也在大學裡教梵語。瓊斯在一七八五年寫給東方學家威爾金斯的信上說：「我找到了一個讓人愉快的老頭，他把知道的所有梵語語法教給我。」他隨拉姆洛昌學習了六星期。學習過程順利愉快。瓊斯喜歡梵語，也高興於可以暫時離開又熱又潮濕的加爾各答——他和妻子安娜為此常常發燒，身體衰弱。在克里希納加，瓊斯回復紳士學者的生活，學梵語之餘寫書法、讀《聖經》和下棋。回加爾各答的時候，瓊斯帶著拉姆洛昌一起回去——對方答應繼續指導他閱讀梵語文獻。9

隨著他的梵語愈來愈好，他斷定梵語古籍證實了他原先的猜想：古代東方是理解大洪水之後的世界的關鍵，當時挪亞的後代仍然關係緊密，人類還沒有分散到世界其他大洲。在梵語古籍中，瓊斯看見了（應該說自以為看見了）不同古代文明的共同源頭。這個源頭一度把印度人、希臘人和埃及人串連在一起。

這個共同源頭表現為許多不同的形式。一七八六年二月二日，他在亞細亞學會發表演講，向其他英國會員報告他的發現。他指出，在哲學方面，柏拉圖和畢達哥拉斯的觀念都與梵語古籍的作者非常相似，所以，前者必然「與印度史詩是發源於同一源頭」。比較不同古代文明的建築，也可證明它們有著共同源頭。最重要的是，不同古代文化有著共同源頭這一點，不只可以從梵語古籍包含的觀念看出來，還可以從這種語言本身看出來：

梵語雖是極古老的語言，卻有著美妙的結構：比希臘文更完美，比拉丁文更豐富，也比兩者更細緻，但又與兩者有著強烈淵源——不管是動詞字根和語法形式上都是如此，所以不可能是出於偶然。事實上，它們的相似之處是那麼強烈，以致任何研究過它們三者的語文學學者都無法不相信它們是同出一源——這個共同源頭大概已經不再存在。10

瓊斯認為，這三種語言（也許還包括波斯語和蓋爾特語）會顯示出相似結構，是因為彼此有親屬關係，是一母所生。在瓊斯看來，「血緣關係」不只是一個比喻。這些不同語言的關係鏡映著人類的系譜，指向的是一種不同人群間的關連，而這種關連是不能從地理分布和容貌外觀看見和想像。瓊斯力主，印度人、歐洲人、波斯人和埃及人都是近親，出自挪亞家族的其中一支。這支血脈以驚人速度分散到世界各地，過程中在整個歐亞大陸產下複雜和強大的社會：

印度斯坦、底比斯、雅典、斯巴達和羅馬帝國，至十八世紀晚期又產下大英帝國。[11]

作為挪亞家族三個分支的其中之一，歐亞大陸這一支「最富巧思和進取精神，但它也傲慢、殘忍和耽於偶像崇拜」。[12]瓊斯的措詞很有披露性。雖然他相信《舊約聖經》只是眾多古代文件之一，然而，當他指出挪亞有一支「傲慢、殘忍」的後代時，披露出他完全接受猶太教－基督教的史觀，而這種史觀是無法用神聖的《吠陀經》、波斯詩歌或梵語結構來證實。它的根據來自《創世記》第九章，更精確的說法是來自《曼德維爾爵士遊記》在中世紀對《創世記》第九章的詮釋。在後來發表在亞細亞學會的演講中，瓊斯把這個意思說得更白。印度人、歐洲人和他們的弟兄都是「含的後代……他們發明了字母，又觀察並命名天穹上的發光體」。根據瓊斯的研究，含的部落原定居在波斯，但後來向東延伸至印度，向西延伸至中東和埃及，在地中海盆地建立聚落，再漸次移入歐洲。在一七九二年的演講中，他告訴學會會員：「在改善了航行技術之後，他們越過埃及、腓尼基和弗里吉亞，進入義大利和希臘，碰到了一些人口稀疏的更早移民部落。他們征服了這些部落的其中一些，又與另一些結成一體。然後，他們其中一批再向北行，進入斯堪的納維亞半島。」

正如我們在前面看到，這一套系譜學在當時並非正統，因為自中世紀晚期開始，含的後代便主要是被認定是非洲人，尤其是埃及人和阿比西尼亞人。*瓊斯認為，含家族確有一支進入了非洲。印度和埃及的古代偉構（金字塔、獅身人面像、印度神像和巨大佛像）的風格和神話

「顯示出它們是同一批不知疲倦的工人打造」。在瓊斯看來，這些偉構的銘文透露出它們混合了印度和阿比西尼亞的影響力，表明印度和歐洲之間的聯繫也擴展到了撒哈拉以南的非洲。在在看來，「衣索比亞和印度斯坦都是被同一非同凡響的人種所入住或殖民。」就這樣，瓊斯在「含族」的旗幟下創造出一個新的族群聯盟。他對語言和文物的研究除了「證實」含的後人是埃及和非洲的殖民者（《聖經》的注釋家一直這樣主張），也大大擴大了這個古老家族的幅員。現在「含族」變成了一個同時包括非洲人、歐洲人和印度人的群體。[13]

他的發現迅速傳播開。一七八九年，學會的第一本刊物《亞細亞研究》出版，其中有十一篇文章是瓊斯執筆，包括他在一七八六年論梵語的演講稿。七百本《亞細亞研究》被裝運上英國船隻，運往英國（這些船隻的航線將和瓊斯六年前乘坐「鱷魚號」走過的路線剛好倒過來）。《亞細亞研究》非常暢銷，《紳士雜誌》和《每月評論》都刊登了書摘和書評。它在歐洲其他地區更加暢銷。到了一七九〇年代，《亞細亞研究》的重印本和盜版版本已經可以在歐洲大陸買到，還有了德文和法文譯本。瓊斯作品的全集在一七九九年出版，一八〇七年再版。印度不是瓊斯所發現，但他卻讓印度在歐洲人的想像力裡有了一席之地。「東方學」在一八〇〇年之後之所以會被接受為一個學術部門，部分是因為瓊斯成功說服每一個人相信，這種學問跟歷史、語言和《聖經》都有相關性。他力主，不了解東方，西方就無從被了解。[14]

瓊斯沒能活到看見這個偉大綜合的發生。他答應過安娜，一等完成一份重要梵語法律文本的翻譯和出版，就會回英國與她團聚（安娜是在一七九三年離開印度）。這是一件他永遠不會完成的工作。一七九四年四月，就在準備啟程返國時，他猝然而逝，第二天被安葬在加爾各答的南園大街墓地。

在一個啟蒙科學開始挑戰拼湊式民族誌的時代，瓊斯對東方語言的研究（包括研究用它們寫出來的作品和它們的語言結構）佐證了《創世記》三系說的一些關鍵面向。他顯示，三系的成員都是可以透過他們的詞語和文法來辨認。語言模式甚至可以用來追溯某一個現代社會是源自挪亞家族的哪一個後人。對於那些按照字面解讀《創世記》第九章和相信全世界人類是挪亞兒子後代的人，瓊斯的作品可以帶給他們慰藉。[15]

但這種慰藉是短暫的。在當時，包括瓊斯自己在內，沒有人想得到他的研究方法已經動搖了以挪亞為原點的史觀。在十九世紀的進程中，根據《聖經》來解釋人類歷史的做法將會逐漸從嚴肅的學術作品消失。瓊斯不是唯一給它戳洞的人。到了十九世紀，包括萊爾和拉馬克在內，很多博物學家都會對《聖經》的歷史記載質疑。但瓊斯創造的不只是對人類播遷的一個新解釋，還是一種新的歷史方法：一種對語言進行比較分析的方法。這種方法的關鍵在於認識到語言會隨時間而變化。它們會從彼此分枝出來，彼此借用，有時還會殺死彼此。一種語言會活

*阿比西尼亞是一二七〇年至一九七四年期間非洲東部一個國家，為今日東非國家衣索比亞的前身。

過，然後死去，再重生為子語言（daughter language）。雖然挪亞的後代分散到全世界，但每個部落「都在不同程度上忘記了它們共同祖先的語言」。[16]

語言的生成變化與有機體多有相似，而到了十九世紀中葉，科學家甚至發現，用來表現語言演化的樹狀圖也可以用來描述生物物種的演化。一八九五年，達爾文在《物種起源》引入物種分類的課題時，他沒有忘記感謝語言學對他的啟發：「如果借鑑於語言學，則我們未嘗不能提出這種分類的觀點。」[17]樹狀模型之所以有說服力，是因為它有適應能力和擴展能力，既可用來說明語言在幾千年之間的演化，也可用來說明生物物種在數以百萬計年間的演化（達爾文早在一八四三年便在私人筆記本草畫過一幅物種樹狀圖）。由於語言是人類物種獨有，因此，追溯語言的變化看來也可以追溯出人類的變化。這當然就是瓊斯在他的演講裡表達的思想：語言的變遷講述了人類大家庭的故事，其內容是關於人類的祖居地、遷徙和後來位於遠方的新定居點。

雖然瓊斯證明了對語言的比較分析可能增加人類的歷史知識，但十九世紀的學者更進一步，主張語言可以讓人一窺人類的演化曲折。他們認為，語言除了是追溯人類祖居地和遷徙情形的工具，也應該可以用於追溯人種的起源。達爾文即主張：「如果我們擁有人類的完整譜系，那現在全世界所使用的各種語言將可以獲得最佳分類。」這就是瓊斯留下的遺產，一筆他自己所沒有預見的遺產。在他的世界觀裡，人類社會的黃金時代已過去：在挪亞家族使用同一種語言和敬拜同一位全能神的最早時代之後，人類便開始向下沉淪。他熱愛梵語，認為梵語反映著古代印度的輝煌。在這種熱愛的對比下，現代的印度更顯蒼白。瓊斯從他在加爾各答街頭看見的種種，認定印度教文化不值一提，形容這種文化「墮落和低賤」。十九世紀的演化論者則相反，把人類歷史視為一則進步的故事，是在文明的階梯上向上提升，不是向下沉淪。儘管語言的起源和物種的起源之間有種種兜不攏之處，瓊斯的方法很快被別人用於理解人類世界的歷史。英國法學家和歷史學家緬因在一八七五年談到印度對歐洲思想的衝擊時，把這種思路說得更明：「語言的新理論毫無疑問產生出了一個有關人種的新理論。」[18]

不過，語言演化和人類演化的樹狀模型雖然看起來相似，兩者實際有異。人類演化是發生在生物領域，而語言的演化卻是發生在文化領域。一個人有可能會說一種以上的語言、遷移他處後改說一種新的語言，或是把兩種語言混合為一（例如洋涇浜英語或克里奧爾語）。在這個過程中，他的生理結構不會有所改變。因此，語言與人類之間的關係雖然千絲萬縷，兩者的演化方式只是表面雷同：兩者是在不同的時間尺度以不同的手段運作。

透過對語言的研究，瓊斯肯定了《聖經》中起源故事的關鍵要素。未來幾代的語言學家將會繼續主張亞洲是人類的搖籃、主張挪亞家族的三大系是從中亞播遷到世界其他地方，以及主張歐洲和印度語言所源出的語言系統（日後被稱為「印歐語」）是始於含的不遠後代。

在這之前，十幾個世紀以來，西方人都是把含跟黑皮膚、落後和奴隸相提並論——這種觀點可以合理化歐洲人對非洲人的剝削。但瓊斯卻認為含家族是一個文化先進而非文化落後的家族，是東方、西方和非洲的強大帝國的源頭。含族侵略性強和聰慧的形象，還有愈來愈把他們和淺膚色北方人劃上等號的傾向，是發端自瓊斯，再由那些受其語言觀念影響的人加固。古埃及語和印歐語淵源匪淺之說最終會被推翻，但其他形式的證據將會被動員起來，再次把非洲人連結於白種人——這一次的證據不是語言，而是骨頭。

第七章 漂亮的頭骨

就在瓊斯對語言進行比較研究的同一時期，布盧門巴赫也對骨頭（特別是人類頭骨）進行了比較研究。就像許多十八世紀的博物學家那樣，布盧門巴赫相信頭骨握有人種研究的關鍵。因為，從面部骨骼和顱穹窿的形狀，他認為他看到了人類差異的主要特徵。此外，頭骨是人類骨骼中最容易保存下來的，所以只要把新的頭骨和舊的加以比較，便可揭示出人種起源的故事。隨著人種觀念在十八世紀變得更加重要，頭骨變得更有價值，而布盧門巴赫想得到它們的欲望也益發強烈。

在十八世紀的歐洲，有數以千計的古代頭骨被發現，而只要懂得門路，要夠得著它們並不難。布盧門巴赫知道門路。身為下薩克森州哥廷根的醫學教授，他有足夠資格和人脈讓他可以接近放在各個地方的頭骨。這些地方包括博物館展示櫃、醫院立櫃、探險船和貴族的蒐藏品展示架。到了一七九〇年代，他開始建立自己的蒐藏——他在朋友面前稱之為「我的各各他」*。這蒐藏最終將包括來自世界各地的兩百五十個頭骨。它們有一些得自探險家和科學家

（例如英國博物學家班克斯），有些得自布盧門巴赫從前的學生，還有些是德意志貴族所送的禮物，是他們從自己的「百寶室」（Wunderkammern）拿出來。「百寶室」是存放貝殼、岩石、土著文物和古代人骨的地方——自文藝復興時代開始，搜集這些東西在貴族之間便蔚為時尚。

布盧門巴赫不喜歡出遠門，聲稱「生活在哥廷根之外根本不是生活」。然而，他還是願意為尋找頭骨出遠門。與此同時，班克斯和其他人也繼續送他在世界偏遠角落發現的頭骨。布盧門巴赫意識到一批探險家為一個寧願待在家裡的教授搜集頭骨是個多大諷刺。他把自己待在鄉村別墅裡的日子笑稱為「發現之旅」。1

據他的朋友所述，布盧門巴赫是十歲那年找醫生看病時第一次看見一副人體骨架。他深深著迷，把骨架研究了幾小時，後來又找各種藉口去找同一個醫生，直至把整副骨架各部分熟記於心為止。然後他用動物骨骼把骨架複製出來，掛在寢室。在骨架把一個僕人嚇壞之後，他把它移到閣樓去。不論真假，這個故事都反映出布盧門巴赫的研究精神非常執著。他的實驗室裡擺滿頭骨和儀器，而他在進行動物的活體解剖時總是戴著「毛捲捲和粉兮兮」的假髮，用洪鐘似的聲音咆哮，令他的學生和同事起敬又同時感到害怕。同事索莫林（本身也是著名醫生和解剖學家）談到他的時候指出，他是「傑出的恩主，屈尊視我為朋友」。英國國王喬治四世是其中一個被這位大學者弄得緊張兮兮的人，自承「從來沒有見過像布盧門巴赫那麼氣盛的人」。2

對布盧門巴赫來說，骨頭不只是奇珍異玩，還是歷史紀錄。他是透過研究自然史（又特別是生物分類）得到這個結論。他讀過林奈的偉大分類學著作《自然系統》，並敬佩不已。出版於一七三五年，《自然系統》把世界所有已知物種（大約一萬種）分門別類，形成一個條理井然的系統。林奈相信《聖經》的記載，認為所有的物種都是一次被創造出來。《自然系統》致力於找出這個創造的秩序，揭示出造物主的藍圖：它假設上帝就像大工程師和能工巧匠那樣，是先設計出所有生物的藍圖，再按藍圖創造。這就不奇怪上帝會把物種安排得像俄羅斯套娃，讓每種物種都隸屬於愈來愈大的範疇箱子：「屬」（Genus）、「目」（Order）、「綱」（Class）、「界」（Kingdom）。如果林奈得知日後達爾文和其他演化論者會從他的生物大櫃裡看出別的東西，準會大吃一驚，因為他們看見的是樹而不是洋娃娃，是不同物種從共同樹幹分支出來的樹狀圖。範疇箱子被林奈視為神聖的抽象事物（上帝心靈裡的觀念），但在達爾文來說它們其實是存在過的生物的影子，是現有物種的祖先。[3]

活躍於《物種起源》面世八十年前的布盧門巴赫不可能欣賞達爾文的思路。在一七七〇年代，沒有人會認為所有生物有一個共同的祖先。這不是因為博物學家缺乏想像力或頭腦封閉，

＊「各各他」（Golgotha）是一座小丘，為耶穌被釘上十字架之處，意指「髑髏地」，以形狀類似髑髏得名。

而是因為那樣的想法顯得毫不可信：它和已知的世界歷史兜不攏。愛爾蘭大主教烏雪在一六五〇年根據《聖經》的記載推算出，世界的年紀是六千歲。所以，認為某種最早的生命形式可以在幾百代之間變化出從菌類到猴子的所有生物，簡直荒謬可笑。這是連不相信《聖經》記載而願意把地球歲數翻一倍或翻兩倍的人亦不能入信。要讓那樣的演化成為可能，需要長得多的時間。這是演化思維方式論的隱性成本：要接受共同祖先之說，意味著相信世界年紀老得超乎想像。4

然而，十八世紀另有一種不同的演化思想，而這種思想形塑了布盧門巴赫對於人種起源的思考。會出現這種演化觀，是為了回答一些有關物種性質愈來愈被人關心的問題，例如：物種是固定不變還是有可能隨時間而改變？法國博物學家布豐伯爵率先主張，物種有可能受環境影響而「走樣」，背離其原初的生命形式。布豐認為，各個「屬」就是最早的生命形式。不是所有物種都是上帝創造世界時一次出現的，其中一些是透過時間發展出來，是從最初的「屬」慢慢變化而成。但這變化不是隨意的，例如狗絕不可能變成貓。然而，在布豐看來，環境的力量強大得足以引起原物種不太誇張的變異。這可以解釋為什麼某些動物的美國品種和歐洲品種有所不同：這是因為出於遷徙，牠們離開了牠們最理想的舊大陸生活環境，因而開始走樣。這假設引起傑佛遜的憤怒，以激烈言詞加以駁斥。5

但正因為這樣，物種會透過「走樣」而演化的觀念反而變得更流行。布盧門巴赫把同一種

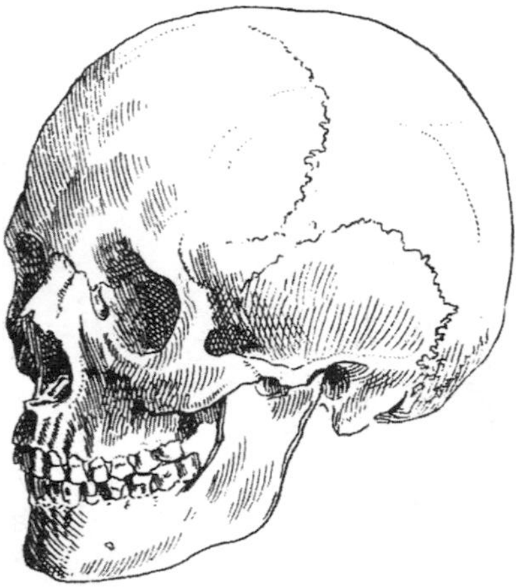

〈論人類的天然變異〉一文裡的喬治亞女性頭骨。

想法應用在人類。在博士論文〈論人類的天然變異〉裡，他創造出一個分類系統，把人類分為歐洲人、非洲人、蒙古人、美洲人和馬來人五大類，主張他們全都是來自一個共祖。這種發展是環境的差異造成：隨著人類部落遷移到離祖居地極遠之處，他們被迫要適應新的環境。就像布豐一樣，布盧門巴赫認為這種演化有一定限制。在動物王國，人和猿或其他生物了無關係。

布盧門巴赫又相信，人類原來只有一種：歐洲人。在〈論人類的天然變異〉的後來版本裡，布盧門巴赫給歐洲類型的人類取了一個新的名稱：高加索人。這個名稱源自黑海附近的高加索山區。用一個亞洲地區來命名歐洲類型的人類似乎是一種奇怪選擇，但布盧門巴赫這樣解釋為什麼他認為「高加索人」代表了人類物種的原形：

我用高加索山命名這種類型，一方面是因為在該地附近，特別是在它的南坡，產生過最漂亮的人類，即喬治亞人；另外也是因為該地區比任何地區都有更大可能是人類的原生地。理由首先是：該人種產生過最漂亮的頭骨，而從這種太古類型，可以輕易漸變為兩個極端（一個極端是蒙古人，另一個極端是衣索比亞人）。6

布盧門巴赫認為，祖先人種之謎（他在一七九五年開始使用「人種」一詞）可以透過美學加以解決。在世界的所有的人類中，高加索人（又特別是喬治亞人）是「最漂亮的人種」。他的漂亮觀念只管骨骼，不管血肉。在他看來，喬治亞人擁有「最漂亮的頭骨」。

不然至少是有一個頭骨稱得上是世界上最漂亮。它是布盧門巴赫是從朋友阿什男爵購得。阿什是俄羅斯軍醫，在聖彼得堡工作，他是從為該名喬治亞女子驗屍的病理學家取得頭骨。在自己的頭骨蒐藏中，布盧門巴赫最是珍愛這個小而圓的頭骨，因為「它的形狀極其典雅」。〈論人類的天然變異〉附有這個頭骨的蝕刻畫，其他博物學家看了之後也是大受吸引。他得意地說：「我的喬治亞年輕女子頭骨總是能吸引每一顆眼球注意。」用美作為分類頭骨的標準看似隨興和主觀，還有點讓人毛骨悚然，但在十八世紀，美學卻是一種被接受的分析工具。即使到了啟蒙運動晚期，科學仍然帶有中世紀的神學衝動，也就是仍然致力於透過自然手段揭示上帝的藍圖。對當時來說，美學是一種客觀的分析方法，有效得就像數學，可供人窺測造物者的建築風格。因此，頭骨的美不僅存在於解剖學家的判斷，還真實和精確得像圓周率的值。[7]

布盧門巴赫選擇高加索人作為人類的原形，根據的除了是美學，還有地理學。當他呼籲同儕選擇高加索作為「人類的原生地」之時，他也透露出高加索地區在歐洲人想像力裡的分量。根據希臘神話，普羅米修斯在把天火偷給人類之後，正是被拴在高加索山脈的岩石上，以作為懲罰。包括布盧門巴赫的哥廷根同事米夏埃利斯在內，很多基督徒學者都認為高加索山脈也許就是伊甸園的所在。該山脈的山麓也離亞拉臘山（據信是挪亞方舟的著陸地點）極近，相距大約只有三百公里。高加索地區離波斯地區亦極近。瓊斯曾經透過語言的比較分析，認定波斯地區是人類的搖籃。他甚至在第九篇演講提到過高加索山脈，認為它是人類最早居地的最北緣。布盧門巴赫雖然是嚴謹的學者，但一樣無法免疫於這一類宗教和語言學上的聯想（一如他無法擺脫西方人對美的文化成見）。他同意德意志學者隆美爾此說：高加索地區是「世界的祖土，大地的分水嶺」。[8]

然而，如果高加索是人類的分水嶺，那它的水又是流向了哪些方向？布盧門巴赫認為，最早的高加索人種有一些部落離開了他們在山區的家園，一支向西遷入歐洲，一支向東遷入恆河流域，一支向南遷入尼羅河三角洲和北非。當他們遷入的環境愈來愈不同於高加索地區，他們也開始走樣為其他人種類型：非洲人、蒙古人、美洲人和馬來人。布盧門巴赫建構出一組彼此分離的人種類型，但認為它們只是近似值，而且不是固定不變。因為氣候的影響力是微妙和漸進的，所以人類也是由一個人種的光譜而非界線分明的群體構成：「人類的所有差異不管乍看起來會讓人多麼吃驚，但只要再仔細觀察就會發現，它們是透過中間類型彼此連接。」9

人種族光譜的觀念不只符合布盧門巴赫的研究，還與他的美學吻合。在一七七五年出版了他的博士論文之後，布盧門巴赫目睹了大西洋世界的血腥革命。雖然這些起義是由被許多實際問題（例如債務和稅賦）所點燃，但它們迅速發展成為是對由殖民者、農奴和貴族構成的社會層級制度的公投。美國和法國的革命者在他們的新憲法裡宣布「人人生而平等」和「人生而自由和擁有平等權利」。一旦這些觀念被說了出來，它們就很難被遏止。設計來重新組織國王和農民權利義務關係的憲章很快成為其他更被蔑視的群體（婦女、印第安人和非洲奴隸）的嚮往。在法國殖民地聖多明哥（今日海地），有五十萬非洲人在甘蔗種植園裡被奴役，對他們來說，「人生而自由和擁有平等權利」的宣言似乎是住在另一個星球的人所起草。然而，它卻在黑奴的意識裡扎下了根。一七九二年八月，十萬聖多明哥黑奴揭竿起義，要推翻那些不願意把法國大革命觀念落實在殖民地的種植園主。布盧門巴赫從他在哥廷根大學的研究室看著革命的火焰延燒。他是個不問世事的學者，甚至有點像苦行僧，但他仍然明白人種類型不只是用來分類頭骨的標籤，還一直被用來把一整個大洲置於枷鎖之下。

他對人類變異的解釋表達了這種理解。儘管他給予高加索人崇高地位，稱之為最漂亮的人種和原形人種，但他仍然相信人類之間的共同性大於差異性。與《聖經》的精神一致，他擁護所有人類有著共同祖先的看法。不過，他否定宗教學者把黑皮膚歸因於挪亞詛咒做法。形塑非洲人和歐洲人差別的真正力量是氣候，不是任何「對該隱或含或他們後人的詛咒」[10]。另外，他堅決認為，環境的影響只會及於生理，不會及於行為或智力。愛、合作和用理性思考是全人類共有的能力，不會因為人種的分別而不同。非洲強烈的太陽光雖然會讓皮膚變黑，卻不會讓心智減弱或靈魂汙損。

光靠一批頭骨做出這樣的推論未免推斷過度。不過布盧門巴赫還有其他證據來源：人類遺體。為了研究這些遺體，他不惜走出哥廷根，甚至德意志。一七九二年，在聖多明哥奴隸起義爆發後的第四個月，布盧門巴赫應邀前往英格蘭，研究一些私人和大英博物館收藏的木乃伊。木乃伊不只讓布盧門巴赫有新的頭骨可以檢視，還讓他可以一睹一些異常古老和保存得非常好的頭骨。因為木乃伊都是有幾千年歷史，所以埃及人被認為代表上帝創造天地不久之後的人類，是第一批離開人類亞洲發源地的移民之一。木乃伊提供了布盧門巴赫評估自己的人種起源理論一個機會。古埃及人（他們被認為是生活在布盧門巴赫所設想的高加索人世界的最前沿）將可透露自己所屬人種的祕密，又因此可以透露人類物種的歷史。

他在英國解剖了六具木乃伊，先是在皇家學會會員加思蕭爾博士和萊特薩姆博士的書房進行，然後是在大英博物館的收藏品之間進行。其中三具木乃伊個子很小（兩具不完整，另一具包含著一隻朱鷺遺體）。不過，另外三具木乃伊卻完整無缺。最重要的檢查於二月十八日在大英博物館進行。布盧門巴赫從收藏品之中挑出一具個子大的木乃伊，解開有彩繪和浸泡過松香的包布，看見了一具乾屍。死者是個少年人，部分乳齒仍在。他的身體只剩骨骼，「沒有任何柔軟和肉質的部分。」[11]布盧門巴赫當然沒有被難倒，他自信能夠從光滑和鈣化的頭骨推論出少年的所有細節，包括所屬人種、性別和美醜。檢驗之後，他斷定少年斷然是中間人種。少年上顎的上頜骨「突出，但絕對沒有像真正的**幾內亞臉**突出那麼多，也沒有英俊尼格羅人常見的突出那麼多。其突出程度在歐洲人的臉上並不少見。」

布盧門巴赫認為，該木乃伊看起來就像他預期會在古代北非找到的人類：這種人種因為進入了撒哈拉的氣候邊緣區，開始失去一些高加索人的特徵。他承認，他在古埃及文物（特別是在古埃及藝術品和雕塑的人物）也看到過「尼格羅人」和「印度人」的人種特徵，不過，他認為這是埃及人和外來人混血導致。至於純正的埃及人，即早期從高加索地區遷入埃及的那些，必然有著中間人種特徵，而「這現象必然是外國天氣的形塑所導致」。[12]

布盧門巴赫的人種類型理論只是十九世紀初期出現的許多人種理論之一，但它在科學圈子卻引起了很大關注，成為了就人種差異的意義所展開的激烈辯論的一部分。在美國，史密斯同意布盧門巴赫的「走樣說」，但認為這過程可以部分逆轉：黑奴在自由和不同的氣候中外觀會產生變化。在英國，布盧門巴赫的理論獲得解剖學教授勞倫斯採納，在皇家外科學院講學時加以引用。普魯士大探險家洪堡德也接受人種是不同氣候導致之說和採用「高加索人」這個用語。在法國，大概是當時歐洲最著名科學家的居維葉一樣採用布盧門巴赫的用語，和接受高加索人代表最早人類的說法。此後，雖然「高加索人」繼續被用來指居住在高加索地區的人，但它的內涵逐漸改變。到了一八五〇年代，它更多是一個人種的意符而不是地理指涉。[13]

布盧門巴赫的人種理論會獲得支持，是因為它沒有激烈背離十八世紀其他博物學家的根本假設，還成功整合一些往往被認為是對立的觀念，一個例子是把林奈的固定物種分類法和布豐的「走樣演化說」共冶一爐。他的理論也沒有離開基督教的史觀太遠。人類起源自一個高加索部落然後遷徙到世界其他地區的構想輕易就可以和《創世記》第九章的人類起源故事兜得攏。不管啟蒙運動的博物學家對經驗方法的熱情有多麼洋溢，他們都無意把上帝趕出自然界。他們熱情擁抱科學方法是為了證實而不是推翻《聖經》的記載。事實上，他們都認為人類的理性是上帝賦予，並為此謳歌上帝。但《聖經》雖然對人類的早期有所交代，但光是滿足於《聖經》的記載卻不可取。就連信仰虔誠的學者馬爾薩斯一樣相信，太過偏重依賴《聖經》會讓人陷入精神懶散，會「抑制和弄濕本來可以鵬飛的翅膀」。[14]

布盧門巴赫的理論會獲得支持，還是因為它述說的人類起源故事和比較語言學述說的原則相似，後者是受到瓊斯的啟發而出現。諸如施萊謝爾等十九世紀語言學家企圖重構後來被稱為「原始印歐語」的語言。他們相信，操這種語言的印歐人的原居地位於中亞某處。事實上，似乎有理由認為，瓊斯所說的「含族」就是布盧門巴赫所說的高加索人的後代，所以發源地是可以溯源至高加索山脈。隨著原來的大家庭分散到其他地區，它的語言文化也開始走樣（這和布盧門巴赫認為有些高加索人的生理特徵因為遷徙而走樣的觀念類似）。這兩個理論雖然都反映基督教歐洲的偏見，但皆支持人類一體的見解：不同人類部落之間的差異（生理差異、文化差異和語言差異）只是皮相，只是漸進性改變。所以，這兩個理論雖然都是世俗性理論，但與《創世記》第九章的基本觀念並無根本不同。

在知識圈子裡，含受詛咒的故事逐漸失去解釋人種的力量，取而代之的是自然主義的解釋方式，例如是氣候有以致之。在十九世紀的最初幾十年，「含族理論」明顯走下坡，不再能把黑人的奴役合理化為上帝的旨意。新崛起的語言學和體質人類學看來能提供更好的解釋：它們不只能夠提供一種獨立於《聖經》的歷史研究方法（一種新而科學的方法），還可以提供（拜瓊斯和布盧門巴赫的研究之賜）一種兼容性的人類觀：它承認人種的區分，但又主張這種區分歸根究柢只是表象，因為全人類在語言和血統兩方面有著深層聯繫，本質上是一家人。雖然有點罔顧現實，這仍然是一個鼓舞人心的觀念。

第八章　修改過的假說

十九世紀中葉，「含族假說」走向式微。隨著西方社會愈來愈信仰科學，黑人是受詛咒人種之說愈來愈失去青睞。這假說在美國還擁有若干支持者（以保守派牧師和南方白人為主），但嚴肅的學者皆避之唯恐不及。因此，「含族假說」最終竟會得到來自科學家本身的搶救、轉化和擁護，不能不叫人驚訝。更出人意表的是，這些學者還將此假說拿來解釋非洲白人部落（而非黑人部落）的起源，將他們與世界的遠古文化連結起來。

「含族假說」是在多元發生論者手中獲得了新生命。他們相信人種之間沒有相互關聯，相信歐洲人、非洲人、亞洲人和印第安人都是源自遠古，各有獨立起源。多元發生論者是一群組織鬆散的歐美博物學家，他們也因著他們的立場而遭到抵制。他們否認全人類有統一性，立場迥異於以瓊斯和布盧門巴赫為代表的十八世紀主流思想。後者相信不同人種的共同性要遠大於差異性。

因為反對所有人類皆為挪亞後代，多元發生論也與《聖經》的基本信條相左——這條信條支配西方對於非歐洲人種的看法長達一千多年。多元發生論也不符合一些對《創世記》的歷史悠久詮釋（包括黑人是挪亞受詛咒兒子含的後人之說）。但有些多元發生論者對這種衝突毫不在意，一個例子是諾特。他根本不把《聖經》當一回事，自謂參與人種起源爭論的目的正是要「切斷人類自然史和《聖經》的關係」。[1]

其他多元發生論者則設法將人種各有獨立起源的觀點調和於猶太教－基督教信仰。為此，他們把遠古曾有人類遷入非洲之說（這是「含族假說」的基石）搶救回來。他們宣稱，多元發生論是可以與《創世記》中的人類起源故事相容，而且只要稍加調整，甚至還能跟挪亞和含的故事相容。在這種對人種的起源與歷史饒富創意的重新編排下，一個新的假說便誕生了。它將會在科學界引領風騷長達百年，壽命甚至比多元發生論本身還要長。它將會成為解釋非洲神祕白人部落的關鍵，更重要的是，它將會成為二十世紀非洲殖民政策的基石。[2]

許多支持這個新版「含族假說」的證據皆來自於頭骨研究。一八二一年，當博物學家格蘭威爾在倫敦寓所揭開一具木乃伊的包布時，他看似只是重演布盧門巴赫在快三十年前所進行的勘驗。但格蘭威爾的勘驗卻得到了與他的德意志前輩截然不同的結論，而這結論將會在接下來二十年愈來愈重要。

在幾個朋友與皇家學會成員的見證下，格蘭威爾開始工作，小心翼翼撬開蝕刻著象形文字的無花果木棺。木棺中的古老屍體被長達數碼的三英寸寬亞麻布條包裹（包裹方式是水平方式和斜角方式交替）。解開一層包布後，格蘭威爾發現底下有更多層包布。身為醫生又在英國海軍服役過，格蘭威爾對各式各樣的繃帶綁法並不陌生，卻從沒有見過如此細緻複雜的包紮方法。斂屍者的高明技巧讓他感到驚奇：他們把包裹手腳、趾頭、關節的布條剪裁得恰到好處，又精通各種已知的最高包紮藝術，包括「頭罩式綁法、劍套式綁法、十八頭綁法、T字綁法、裂布式綁法和包頭綁法」。這具木乃伊的保存狀態比二十九年前布盧門巴赫開棺檢驗過的那些要好很多。[3]

格蘭威爾的動作謹慎兮兮，深知木棺和亞麻布條一被移除，木乃伊就會變得非常脆弱。斂屍者所做的一切是為了讓死者前往來世，不是重回人間。解開包布頗費時間，但這也讓格蘭威爾安心，因為每多一層包布就表示屍體受到多一分保護，對幾千年下來的空氣、光線和濕氣多一點抵抗力。解開最後一圈包布後，他腳邊堆起的布條重達近十三公斤。躺在他面前的是一具中年婦女的屍體，身高大約一五二公分，全身赤裸，短髮剃光，雙手抱胸，看似脆弱但保存得相當完好，讓人吃驚。對格蘭威爾和他的同僚來說，這具女性屍體不僅是遠古遺物（格蘭威爾相信她極古老，年代「遠在孟菲斯金字塔建造之前」[4]），還是世界初始時代人類的一個代表——當時人類剛開始進行足跡遍及全地球的大遷徙。她是最早一批人類的一個樣本。

格蘭威爾斷定這木乃伊是高加索人。就像布盧門巴赫那樣，他的判斷是基於美學考量。木乃伊的骨骼比例與格蘭威爾心目中的終極女性原型「梅迪奇維納斯」*完全符合一致。「著名的梅迪奇雕像是美的最高典範，而我們的木乃伊和她同樣都是一五二公分高。兩者的手臂、前臂和手的相對長短幾乎一樣。」格蘭威爾指出，木乃伊骨盆測量數據極接近於「高加索人骨架的完美結構」，甚至比歐洲女性的骨架還要接近。最後，格蘭威爾還認為，木乃伊的頭骨和在一七九一年被布盧門巴赫捧紅的喬治亞女性頭骨極為相似，而後者已被認定（哪怕只是非正式認定）是高加索人種的典型。兩位女性在時代上相隔數千年，居住在不同的大洲，一個來自喬治亞而另一個來自埃及，但彼此卻非常相似——由此可見，兩人有著血緣關係。[5]

格蘭威爾對布盧門巴赫的師承顯而易見：他會討論那個喬治亞女人的頭骨和使用「高加索人」一詞只是這師承最明顯的證據。另外，從格蘭威爾就像布盧門巴赫那樣以骨骼做為判別人種的依據，足見這方法已滲入人種的科學研究有多深。然而，兩人卻有著一個重大分歧：布盧門巴赫相信人種差異是環境因素導致，反觀格蘭威爾卻認為人種型態相當固定。兩人皆是憑木乃伊研究得到「古埃及人就是高加索人」的結論，但布盧門巴赫相信遷入埃及的高加索人發生了改變：埃及的環境「使得他們的顱相很大程度不同於其他高加索人」。[6]與此相反，格蘭威爾主張古埃及人維持了高加索人的標準型態，沒有減少一分，兩者之間毫無差異。

兩人觀點的差異看似微小，但其包含的涵蘊卻厥為巨大。問題的關鍵在於人種究竟是固定不變（這是多元發生論者的主張），還是會隨時間改變。布盧門巴赫和格蘭威爾之間的差異反映著一個有關人種的更大爭論，而這個爭論對於十九世紀的「含族假說」有著重要意涵。因為如果幾千年前生活在尼羅河流域的埃及人竟可以還是淺膚色和有著今日喬治亞人的面部輪廓，就表示人種不太可能是氣候的改變導致。所以，人種的變異必然要用其他理由解釋。又或者是人種的可變性要比布盧門巴赫所以為的低得多。格蘭威爾不是得出這種結論的唯一博物學家。例如，十九世紀初期，法國著名比較解剖學家居維葉雖然接受布盧門巴赫理論的很多方面（特別是接受有所謂的高加索人種和承認他們是人類原形），卻認為人種的差異是自古固存。[7]

多元發生論者為支持自己的論點，求助於美國人莫頓的研究。莫頓為便於向賓夕法尼亞大學的醫學系學生講授解剖學，從一八三〇年代開始便搜集頭骨。受布盧門巴赫的啟發，他也是利用頭骨的測量數據來判定它們的人種歸屬。莫頓的蒐藏來自歐洲、非洲和美國西部，包括一些異品：一個日耳曼侏儒的頭骨、一個芬蘭罪犯的頭骨和一個蓋爾特戰士的頭骨。到了一八五〇年，他的蒐藏規模已超過布盧門巴赫，達一千多個。在一八三九年發表的著作《美洲頭骨》中，他主張不同人種之間的差異太過強烈，不可能是同出一源。「每個人種都是從一開始便適應了自己的在地環境。換句話說，讓某個人種有別於其他人種的生理特徵不是外部因素造

＊梅迪奇維納斯（Venus de Medicis），原為製作於希臘化時期的仿製品（仿自古希臘名雕刻家普拉克西特列斯〔Praxiteles，約西元前四〇〇至三三〇〕的青銅維納斯）。十七世紀移到梅迪奇家族別墅公開展示，此雕像被視為古典雕塑的完美典型。

成。」[8]根據他的觀點，人種不會被氣候改變，甚至不會被人種之間的通婚改變，因為人種的基本形態是超越任何一個個人。這些基本性質是恆定不變和基本，猶如鐵的化學性質。

但要證明人種可以經歷長時間而維持不變，光有豐富的頭骨證據並不足夠。莫頓還需要**遠古**的頭骨，就像布盧門巴赫和格蘭威爾研究過的那些。在這一點上，他得到脾氣古怪外交官和業餘埃及學家格利登的幫忙，後者在尼羅河流域為他搜集頭骨，從古墓、王陵和開羅的大型墓葬把頭骨偷出來。從一八三〇年晚期開始，格利登前後給莫頓送去數以十計頭骨。它們有些經不起長途運送的顛簸，在途中粉碎，但仍有可觀數量（共一三七個）安抵費城。他仔細測量每個頭骨，並在一八四四年出版的《埃及頭骨》一書斷言，格蘭威爾所言無誤，古埃及人在人種上真的是歐洲人。有莫頓背書，多元發生論的可信度大為提高，成為了人類學的「美國學派」的基礎，並爭取到德隆望尊的美國博物學家阿格西的支持。[9]

就像布盧門巴赫，莫頓假定頭骨可以用來鑑定人種差異。不過，儘管他的蒐藏規模龐大而他測得的數據也精準，但他的方法和分析卻存在著瑕疵。因為他不是自己購得頭骨，所以，對於屍體的狀況和墓穴的地點，他只能從轉述得知。他測量頭骨大小的方法隨著時間推移而改變，也不認為年齡和性別之類的因素有必要列入考慮。不讓人意外地，他有時會無法斷定某個頭骨是屬於哪個人種。他對登在《埃及頭骨》的頭骨的描述往往語帶猶豫，例如：「（這個頭骨）是混合了尼格羅人形態的埃及人嗎？」「混合」、「融合」和「攙入」之類的字眼在他的手稿上隨處可見，這是因為他解釋不了一些模稜兩可的人種特徵。例如，談到五個底比斯出土的「尼格羅人」頭骨時，他說它們「明顯攙入了高加索人特徵」。因為無法想出其他原因又不願意質疑自己的假定，莫頓只能得出過簡結論：「因此我認為他們是混血兒。」布盧門巴赫都是把模稜兩可的人種特徵視為人種會隨時間而改變的證據，但莫頓因為深信人種固定不變，遂認為它們是通婚的結果。《埃及頭骨》賴以立論的材料充滿不確定性，但莫頓的結論卻毫不含糊。他斷言，埃及曾經是一個高加索人種的國度。「這些被《聖經》稱為米示拉族後來又被稱為埃及人的太古人類是含的後代，與利比亞的民族有直接淵源……可把人類幾個人種區分開來的那些生理或生物特徵，古老得就像我們物種的最古老紀錄。」10

莫頓的發現成為了多元發生論一根重要支柱，而古埃及人在有關人種史的爭論中扮演關鍵角色。但他們之所以被認為重要，完全是因為他們的外觀（和從這種外觀可以推論出來的結論），不是在於他們怎樣生活或有過什麼成就。他們提供了可捍衛多元發生論的人種固定說的數據，被認為跟美洲印第安人、斐濟島民、努比亞人和衣索比亞人同出一源。

事實證明，除了有辦法可以讓多元發生論和頭骨數據兜得攏，也有辦法把它和《聖經》兜得攏。方法是予以《創世記》狹窄化詮釋。根據這種詮釋，《創世記》只是講述高加索人的起源，不及於其他人種。亞當和夏娃是頭兩個高加索人，其他人種的始祖則是在上帝創造天地萬物的第六天所造（也因此有時被稱為「前亞當人」）。上帝創造他們之後把他們放在最適合他們生活的地區：深色皮膚的非洲人和馬來人被放在赤道地帶，亞洲人和美洲土著被放在較溫和的氣候區。挪亞的故事於是變成了只是有關一度幾乎滅絕但後來重新繁衍起來的歐洲人種。有長達一千年時間，挪亞三個兒子被認為是代表人類的不同分支，但如今卻變成了僅僅是一個人種的始祖，即白種人的祖先。[11]

雖然這個改變攸關重大，卻很少人注意到莫頓把「含的後代」認定為高加索人而不是黑人，與十幾個世紀的《聖經》注釋背道而馳。埃及文明被認為是含族入侵者所建立，他們是含未受詛咒的後代，是從位於高加索的祖居地遷入非洲北海岸。在埃及，他們統治著「前亞當」的土著非洲人種，又因為與土著通婚的關係，久而久之產生出莫頓所謂的混血高加索品種。他寫道：「在含族和其他亞洲種族入侵以前，尼羅河流域只有一個土著人種。」正如格利登指出，是時候把含、閃和雅弗看成「高加索人種的三大分支」。[12]

多元發生論在十九世紀晚期開始式微，儘管如此，曾經有一支含族入侵非洲的想法在科學圈子裡仍然屹立不搖。有些不贊成多元發生論的民族學家照樣相信這個，一個例子是英國民族學家普里查德。後來，別的民族學家又用它來識別住在埃及以外的非洲人。曾到衣索比亞探險的普魯士埃及學家萊普賽斯認為衣索比亞人就是含族的一支。所以說，把含族視為「入侵的高加索人」的新觀點不只在西方的實驗室和演講廳發酵，還影響到赴非洲探險的人。[13]

十九世紀的探險家只有極少數是科學家，但他們很多都鑽研過談論他們探險目的地的科學文獻，出發前細細爬梳過博物學家、地圖師和其他探險家的作品。這些人馬上注意到「含族」的概念有了變化。但他們沒有馬上採用新的術語。莫頓固然把含族定義為高加索人，但法國的人種理論學家戈平瑙仍然堅持舊的用法：「當我提到含族的時候，我是指黑人。」當伯頓結束他和斯皮克的東非探險，回到英國之後，對「含族」一詞的新意義表示反感：「這些用法對民族學家來說是差勁用法。」他公告周知，自己會繼續「用含族表示純粹的黑人或說尼格羅人，用閃族表示阿拉伯人，用雅弗族表示雅利安人或說印歐人種。」斯皮克也是繼續按照傳統的詮釋，把含族視為被詛咒的人種。例如，被他的東非人助手孟買問及奴隸制的起因時，斯皮克給他講了挪亞和三個兒子的故事，指出孟買是屬於黑人或說含族血統。而「因為他們是最弱的一支，基於自然之理，他們必須臣服於家族裡的雅弗族和閃族分支」。[14]

在斯皮克看來，《聖經》的記載之所以可信，是因為它除了解釋得了黑人為什麼合該當奴隸，還解釋得了非洲社會為什麼普遍落後。他在一八六二年出版的《發現尼羅河源頭日誌》寫道：「挪亞的詛咒透過含而禍傳含的子孫，迄今還沒有找到可以讓他們解除枷鎖的方法。」他相信，由於《創世記》第九章和黑色非洲的關聯是那麼牢不可拔，我們甚至可以用非洲人的落後來證實《聖經》記載可靠。「含受到父親詛咒，注定要當閃和雅弗的奴隸——當日如此，今日看來也是如此，是證明《聖經》可靠、讓人震撼的現成證據。」[15]

但斯皮克固守傳統詮釋並沒有妨礙他採納莫頓的高加索人含族觀念。曾有外力入侵的證據在阿比西尼亞（青尼羅河源頭的所在）看來最是明顯，因為很多西方人都注意到當地土著奧羅莫人在宗教、文化和外觀上都和撒哈拉以南的非洲人非常不同。普里查德在一八一三年寫道：「我認為相當明顯的是，埃及人和衣索比亞人是同一個人種，而且八成本來是同一個國家，居住在尼羅河兩岸所有肥沃土地上。」[16]斯皮克也認為自己看到同樣現象，把阿比西尼亞人的「高加索人特徵」詮釋為有一支近東勢力曾入侵的證據。

尤甚於主張含族曾入侵古埃及的多元發生論者，斯皮克相信，這入侵擴展至撒哈拉以南地區，又特別是東非洲地區。隨著他向南探索得更遠，他從所遇到非洲人的顱相上隨處看見入侵的痕跡。一八六二年跋涉於維多利亞湖以南地區時，斯皮克在當地王族胡麻人身上看見了高加索血統：「我們現在進入的烏辛薩地區由兩個外國血統的胡麻人酋長統治，他們顯然有著阿比西尼亞人血統，而有這種血統的人在整個烏尼亞穆埃薩都看見過，南至菲帕都有他們的身影。」當他到達維多利亞湖以西地區時，他提出了同樣解釋。談到當地某個人時，他說：「我欣賞他所屬的人種，並相信他們是源出於我們的老朋友阿比西尼亞人。阿比西尼亞人的王沙拉斯曾接受我們女王相贈的豐富禮物，而他們就像我們一樣是基督徒。要是胡麻人沒有失去他們對上帝的知識，則必然也會是基督徒。」等到斯皮克到達維多利亞湖的時候，他對有些非洲人有著外來血統的看法已經深信不疑，乃至可以勾勒出一個系譜的程度：「當我告訴魯馬尼卡（維多利亞湖西岸開勒古人的王）他是阿比西尼亞人和大衛王的後代，他聽得津津有味，對自己的身世非常自豪。他的頭髮就像我的一樣直。」[17]

斯皮克相信阿比西尼亞人曾經征服東非洲地區，這一點將會成為新「含族假說」（一種刪去《聖經》詛咒說的遷徙理論）的核心元素。他會這樣相信，是基於「從外貌判斷……胡麻人除了是衣索比亞的閃-含族，不可能是別的人種」。[18]儘管如此，斯皮克並沒有完全拋棄他早前相信的含族觀念。他的一些著作繼續把含看成受詛咒的黑人的始祖，但另一些著作卻採納莫頓的新說，把含族視為高加索人。

他是如何調和這種扞格我們不得而知。有可能，他雖然繼續使用含的受詛作為非洲落後的象徵，但已經開始相信莫頓的理論。又也許，他光只是同時接受兩者而不去管它們的矛盾。但不管理由何在，斯皮克都是自己時代的一個代表：兩個版本的含族理論在維多利亞時代一直相安無事。這是一種讓人糊塗的安排，因為本來用來解釋非洲人為什麼是黑皮膚的古說到了多元發生論者手裡，卻變成是用來解釋為什麼有些非洲人是白皮膚。

當史坦利在一八七四年出發前往東非洲內陸的時候，他一定多少聽過新的「含族假說」——起碼是從斯皮克的作品讀到過。不過，他自己對人種是如何起源的信念要等到後來才會具形，也就是等他回到英國，大量閱讀過相關的科學文獻之後。當他在一八七五年抵達布干達，乘坐「淑女愛麗絲號」在維多利亞湖湖面滑翔時，他有別的事情要思考。湖區離東非洲的斯瓦希里海岸一千一百公里，其居民對不管是瓊斯的語文學、布盧門巴赫和莫頓的頭骨研究還是三大一神教的釋經學都一無所知。含的故事是另一個世界的產物：它起源於希伯來語聖典，後來受到一些有關中東一神教文化性質的理論改塑，再被科學家和探險家拿來解釋東非洲居民的來源。

因此，當史坦利發現布干達國王穆特薩對《聖經》的記載毫無異議時，想必相當驚訝。這位大權在握的「卡巴卡」不反對曾經有北方人入侵非洲的觀念，也不反對非洲有些國王（甚至是有些部落）的始祖是外國人，是來自遙遠的另一個大洲。他甚至顯得對含的故事安適自如。事實上，挪亞的這位兒子乃是一個穆特薩早已知悉的人物。正如他後來告訴另一位來訪者的，含就是被葬在烏干達：「我會帶你去看他的墳墓。」[19]

第九章　國王穆特薩

穆特薩對含的知識和熱情有一大部分是來自斯皮克，後者在東非洲已經成為了「含族假說」的「蘋果佬約翰尼」*：他讓他遇到的所有非洲王族都相信，他們是千百年前入侵的白皮膚阿比西尼亞人的後裔。然而，不管斯皮克有多麼能言善道，看來不太可能說服得了穆特薩放棄那些讓他的王位得到合法性的本土傳說故事。穆特薩的權力是奠基於世襲繼承制度，而他繼承的統系至少可以回溯至十八世紀。一些傳說把這統系的起源推得更早。丟棄這些傳說將會動搖穆特薩統治干達人的合法性。不過，穆特薩會接受「含族假說」，事實上是有見於布干達的王統傳說和含的故事有著可以會通之處。在史坦利的幫助下，他發展出一種對非洲信仰和猶太教－基督教信仰的綜合——不到十年，這種綜合便構成了布干達基督教會的基礎。兩種起源故

*本名John Chapman（一七七四至一八四五年），是開拓美國西部運動的著名人物，保育觀念的先驅，以推廣蘋果樹的種植著稱。

布干達國王穆特薩。來源：*Stanley in Africa: The Paladin of the Nineteenth Century*, 1890.

事的匯流對西方科學亦有著同分量的重要涵蘊，因為它讓人類學家相信，含族入侵非洲的蛛絲馬跡不只見於西方的聖典，還可以在非洲的口頭傳說找到。

就像所有來自外界的資訊一樣，含的故事是慢慢傳入湖區，但最早的傳入者卻不是維多利亞時代的探險家（即不是伯頓、斯皮克、貝克和李文斯頓這些在一八五〇年代進入東非洲尋找尼羅河源頭的人），而是一八四〇年代進入非洲內陸購買奴隸和象牙的阿拉伯和斯瓦希里商人。因為他們尋求的是財富，不是地理知識，這些阿拉伯商人沒有留下任何書面紀錄，也沒有擺出歐洲遠征隊的排場。歐洲探險家都是些公共人物，從事的是地理發現的事業。反觀阿拉伯商人都是生意人，對自己走過哪些路線和接觸過哪些人諱莫如深，唯恐便宜了競爭者。所以，與英國遠征隊的事業相比，他們的行跡非常不顯著。史坦利、李文斯頓和極少數其他歐洲人都因為發現了重要湖泊而成為名人，但阿拉伯商人和他們的非洲盟友卻是在悄無聲息的情況下重塑非洲（一種既深且巨和擦不去的重塑），帶來了內陸民族和文化的永遠改變。[1]

阿拉伯商人是來自斯瓦希里海岸。斯瓦希里海岸是一個東非洲帝國，涵蓋從摩加迪休到林迪之間的一千七百多公里土地，由坐鎮尚吉巴的蘇丹薩伊德統治。歐洲的禁奴令給了斯瓦希里的阿拉伯商人一個天賜良機（英國是在一八〇七年禁奴，法國是在一八四八年禁止殖民地畜奴），因為禁奴令固然讓大西洋的奴隸貿易大幅下滑，但中東和亞洲對奴隸的需求卻沒有因此減少。所以，非洲的奴隸貿易並沒有消失，只是改變了方向，改為以東非洲海岸的奴隸市場為目的地。阿拉伯商隊從尚吉巴和巴加莫約向內陸推進，以布匹、火器和其他商品交換奴隸和象牙。後來為了擴大勢力範圍，阿拉伯商人又與內陸的土著社群（例如維多利亞湖以南地區的尼亞姆韋齊人）締結聯盟，讓他們充當打手，用阿拉伯人提供的火器獵殺大象和從附近村莊綁架其他土著。

一八三〇年代，阿拉伯商人推進至湖區，分別在坦噶尼喀湖邊的塔波拉和維多利亞湖南邊的烏吉吉建立了據點。一八四四年，商隊抵達位於維多利亞湖西北湖岸的布干達。作為湖區最強大的王國，布干達變成了斯瓦希里商人在東非內陸的重要貿易夥伴。對干達人的統治者來說，特別是對蘇納二世和王族成員來說，商人帶來的資訊讓他們可以一窺外面世界的面貌——還有是見識到另一種世界觀。透過與阿拉伯商人易卜拉辛談話，蘇納二世認識了伊斯蘭教，對它的一些觀念產生興趣。他又在易卜拉辛的教導下學會《古蘭經》頭四章。[2]

第一次與斯瓦希里商人的接觸想必讓穆特薩留下深刻印象。這些商人初抵烏干達宮廷時，他還是小孩，用的也還是乳名木卡比亞。一八四〇年代的木卡比亞不是個得勢的王子，加上蘇納二世有許多妻妾和更年長的兒子，木卡比亞繼承王位的機會微乎其微。他在離宮廷一百一十公里的辛戈一棟鄉村莊園長大，生活在草頂屋和香蕉園之間，身邊只有母親和一名御廚，遠離首都的權力鬥爭。不過即使遠離首都，木卡比亞仍然多少聽說過那些進入他父親王國的阿拉伯商旅。阿拉伯人擁有火器的消息不脛而走，另一個很快傳開的消息是阿拉伯蘇丹權力龐大，有本領從沿海要塞指揮在幾百公里外經商的商人。多年以後，繼承了王位的穆特薩將會問阿拉伯商人卡圖庫拉，他以前和他父王都是談些什麼。卡圖庫拉回答說：「我們常常談真主，祂是萬王之王，可以叫人從死裡復活。」[3]

一八五七年（或一八五八年），蘇納二世駕崩，木卡比亞繼承大統，成為新的「卡巴卡」。他能夠脫穎而出，是因為他是宰相卡蒂基羅和布干達幾個主要氏族首領都可以接受的人選。在完成權力的不流血交接之後，木卡比亞給自己取了「穆特薩」的稱號，意指「政治家」。但他其實不重視政治手腕。登基不久，他就處決了那些反對他繼承王位的氏族首領，又把曾經一手安排他登基的卡蒂基羅打入大牢。權力鞏固後，他在維多利亞湖岸邊建了一個新首都，在新首都的皇宮裡接見阿拉伯商人和進入其國境的外國人，打聽外面世界的情況。

透過與阿拉伯商人談話，穆特薩認識了伊斯蘭教，聽說了《古蘭經》裡的起源故事：亞當和夏娃，大洪水，世界再次被挪亞的後代住滿。《古蘭經》沒有提含這號人物，但含的故事仍然傳入了伊斯蘭世界，而多個世紀以來，毛拉們和伊瑪目們*也一直在辯論含的故事的意涵。因此，在十九世紀晚期進入穆特薩的宮廷的尚吉巴商人也給他講述了含的故事。他們會這樣做乍看之下很奇怪，因為那表示他們相信非洲土著是受詛咒的民族。然而就像我們看到過的，含的故事有著很多不同面向，而這些面向不全是負面。它雖然是一個有關失寵和被謫的故事，但也包含著所有人類有著一個共同起源的思想。含的故事斷言所有人類（包括阿拉伯人、非洲人、亞洲人和歐洲人）全都是源自一個被上帝選中和鍾愛的家族。4

不管穆特薩是通過什麼管道聽說含的故事，他都為之著迷。他在一八七四年遇到史坦利時

---

*毛拉，在今日伊斯蘭國家對學者的尊稱。伊瑪目，在阿拉伯文中原意是領袖。在伊斯蘭教也是管理穆斯林，引領理解經典意涵之人。亦可是對伊斯蘭學者的榮譽稱號。

提起這個故事，在同一期間會見其他西方人的時候也是一樣。法國探險家德貝萊豐德在一八七五年見過穆特薩（時間比史坦利的到達早幾個月），對這位「卡巴卡」鑽研《聖經》的熱情印象深刻。「我在兩點鐘離開國王，約好下午四點再見面。我們的話題是《創世記》。國王讓人把從創造天地到大洪水的故事全寫在一塊寫字板上。我們一直談到夜幕低垂。穆特薩聽我談《創世記》聽得怔怔出神。」[5]

穆特薩會那麼鍾愛《創世記》（又特別是含的故事），理由大概不難了解。既然他已經知道湖區外面有著一些強大民族，他自然希望干達人可以和這些民族（包括他仰慕的阿拉伯人和歐洲人）攀上關係，而《創世記》正好可以提供他方法。含的故事可以把布干達帶入歷史（至少是猶太教－基督教史觀的歷史），讓穆特薩和他的外國客人更加關係匪淺。

穆特薩特別喜歡斯皮克版本的「含族假說」，因為它主張，有些東非洲人（特別是王族）是在遠古時代入侵的阿比西尼亞人或高加索人後嗣。斯皮克認為，穆特薩及一些王族和西方人的血緣關係比他們和他們的干達人子民之間的更深——這樣一種恭維只更強化了穆特薩的統治合法性。正是血緣關係讓穆特薩連結於他的父親蘇納二世和更早之前的國王塞塞卡巴卡：這個王統可以一直追溯至霧濛濛的史前，甚至追溯到（如果斯皮克所言正確）挪亞的兒子含。含是布干達第一代國王，是包括穆特薩在內的所有後來「卡巴卡」的始祖。在一個把歷史和政治權力視為神聖血脈關係表述的王國，「含族假說」找到了可以成長茁壯的沃土。[6]

另外，含的故事也被認為可以和干達人的起源故事兜得攏，特別是和金圖的傳說兜得攏。干達人認為金圖是最早的人類，來自北方。金圖帶著他的牛來到湖區，發現這地區空無一人，直到後來才遇到天空之神格古盧的女兒南比。金圖向南比求婚，但格古盧要求他接受一系列艱鉅挑戰作為條件。一一完成任務後，金圖娶得美人歸，夫妻倆自此定居在湖區。在故事的另一個版本裡，金圖是打敗湖區的暴虐統治者蛇本巴之後成為布干達第一代國王。總之，這些故事不僅把金圖說成是第一個人類，還把他說成是布干達第一位「卡巴卡」，後來的所有國王都是從其所出。[7]

史坦利看得出來金圖的故事和《創世記》（特別是亞當和夏娃的故事）有依稀相似之處。穆特薩也看得出來，特別是在讀了史坦利為他炮製的《聖經》瓦西里語譯本之後。譯本是史坦利和他的尚吉巴年輕助手「蠍子」馬弗塔一起翻譯。他在《穿過黑暗大陸》指出：這本「新教《聖經》瓦西里語節譯本包含從上帝創造天地到基督被釘上十字架的所有主要事件。」到了一八七五年下半葉，史坦利和穆特薩將會詳細討論布干達和西方的起源故事，找出它們的共通處。史坦利繼續指出：「讀金圖的故事，你不可能不一下子想到亞當和挪亞，因為亞當和挪亞看見的世界都是空無一人。金圖在烏干達和鄰近土地也是碰到同樣情形。」[8]

然而，這些相似之處並未能說服史坦利，讓他相信金圖就是含。就像斯皮克、李文斯頓和其他探險家那樣，他的歷史觀完全是來自《聖經》的記載，理解《聖經》時也總是嚴格按照字面理解。史坦利在探險記中這樣表態也許是為了表現自己信仰純正，又也許他認為這種立場才符合讀者的信仰立場。但它也反映出維多利亞時代晚期學者的一種共同觀點：古代典籍（不管是不是聖典）雖然也許會扭曲歷史事件，但它們總是包含一個真理內核。例如，施里曼正是因為相信《伊利亞特》的記載，才會在一八七〇年代著手尋找特洛伊。在當時，科學的作用被認為是篩去神話的穀殼，把過去調和於現代。不管探險家還是人類學家仍然會討論挪亞、含和遠古世界人口分布的問題，哪怕他們討論這個的時候都會擺出一種世俗性和不偏頗的姿態。這就不奇怪，雖然史坦利不至於相信金圖就是亞當或挪亞，卻仍然相信他是個歷史人物，真有其人。在他看來，金圖更有可能是個早期的基督教教士，是從阿比西尼亞或中東遷入湖區。在史坦利的形容裡，金圖類似聖徒，為人「溫和、仁愛而毫無瑕疵。從個性看，他八成是一個早被遺忘的古早教團的教士。」[9]

穆特薩的詮釋完全不同。他認為，金圖和含是同一個人，是在大洪水結束後進入湖區，建立第一個布干達王朝，讓這裡成為有人居之地。即使在史坦利於一八七五年秋天離開他的皇宮向西朝甘巴拉嘎拉山而去之後，穆特薩仍然維持這種看法。當英國傳教士史密斯在一八七七年抵達他的宮廷時，他照樣提起含的話題，並告訴對方，他知道含被葬在哪裡。[10]

對那些在一八七〇年代晚期抵達布干達的基督教傳教士來說，把金圖和含說成同一個人的理論值得歡迎，因為這可以支持東非洲人是挪亞後裔之說，讓歐洲人和其他人種可以因為共祖亞當而連結在一起。如果干達人真的是含的直系後裔，便表示他們一度是猶太教－基督教大家庭的一部分。他們一定是在遷入和定居非洲的過程中忘卻把他們連繫於《聖經》的故事和傳說。這對在布干達工作的傳教士提供了額外誘因：他們的任務不僅僅是傳福音，還是把迷失的《聖經》子民帶回本家。他們相信，干達人和基督教淵源極深：這一點光從穆特薩對《聖經》的著迷便可見一斑。英國上校戈登在一八七八年表示：「我相信，穆特薩的基督教根源是……來自他的阿比西尼亞人祖先。」[11]傳教士把同一個觀念延用到斯皮克提過的其他東非洲社群（胡麻人、圖西人和東非洲的王族），相信他們都是含的後代，因此與其他猶太教－基督教民族有著血緣關係。

對傳教士和探險家來說，某些非洲人與含除了有精神上的淵源，還有著人種上的淵源，正是這種淵源讓穆特薩和其他國王可以連接於不是非洲人的祖先。在布干達北部旅行時，愛爾蘭傳教士費雪聽到了一些暗示金圖有著高加索人外觀的故事：

這國家年紀最老的一些居民告訴我，在許多許多年前，一對白皮膚的男女在艾伯特湖右岸上岸，定居班約羅。當我問他們，他們所說的男女是否指塞繆爾爵士和貝克女士時，他們回答說他們清楚記得塞繆爾爵士夫妻，還把他們的長相給我描述了一遍。但他們又說，先前提到的白皮膚男女是許久許久以前的人，也是這裡

金圖和南比。來源：A. J. Mounteney Jephson, *Stories Told in An African Forest*, 1893.

第一個王朝的創立者。夫妻倆是來自尼羅河。這番話引起轟動，四周的人紛紛圍過來，高聲問：「他是誰？」得到的回答是金圖。[12]

白皮膚金圖的傳說不僅見於學術文獻。當史坦利的助手傑夫森在一八九三年寫一部講述非洲故事（包括金圖的故事）的童書時，他把金圖說成是「來自蓋拉族國度大有影響力移民的化身」。[13]所謂的「蓋拉族國度」就是指阿比西尼亞人國度。這個對金圖人種歸屬的說明相當遮遮掩掩，但書中一幅插圖卻毫不隱諱：直接把金圖夫妻畫成完全是白皮膚歐洲人的模樣。

把金圖描繪為白皮膚的一個問題在於，

他後人（特別是穆特薩）的膚色並不是白色，而是深色，一望而知不是歐洲人、阿拉伯人或阿比西尼亞人。從斯皮克到史坦利，很多探險家都曾在作品裡描寫過穆特薩的外觀，有些人還給他拍了照片。但「含族假說」的捍衛者對此有一個解釋：穆特薩身上那些不見於阿比西尼亞人、阿拉伯人或高加索人的特徵（例如毛茸茸頭髮和皮膚黝黑）都是和「尼格羅種非洲人通婚的結果」。英國傳教士威爾遜和費爾金在一八八二年這樣解釋：穆特薩因為混有尼格羅血液的緣故，已失去「純正含族特徵」，但外觀上仍然和他的子民不同，而這明顯是因為「他的血緣可以透過三、四十代國王上溯至他的王朝的創立人，即金圖，或說是含」。14

在一八七〇年代和一八八〇年代之間，隨著基督教在布干達站穩腳跟，金圖和含是同一人的看法也站穩了腳跟。在歐洲牧者的支持下，歸信的干達人開始在《聖經》和口傳傳說之外尋找其他可證明此說的證據。一八八七年，一批新皈信的氏族酋長去到馬岡加金圖廟，找一本傳說中的樹皮封面《聖經》（結果只找到顎骨，沒找到《聖經》）。一八九四年，另一批皈信者組織了一支考古遠征隊，去尋找可證實金圖真實身分的證據。15

在這種努力確立金圖和含為同一人的熱忱中，傳教士和他們的非洲信徒都忽略了兩個起源神話有一些惱人的落差。一個問題是由「含族假說」自身的演變所引起。正如我們所看到過，含的故事一方面一直被《聖經》學者用來解釋非洲人黑皮膚的由來和合理化歐洲列強對非洲人的奴役，但另一方面又諷刺地被用來重新肯定黑人與世界其他人種的聯繫。根據這種世界觀，含是所有非洲人民的始祖。然而，在十九世紀晚期崛起的世俗化理論又只承認只有一支非洲人是含族，認為他們在人種上截然不同於原始的「尼格羅人」或說「班圖人」（他們構成了中非洲和東非洲的人口大宗）。

這個版本的「含族假說」除了讓含族的身分認定變得混亂（他們究竟是黑人還是白人？），還會對把金圖等同於含的做法構成實際困難。到底金圖是到達東非洲的第一個人類還是第一個入侵的高加索人？不論是哪個答案都將會對布干達和東非洲其他王國國王的世襲有所影響。例如，穆特薩的統治基礎在於他是金圖的直系後裔。然則，他代表的是非洲人中有高加索血統一支（這看來是斯皮克的觀點），還是說他就像所有非洲人一樣，只是含的其中一個後人（這是照字面解讀《聖經》的人會持的立場）。再來，還有年代問題。根據《聖經》的年代架構，含在時間上應該比金圖早三千多年。對於那些把《聖經》和非洲王統傳說視為歷史而不是傳說的人，這是個難於兜得攏的問題。[16]

不過，因為樂於讓西方歷史和非洲歷史重新連結起來，傳教士、人類學家和皈信基督的干達人看來願意忽略這些問題。有些人固然看出問題所在，但仍然認為可能用別的方法讓高加索人入侵論和非洲的口頭傳說融為一體。因為，如果亞當、挪亞和含的時代都太早，不可能是布干達王國的開國者金圖，那他未嘗不可能是一名早期的基督教教士（這是史坦利的主張）或一名不是非洲裔的阿比西尼亞國王。越來越明顯的是，不管是在《聖經》還是其他古代歷史文獻裡的人物，有很多都有可能是國王金圖的前身。[17]

到了十九世紀晚期，「含族假說」的支持者開始明白，他們的假說根本用不著《聖經》、金圖或含來加持。有一支高加索人曾經入侵東非洲的想法已經廣泛被學者和傳教士接受，乃至於被用來解釋其他的王統傳說。不讓人意外地，這些傳說似乎也佐證了有一支高加索人曾經從北方入侵非洲。一名到過山區王國托羅（烏干達西部）的傳教士指出：「托羅人談到，有個白人曾經從北方南下，定居在他們中間和統治他們。」在南方的盧安達王國，傳教士認為傳說中的基瓜及同伴比曼努卡是最早到達該地區的含族人，是他們把文明帶給了在地野蠻土著齊加巴人。同樣的，在布干達以北的班約羅王國，傳教士也碰到了類似傳說：曾經有過一個契韋齊王朝統治著一個稱為「基塔拉」的龐大帝國（範圍涵蓋班約羅、布干達和維多利亞湖以南土地），歷代國王都是淺膚色人種，祖上來自北方。就像金圖的故事那樣，這些故事的性格介於歷史和神話之間，介於自然和超自然之間。傳教士和民族學家到這個時候還弄不清楚，它們哪些成分應該被歸類為歷史，哪些成分應該被歸類為杜撰。例如，傳說中，契韋齊王朝諸王不只是一些開明君主，還是一些生活在靈界的半神。用英國東非殖民地長官約翰斯頓的話來說，契韋齊一詞「意味兩件事情，或說意味同一件事情的兩種意義。它最初既指一個祖先或酋長的鬼魂，也指更優越和淺膚色蓋拉族（即奧羅莫族）*的任一人。蓋拉族的血統近乎高加索人，曾在遠古和近古不同階段多次進入這片土地。」[18]

但非洲本土傳說的「兩個意義」——一個是神話意義、一個是歷史意義——並沒有讓約翰斯頓或其他維多利亞時代學者感到困擾，因為他們也開始把《希伯來聖經》看成是一樣的東西，即一樣是事實和幻想的混合體。謹慎的學者並沒有對非洲傳說嗤之以鼻，而是設法把真理的絲線從神話的刺繡中抽出來。於是，史坦利和其他人記錄下來的非洲起源故事到頭來成了一個可為新版「含族假說」提供支撐的材料寶庫，在既有的語言學證據和體質人類學證據之外再添證據。

起源故事有自己獨樹一格的性質。不同於頭骨，起源故事不是固定的物體，而是會隨時間變遷，因每個人的複述有所出入。這些故事在一八六〇年代之前不存在任何書面紀錄，也不太可能通過考古學方法證實（一批非洲基督徒在一八八七年曾在金圖神廟進行調查，但收效甚微）。此外，大多數有關金圖的傳說都聲稱，金圖最後沒有死去，而是消失無蹤：他在誤殺副手基梭洛之後離開布干達，自此不知所終。有關淺膚色契韋齊王朝也是以類似方式收場：該王朝在經歷一系列不祥之兆後衰落。有些傳說稱金圖去了維多利亞湖，許多傳說稱契韋齊王朝末代國王向西進入了雲霧繚繞的甘巴拉嘎拉山。兩個個案都很難找到墳墓、遺骨或文物可以證明兩個國王真的有高加索人血統。所以說到底，這些故事雖然引人遐想，卻是無法驗證真偽。[19]

有一件事情不知道是不是巧合：那些談到淺膚色國王消失在西部山區的口頭傳說，其出現日期正好和史坦利在同一地區調查「甘巴拉嘎拉山白色種族」同一時期？會不會，護衛他的非洲士兵只是給他講述王統傳說，他卻以為他們談到的是一些實際存在的部落？是不是這樣我們不得而知。十九世紀的歐洲人嚴格區分歷史與神話、過去和現在、自然和超自然，但這些區分並不存在於湖區非洲人的意識裡，他們用來理解世界及其運作的方式非常不同於歐洲人。但他們的說法卻保證了一件事：有一群淺膚色的人住在月亮山脈之說不是史坦利杜撰。在非洲人的想像裡，西部山區早已是一個住著神靈和失蹤國王的世界。

在一八七五年秋天的時候，史坦利還不知道那些可以把甘巴拉嘎拉山連結於湖區居民的神話與歷史。然而，那些覆蓋著竹林、石楠和終年積雪的山峰總是會刺激起他的想像力，讓他好奇這地區有著一段怎樣的歷史。他寫道：「每次越過尼羅河兩大源頭之間的任何高山山脊，我都會忍不住問自己：這片土地很久以前是什麼樣子的？它是一片新的土地還是舊的土地？我也會坐在一個小丘山頂的光滑草地上，一坐幾小時，設法想出讓自己感到滿意的答案。」[20]

史坦利傾向於從地質學角度而不是人類學角度想像這段歷史。這不是因為他對人類學方面的問題興趣缺缺，而是因為他認定東非洲的居民是近代才開始定居此地，對研究史前的部落不會有用。湖區的巨大湖泊、火山、裂谷和山脈讓史坦利相信，這地區是由激烈的地殼隆起形

＊前面提過，蓋拉族或奧羅莫族都是指阿比西尼亞人，他們在宗教、文化和外觀上都和撒哈拉以南的非洲人非常不同。

成。東非洲的所有聚落必然是出現在這些地質學事件之後。這可以解釋非洲社會為何不若歐洲或亞洲的文化先進。事情無關人種的優劣，純粹是因為非洲文化沒有足夠的時間可以萌芽和發展。史坦利指出以下的事實作為證據：撒哈拉以南的非洲看不見歐洲和亞洲常見的古老文化遺址。

他有所不知的是，這種說法業已被證明是錯誤。因為在湖區以南幾百公里的地方，曾有一個年輕德國探險家發現了一個巨大遺址。這個發現證明了非洲存在著史前史。它也把「含族假說」更牢牢地定錨在過去——在這之前，湖區的歷史只能依賴《聖經》和本土的起源故事得知。新發現的巨大遺址亦將會把含族入侵的故事帶回到遠古，讓它的涵蓋範圍擴及整個廣袤的大陸，連非洲的最南尖端亦被覆蓋在內。

第十章　大辛巴威

一八七一年九月五日，德國探險家毛奇在南非洲馬紹納蘭的薄霧中看見了一座巨大迷宮。平原上到處都是蜿蜒曲折的花崗岩石牆，其中夾雜著樹木和岩石丘。石牆甚至出現在高於山谷九十一公尺的一片陡峭山坡上。只有少數石牆是直線形，大多數彎曲成環形、蛋形或橢圓形。每一道牆都是直接用花崗岩塊疊成，沒有使用灰泥接合。石牆之間穿插著其他複雜結構體（稜堡、雉堞和通道等），顯示出建築它們的人有著頗為先進的文化。在整個建築群裡，有一個建築單元特別突出：其石牆周長二四四公尺，呈巨大橢圓形，牆高近十公尺、厚五公尺，是撒哈拉以南非洲的最大史前結構。毛奇認為這一圈石牆看似一座「強固的堡壘」。但它大概不僅只是一座堡壘，因為這座日後被稱為「大石圈」的結構體除了巨大和嚇人，還相當優雅：牆頂上裝飾著像是皇冠金屬細絲飾品的雙V形圖案石塊。隨著暮色降臨，心花怒放的毛奇不得不結束調查。在地土著卡蘭卡人稱這個廢墟為「辛包伊」或「辛巴威」*。毛奇在日誌裡寫道：「沒有有關『何時』和『如何』的進一步資訊可以獲得。」[1]

「大辛巴威」的錐形塔。來源：Theodore Bent, *The Ruined Cities of Mashonaland*, 1892.

其實，他心裡對「何時」和「如何」的問題早有答案：「大辛巴威」[†]是遠古時代入侵非洲的白人所打造。「現在幾乎可以絕對肯定，這地區一度有白種人住過，因為在這裡找到的聚落和鐵器跡象都不是黑人有能力製造。至於這批白種人後來是被趕走還是殺光，則沒有人說得上來。」[2]這一想法將會成為接下來三十年研究「大辛巴威」的基礎，並同時把「大辛巴威」掛鉤於新版的「含族假說」——換言之，原來只適用於埃及、衣索比亞和東非洲的高加索人入侵說現在被延用至非洲南部的疏林草原。它也讓新版「含族假說」的證據在《聖經》經文、《吠陀經》、非洲神話、語法比較、頭骨測量和目擊證言之外再添一種：古代文物。

毛奇對「大辛巴威」的看法當然不是他行走在它的斷垣殘壁之間的時候方才形成。有三百年時間，歐洲人都傳說非洲內陸有一座因為坐擁金礦而致富的神祕城市。十六世紀初期，要到印度發財的葡萄牙船隻行經好望角時聽說了非洲南部有一個叫莫塔帕的富裕王國。因此，葡萄牙於一五〇五年在非洲東南沿岸建立了港口索法拉，想要參加莫塔帕王國與沿海地區的貿易——參加不成就用強搶。在索法拉，葡萄牙商人從斯瓦希里阿拉伯人那裡知道了一點非洲內陸的情況。根據這些商人的報告，阿爾卡科瓦在一五〇六年寫了一篇談莫塔帕帝國首都宗班輿的文章，提到的其中一點是那兒的石頭房屋「非常大間而且是處於同一平面」。另一個葡萄牙作家費爾南德斯指出非洲內陸的堡壘都是直接用石頭疊成，不使用灰泥接合。[3]最詳細的描述出現在三十年後巴羅斯所撰的葡萄牙征服史《亞洲》一書。據他聽說，有一座叫「閃包伊」‡的神祕城市，位於索法拉正西方，位置介於南緯二十和二十一度之間（正正好是「大辛巴威」的所在）：

＊一些學者認為「辛巴威」是「石頭建築」的意思。今日的非洲國家辛巴威就是以這個遺址的名字命名。

†「大辛巴威」是西方人對這個古代遺址的稱呼。

‡宗班輿（Zunbanhy）是辛巴威（Zimbabwe）的不同拼法。「閃包伊」（Symbaoe）是「辛包伊」（Zimbaoë）的變體。

這些金礦是這地區已知最古老的金礦，全都在平原上，中間是一座四方形堡壘。堡壘內外都有建築，用尺寸驚人的石頭砌成，看來沒使用灰泥接合。石牆寬度超過二十五指距，與這寬度相比，牆高便不能算太高……當地土著把所有這些巨構稱為閃包伊，意指「宮廷」。莫塔帕王國內每個地方的類似建築也許都是同樣稱呼。[4]

巴羅斯相信，該城市的建造者來自北方，原居地位於赤道以北甚至在非洲之外。他所持的理由是其建築物的樣式類似於「在祭司王約翰國度裡一個叫阿盍蘇姆的地方所看見者。在示巴女王時代，阿盍蘇姆是個大都會，托勒密說它當時稱為阿克蘇馬。」《聖經．列王記》記載，示巴女王是個富有的君主，生活在所羅門王的時代。許多人相信，她的王國位於阿比西尼亞附近的非洲之角。一六〇九年，葡萄牙傳教士桑托斯在著作《東方的衣索比亞》中探討了閃包伊（一座當時歐洲人還未到過的城市）和《聖經》人物的關係。他指出，有些人相信，這些房子是「示巴女王的工廠，有大量黃金從其中提煉出來，獻給女王，然後沿著庫阿馬的各條河流運往印度洋。」[5]不過，也有人認為「閃包伊是所羅門王的工廠，他的代理人從四周土地開採出大量黃金。」

歐洲人在接下來三百年都認定非洲城市閃包伊是所羅門王金礦的所在地。奧特柳斯在一五七〇年製作的巨大地圖把閃包伊放在索法拉內陸，又認定它就是《聖經》記載的所羅門王金礦「俄斐」。從英國到義大利的地圖師和地理學家都採用了這個名稱。就連大詩人密爾頓在長詩《失樂園》（一六六七）裡一樣提到非洲南部的俄斐。認為南非洲有個金礦是由遠古的外地人找到的想法在十九世紀繼續流行。南非的波爾人*特別相信這種傳說，因為它可以止當化他們對南非洲大面積的占有。毛奇正是從移民南非洲的歐洲人（又特別是德國傳教士梅倫斯基）那裡得知「遙遠內陸」有一座傳奇城市，連帶知道了它是由所羅門王或示巴女王建造的理論。在到達遺址的幾個月前，毛奇便已經從《聖經》的角度談論大辛巴威。他以掩蓋不住的興奮在日記裡寫道：「（我即將進入）非洲最神祕的部分……就是古老的莫諾莫塔帕†，或說俄斐！」[6]

毛奇的興奮將會被路途的多艱所緩和。他先是從德國去到英國，再從英國坐船到南非洲的納塔爾，一八六〇年代晚期為了從川斯瓦向內陸推進而進行了幾次遠征，每一次都讓他更接近葡萄牙人所謂的「閃包伊國度」。不過，他差點功敗垂成。

因為一進入馬紹納蘭，他就遇到強盜，幾乎被搶去一切，只剩下「少許珠子和銅戒指」[7]。他孤身一人，不會說紹納語，又沒有東西可以用來以物易物，前景堪憂。幸而一個叫馬潘蘇勒

---

* 波爾人是住在南非的荷蘭人、法國人和德國人的混血後代。

† 「莫諾莫塔帕」（Monomotapa）是莫塔帕王國的葡萄牙文。

的酋長見他可憐，給他食物和住宿。他猜想毛奇會留下來，甚至堅持要他留下來。毛奇別無選擇，只好依從。其實，即使有物資可以繼續前進，他的探險都大有可能因為季節因素取消：季風雨幾星期之內就會開始下，屆時，泥濘的小徑和暴漲的河水將會讓人舉步維艱。

不過，毛奇最後得到一個德國同胞解救。雷德一直生活在林波波河以北的土地，靠貿易和獵象為生，同居人是個紹納女人，名叫皮卡。他看見了毛奇的困境之後，主動提供幫忙，先是遊說馬潘蘇勒放人，又幫助毛奇重建物資儲備。毛奇大喜過望，因為這一類幸運際遇通常只有維多利亞時期小說裡的主角才會碰到。「好心腸的上主一直以奇妙方式引導我。」他在日記裡寫道。雷德同樣功不可沒。在這位獵象人的指引下，毛奇終於得到了他一直想得到的大獎：一座位於林波波河和贊比西河之間的古城廢墟。

深信「大辛巴威」是地中海入侵者所建的毛奇找到了看來可以印證其理論的古物：一片燒焦了門楣木頭。他覺得這木頭的味道聞起來像極了雪松。這個發現和《聖經．列王記》一個記載相吻合：所羅門王聖殿的建材之一是來自俄斐的雪松木（但事實上，毛奇找到的只是當地品種的檀香木）。他還找到了一件鐵製的小東西：一個連著一根短而彎曲手柄的鐵三角。毛奇想不透這東西的用途：「它的功能對我來說完全是個謎。」但不管怎樣，這東西看來都比卡蘭卡人能製造的物件先進。「這證明了一個有文明的民族必然在此生活過。」他在日記裡寫道。[8]

毛奇把報告寄給德國地理學家彼得曼，後者把報告刊登在自己主編的《地理學報》上，同時提到了毛奇主張「大辛巴威」是「白種居民」所建的理論。照理，毛奇的發現必然會馬上登上各大報的頭版，造成轟動，因為他發現的除了是非洲的一座消失已久古城（這就夠了不起了），還是所羅門王或示巴女王的一處殖民地。但情形卻不是如此。這個發現在一八七〇年代後期傳播得很慢，會提到它的僅限於專攻地理、古物或聖經中歷史的小眾刊物，要不就是諸如《美國教育月刊》（紐約）、《主日學教師》（倫敦）和《教會觀察者》（倫敦）之類的刊物。[9]

問題不是出在毛奇的發現（這發現的吸引力和歷史重要性都沒話說），而是出在毛奇本人：他缺乏推廣自己發現的社會人脈和科學威望。毛奇很年輕便立志成為探險家，從十五歲起便為此做準備，他的準備功夫包括大量閱讀有關非洲的書籍、自學植物學和地質學，以及強迫自己每日在崎嶇地形健行十公里（不帶食物和水）。他在寫給彼得曼的信中說，他讓自己接受這些磨練，是為了「把身體練成鋼鐵」。[10]鍛鍊出鋼鐵身體對他在馬紹納蘭的探險確實有用，讓他可以挺過強盜和瘧疾肆虐的沼澤。但事實證明，這個部分僅僅是他全部旅程的一半，而且是較為容易的一半。真正難的部分是讓「大辛巴威」的故事引起世界矚目。在這方面，他的準備功夫很不足。毛奇的所有探險都是走低成本路線，孤身獨行，不怎樣仰賴公共或私人資助。同時代大多數探險活動（探索北極、太平洋或美國西部的）都是採取大型編制，光是規模和耗費便深具新聞價值，所以甚至未出航前便受到廣泛報導。換言之，雖然身體活力十足，但毛奇缺乏十九世紀探險家最重要的技能：自我推銷。

只要與史坦利在同一年所進行的活動一比較，這種技能的重要性便昭然若揭。當毛奇在一八七一年九月抵達「大辛巴威」之時，史坦利人在大辛巴威以北一千六百公里，正在中非洲慢慢推進，目標是找著李文斯頓。毛奇是踽踽獨行，反觀史坦利卻是率領一支由《紐約先驅報》老闆貝內特買單的遠征隊，全員一百多人。毛奇的發現在一八七二年傳到歐洲和北美，但鋒頭卻被史坦利找到李文斯頓的消息完全蓋過。到了當年年底，史坦利已成為世界上最著名的探險家，但毛奇繼續是沒沒無聞。因為一身瘧疾和一文不名，他不得不返回德國。回國後，他在學術界和博物館界都找不到工作，只好在布勞博伊倫一間水泥廠擔任工頭。一八七五年四月，他從公寓摔落窗外（可能是他在非洲感染的腦型瘧疾作祟），頭骨破裂，不久後傷重不治，死於醫院。在毛奇死後，他的偉大發現繼續被冷落。當史坦利和李文斯頓的著作一本又一本在書店上架時，知道「大辛巴威」的人仍只限於少數學者、地理學家、傳教士和主日學老師。[11]

讓「大辛巴威」得以走出冷宮的不是某個探險家或傳教士，而是一名英國企業家。一八九〇年，羅德斯*因為讀過毛奇和其他人有關黃金的報告，帶著一支有五百個士兵和屯墾者的隊伍開進馬紹納蘭。這行動實質上是一次入侵。表面上看，羅德斯的行動是得到馬塔貝萊人國王洛本古拉的許可。國王與羅德斯的不列顛南非公司簽署了一紙條約，允許該公司「獨家開發王國內蘊藏的所有金屬和礦物」。[12]但實際上，這條約只是羅德斯把馬紹納蘭納入英國統治的手段。洛本古拉八成是以為自己同意的只是讓少數探勘者進入馬紹納蘭，但羅德斯卻有不同看法。開礦需要建立工廠、聚居點、基礎設施和警察。在這個過程中，馬紹納蘭將會變成殖民地，成為從開羅到開普敦的英國殖民地連鎖的一環。羅德斯對報界表示：「馬紹納蘭的一切都將會是英國所有。這是我的夢想。」羅德斯的部隊在「大辛巴威」旁邊經過時，先是建立了維多利亞堡，後來又建立了索爾茲伯里堡——兩個要塞都飄揚著英國國旗。隨著馬紹納蘭落入英國控制，歐洲科學家可以自由進出「大辛巴威」。

考古學家追隨毛奇的腳步，用外國起源論來解釋這座古城的存在。當英國古董商和探險家本特帶著太太和一隊助手橫越喀拉哈里沙漠時，宣稱自己對「大辛巴威」建造者的身分持一種健康的存疑態度。本特是應皇家地理學會、英國科學促進協會和不列顛南非公司之邀到「大辛巴威」進行調查。到達之後，他對現場有那麼多歐洲觀光客感到洩氣——來自川斯瓦的觀光客不絕如縷，全都是要看看傳說中的俄斐。「所羅門王和示巴女王的名字掛在每個人嘴巴上，讓人不是滋味，乃至每次聽到，我都會不由自主聳聳肩。」他寫道。[13]

本特雖然對所羅門王／示巴女王理論存疑，卻毫不懷疑「大辛巴威」的締造者不是非洲土

＊羅德斯（Cecil Rhodes，一八五三至一九〇二年），英裔南非商人，礦業大亨，在大英帝國殖民南非的歷史中扮演舉足輕重角色。

著之說。他沒有在非洲的古代遺址工作過，全部考古學訓練都是從中東和波斯灣的遺址得到。就像毛奇一樣，他覺得非洲土著不可能造得出這麼複雜的建築結構。甚至在還沒有親眼看過「大辛巴威」之前，本特便清楚流露出準備把它解釋為外來者建造的傾向。例如，在剛抵達馬紹納蘭時，他指出該地有許多居民「有著鮮明的阿拉伯人容貌，他們頭上的包布從側面看類似於埃及古墓壁畫人物的頭巾」。他肯定「他們的血管裡有一滴閃族血液」，但承認這血液的來源仍然是個謎。[14]

本特設法透過他認識的舊世界去理解眼前的新世界，換言之是用中東的古代文化去框架馬紹納蘭。從黃沙滾滾的喀拉哈里沙漠去到南非洲的疏樹草原之後，他認為眼前景觀是阿拉伯世界景觀的延伸，驚嘆說：「古代阿拉伯說故事人的夢想在這裡看來變成了現實。」[15]所以，當他在「大辛巴威」只挖掘出非洲文物而不見阿拉伯文物時，難免大為失望。他把「內城」出土的文物稱為「卡菲爾人的褻瀆*」。他把陣地轉移到陡峭山坡上的「山丘廢墟」，期望那裡「也許能倖免於卡菲爾人的褻瀆」，但出土的東西照樣和當地卡蘭卡人所製造的差不多：陶器、矛頭、斧頭和扁斧。

最後，本特終於找到他要找的東西（這大概沒有什麼好奇怪的）。在一些柱子的頂部，他看見一些滑石刻成的大鳥，而他相信，牠們的造型跟在亞述、腓尼基和埃及遺址所看見者類似。他還找到其他外來影響力的蛛絲馬跡：幾何構圖的單塊巨石、一個高大的圓錐形石塔和

「內城」的平面圖。本特以此斷言，「大辛巴威」的文物證明了它的建造者來自非洲以外。但這些外來者是**何許人**並不清楚。[16]

接下來，他開始處處都看見了雷同痕跡，而且他的起源理論也愈來愈向外盤旋，把愈來愈多的古代文化納為可能候選者。他第一個想到的可能候選者是埃及黃金：

> 古代埃及的大量黃金是從何而來？這些黃金先傾注到埃及，然後又由埃及傾注到當時已知世界的其他部分。在馬紹納蘭這裡，我們看來找到了這個問題的直接答案。看來明顯的是，這個廢墟是一個史前種族建造。該種族的性質類似傳說中住在希臘和小亞細亞的佩拉斯吉人†，也類似於傳說中分別建造「巨石陣」和「卡奈克巨石林」的不列顛和法蘭西居民。它持續占有這地點直至歷史的最早黎明，期間為腓尼基和阿拉伯商人提供黃金，又在最終被比其更強大和更富有的閃族併吞。[17]

---

*「卡菲爾人」（kaffir）是對南非黑人的貶稱，類似「支那人」。

† 一個傳說中比希臘人更早定居希臘的民族。

不管有多牽強，本特把「大辛巴威」連接於從不列顛到沙烏地阿拉伯等古老文化的企圖都是出於解釋文化是如何隨時間而變化，解釋為什麼有些社會比別的社會進步的更快。但這些問題本身包含著一些假設。首先，它假設有了社會變化是一種進步，而不僅僅是一種改變，而且人類社會會隨著時間進步是一種自然傾向。其次，它假設了進步是可以衡量，而衡量的準繩是科學、農業和技術的水平——毫無意外地，這些領域正是歐洲文化（特別是十八和十九世紀歐洲文化）表現傑出之處。

學者為上述問題提供各種答案。孔德、泰勒和摩根都深信「演化模型」解釋得了社會變遷。他們主張，所有社會都會經歷類似的發展階段（從原始階段到野蠻階段再到文明階段），但進步的速度各自不同。在這種理解中，演化是一種文化現象多於生物形象。人類社會就像人類個體一樣，會從小孩成長為大人。相比之下，歐洲人很早就經歷了噴發式成長，而世界其他社會則始終徘徊於一種「前青春期」狀態。這當然是一種沙文主義世界觀，但也是一種對人類潛力的肯定。如果每個文明都一定可以在文明的階梯上一步一步往上攀爬，那將不會有任何一個文明始終停留在同一級階梯。按照「演化模型」，任何原始社會最終必然會上升到與歐洲相同高度。持這種見解的人相信人類有著德國民族學家巴斯蒂安所謂的「精神統一性」（這個觀念日後啟發了榮格的「集體無意識」觀念），相信世界其他社會總有一天會成熟，進入它們的文化成年。這同時是一個既兼容又排他的觀念，是含的故事的精神版本，因為它既肯定人類一體，又認為不同的人類群體在文明的階梯上有高下之分。[18]

質疑這個社會進步模型的聲音在十九世紀晚期開始增加——至少在社會評論家之間是如此。因為技術進步（從摩天大樓和蒸汽動力火車到電燈）雖然看似無可否認是一種進步，但它也掀開了潘多拉的盒子，讓各種社會病被釋放出來，例如城市貧民窟、汙染、傳染病和社會動盪。懷疑進步說的評論家開始一廂情願望向前工業化的時代，想像那時候的人過著和大自然和諧一致的牧歌式生活。與此同時，拉采爾和雷布納之類的人類學家也開始不相信，所有人類社會都是朝著同一個目標邁進。正如我們看到過的，多元發生論的崛起（由莫頓、阿加西和其他人推波助瀾）讓人類一體性的觀念備受質疑。不同人種真的是有著「精神統一性」嗎？如果不是，那大部分文化的進步就不是出於文化的內在演化過程，而是外來原因導致：是先進的社會透過遷徙和征服把藝術、科學和技術傳播給較不先進的社會。換言之，進步不是來自演化，而是來自傳播。[19]

當本特指出大辛巴威和其他文化遺址的相似性時，他就是在對「進步來自傳播」之說表示支持。本特的背書讓毛奇的理論（「大辛巴威」是外來者在遠古建立的前哨據點）信譽大增。歐美報紙大量報導本特的工作，包括介紹了他在一八九二年出版的遠征記《馬紹納蘭的廢墟城市》。書中，他強力主張，「大辛巴威」的建造者是來自非洲以外。對此，報界和科學界的懷疑聲音並不多。紐約的《太陽報》這樣說：「（本特）已經不容懷疑地證明了，在一個非常早的時期，這地區住著一群非原生的非洲居民。」[20]

這個理論吸引了羅德斯。他先前便購買了毛奇在一八七一年探險時搜集到的文物，又在一八八九年從南非獵人和商人波塞爾特獲得滑石鳥。後來，他又購入更多文物，包括本特團隊發現的一根矛。為進一步調查，他在一八九一年九月和十月兩度前往「大辛巴威」，時距本特結束挖掘不久。走過被本特斷定為廟宇的一圈石牆時，羅德斯的同伴德瓦爾宣稱：「這建築毫無疑問是由一個白人種族蓋出來。」羅德斯同意此說。在寫給英國報紙主編斯特德的信中，他表示：「『辛巴威』是一座古老的腓尼基人宮殿。」對這課題的興趣讓他願意資助有關葡萄牙人在南非洲活動歷史的研究。威爾莫特的《莫諾莫塔帕》（一八九六）和西爾九卷的《東南非洲檔案》都是羅德斯所贊助。[21]

西爾對南非洲有大量研究，是這方面首屈一指的歷史學家，而他終生都是外來起源論的捍衛者。在一九一〇年出版的《南非洲贊比西黃皮膚人和深皮膚人》中，他用了一整章篇幅來談「大辛巴威」，章名為「南非洲之謎」，力主該古城是由來自中東的古代人建造。在他看來，說在地的班圖人可以建造出這種雄偉結構實屬匪夷所思。所以，它必然是一個更高級文化的產物，該文化在幾世紀後拋棄「大辛巴威」，把它留給小孩子般的班圖人。西爾認為，班圖人雖然一度和一些擁有更高文化的外來者為鄰，但「從沒有從這些外來者學到些什麼，繼續像原來一樣野性和野蠻」。[22]

羅德斯對這一切的興趣當然不是純學術性。早前，他是靠開採南非洲黃金和鑽石致富，現在，他把觸覺伸到了馬塔貝萊蘭和馬紹納蘭，在一八九五年授權羅德西亞古代廢墟有限公司探索當地的寶貝。接下來十年，一支受羅德斯啟發的考古學家團隊——成員包括施利希特、威洛比和霍爾——在「大辛巴威」挖掘可證明它是外來者建造的證據。他們全都接納本特和毛奇的外國起源論。正因為如此，他們把出土的土著文物看成近代的東西，是一種對原來的阿拉伯或閃族遺址的「褻瀆」，每挖出一層文物就丟棄一層。霍爾被委以遺址保護人的職責，但他卻把「橢圓形建築」、「山丘廢墟」和「山谷建築群」*的樹木、藤蔓、石頭和廢土堆統統移除，不斷往下挖掘，有時甚至挖至六公尺深，一心指望可以挖到始建者的文物。挖出的土著文物都會被他扔掉。最後，被他亂扔掉的文物實在太多，逼得不列顛南非公司不得不出面干涉，在一九〇四年把他炒魷魚。[23]

但傷害已經造成。遺址中沒有多少文化層是未受擾亂。那些懷疑外來起源論的學者將要花極大力氣在霍爾和其他人留下的瓦礫堆中尋找線索。這種在「大辛巴威」的亂搞將會成為考古學的一個汙點。破壞是起因於想要證明有外來者入侵非洲這一點也將會被銘記。羅德西亞†相

---

*這是「大辛巴威」遺址的三個主要部分。「橢圓形建築」即前面提到的「大石圈」，「山丘廢墟」又稱「衛城」，即前面提到位於陡峭山坡上的區塊。

†羅德西亞的範圍大體就是今日的辛巴威，以羅德斯的名字命名。

當於非洲南部的西大荒*，是非洲爭奪戰的新前沿。

從此，新的「含族假說」扎下了根，一如它曾經在埃及和東非洲扎根。然而，到了十九世紀晚期，甚至連這假說的支持者都不得不承認，它的基礎非常脆弱。得自冒牌考古學和半生不熟人體測量學的證據在在看來不足以把一個《聖經》觀念轉化為科學理論——至少是直到史坦利回到甘巴拉嘎拉山之前不足以。

*開拓美國西部時期美國人稱西部為「西大荒」。

第十一章　登頂

離開東非洲十二年後，史坦利再次看見了甘巴拉嘎拉山。一八八八年五月，當他推進到剛果森林邊緣的草原時，甘巴拉嘎拉山浮現在地平線遠端，樣子就像「有著最美麗銀色且形狀奇特的雲朵」[1]。史坦利這次最後的非洲探險將會帶領他改寫「甘巴拉嘎拉山白色種族」的故事。這一次，他看見的甘巴拉嘎拉山不同於一八七五年看見的樣子，因為他這一次是從剛果而不是從東非洲看見它。但他會轉換角度不光是因為身處的地理座標有了變化。他對非洲人、人種和歷史的觀念也正在發生轉變。結果就是，甘巴拉嘎拉山對他來說將會有著完全不同的意義。

史坦利是在一八八七年回到非洲，但此行的目的不是前往甘巴拉嘎拉山，而是營救四面楚歌的赤道殖民地總督額敏帕夏*。額敏是一八七八年由埃及赫迪夫†任命，以取代戰死的英國

*帕夏是敬稱，相當於「勳爵」。
†即埃及總督。

將軍戈登*。部分由於他反對奴隸制度，額敏帕夏面臨蘇丹中部穆斯林叛軍的步步進逼。史坦利的隊伍溯剛果河而上，再轉入剛果河支流阿魯維米河，繼而向西彎向艾伯特湖。這條路線必穿過幾乎難以通過的伊圖里森林。史坦利把一部分人馬留在阿魯維米河下游揚布亞地區一個聚落，自己帶著一支三八九人的挺進縱隊進入森林，沿著阿魯維米河摸索路徑，這裡的植被高可達十五公尺，茂密的樹冠更是高達六十公尺。因為在擁擠的灌木和藤蔓之間無法打獵，加上感染瘧疾和有時會被當地人以毒箭和木樁攻擊，挺進縱隊的人數愈來愈少。在旅程的終點，原來三八九人的挺進隊只剩下一四七人。[2]

史坦利正是在伊圖里森林發現了「最黑暗的非洲」——這六個字將會成為他下一本著作的書名，也將會成為非洲烙印在接下來幾代歐洲人和美國人心裡的標準形象：一個與世隔絕的幽冥世界，裡頭的一切都必須戰鬥才能活命：「魔鬼會拿走最弱者的命。」[3]在史坦利看來，伊圖里森林是上演達爾文主義戲碼的劇院，凡是弱者（不管植物、動物或探險家）都會被淘汰：「就像人類社會所見的那樣，在這裡，所有弱者和不能適應者都會被拔除。」史坦利和他的人馬為這個無情的淘汰過程出了一分力：對村民做出先制攻擊、在有防禦的地區殺出一條血路，或光是因為村民不讓他們偷食物而把村民殺掉。留在揚布亞的殿後縱隊更是殘忍，他們動輒殺害村民和凌虐挑夫。正如史坦利自己形容的，基地營的殿後縱隊因為管理不善、物資不足和被疾病所困，已變成了一個「停屍間」。

當挺進縱隊終於走出森林的東邊，史坦利為之鬆一口氣。在艾伯特湖西面的草原上，雲霧和水氣終於消散，一座座雪峰呈現眼前。經過幾個月要命的行程之後，這種景觀自是激動人心：「看哪！一個巨大的雪山出現了，方向是羅盤上的二一五度。」不過，為了尋找額敏帕夏，他必須朝另一個方向而去：艾伯特湖的方向而不是位於東南的雪峰的方向。

這時候的額敏帕夏處境危殆。三年來，他一直與「救世運動」作戰——這個伊斯蘭反抗運動就像燎原野火一樣在蘇丹中部蔓延開來。由「救世主」艾哈邁德帶領，「救世軍」勇猛地從埃及人和英國占領者手中搶奪對蘇丹的控制權。他們在一八八〇年代初期趕走上尼羅河的埃及軍隊。一八八三年，他們又在歐拜伊德擊敗一支四千人的部隊和英國指揮官希克斯率領的八千援軍。一八八五年一月，艾哈邁德攻陷喀土穆和殺死英國的蘇丹總督戈登，引起舉世震驚，喀土穆位於青尼羅河和白尼羅河的交匯處，所以，隨著喀土穆陷落，英國人從北面進入湖區的通道亦被切斷，讓額敏帕夏困守在赤道南部的前哨。所以，史坦利的甘巴拉嘎拉山之行必須再緩一緩。

「救世軍」對英國構成的經濟衝擊並不大。蘇丹既不是商業重地也不是戰略重地。事實

＊戈登（一八三三年至一八八五年），曾協助李鴻章對太平軍作戰，獲慈禧太后賜封黃馬褂，被譽為「中國人」戈登。

上，戈登原計畫在一八八五年履新不久便把英國人全部撤出蘇丹。但戈登的戰敗和死亡卻有著非比尋常的象徵意義：它象徵著一股本土勢力有能力把英國及其盟友驅逐出境。列強爭奪非洲的結果固然讓它們得到大片大片的殖民地，但也激化了土著的反抗。這種情形英國在印度和中國便遇到過。甚至在布干達，穆特薩的繼承者姆旺加因為銳意淨化干達人的宗教，也殺死了英國主教漢寧根和幾十個基督教傳教士。戈登的死因此被視為不祥之兆，顯示出英國殖民實力的脆弱。

額敏帕夏因此成了英國勢力在赤道非洲的唯一象徵。他的信（好不容易才送達尚吉巴）陸續傳回英國，內容得到日報轉載，呈現的是愈來愈嚴峻的畫面。「救世軍」的挺進迫使他向艾伯特湖以南轉進。「快來幫助我們，否則我們會滅亡。」[4]他懇求說。隨著救援額敏的聲音在下議院和英國報章愈來愈響亮，富有的英國慈善家麥金農成立了額敏帕夏救援基金，並接洽史坦利。既然史坦利有本領找得到李文斯頓，就應該也可以找得到額敏，更何況，幅員比較小，也很接近史坦利上次探險過的地區。拿著皇家地理學會、埃及政府和富有捐獻者（例如麥金農*）捐贈的基金，史坦利在一八八七年航向非洲。

史坦利最終找著了額敏，但這個營救行動卻沒有發揮預期效果。因為此時史坦利的兵力只剩寥寥無幾，實在讓人難以看出他要怎樣打敗「救世軍」。更重要的是，總督本人並不急於被救出。額敏想要的只是可以捍衛赤道殖民地的武器和彈藥，但史坦利的儲備和彈藥已快要用罄。不過，額敏帕夏最終認清自己沒有別的選項，同意跟隨史坦利前往尚吉巴海岸，再從那裡返回歐洲。就這樣，史坦利的隊伍增加了五百人（包括士兵、僕人和官員），一行人離開艾伯特湖南面，沿著塞姆利基河進入史坦利曾經從遠處看見過的山區心臟地帶。5

從塞姆利基河的河谷，史坦利終於可以好好研究他在一八七五年曾經遠眺過的群山。他現在明白到，甘巴拉嘎拉山不是一個孤獨高峰，而是一列極長山脈（魯文佐里山脈）的一部分。這山脈從艾伯特湖延伸至愛德華湖，所有主峰都是終年積雪。住在山麓的孔佐人自稱為「魯文佐里人」而不是「甘巴拉嘎拉人」。史坦利相信，甘巴拉嘎拉山（他後來以老闆的名字把它重新命名為貝內特山）位於群山最東邊，是非洲面積最大山脈一個孤單前哨。6

史坦利沒有時間或裝備可以進行徹底探索。何況，他和很多部下還沒有完全從瘧疾康復，沒有條件攀爬高山。不過，他也不願意再次和這一列山脈失之交臂。在塞姆利基河多雨高溫的環境中，史坦利一行人得要在九公尺高的樹蕨、野芭蕉樹和厚如地毯的地衣苔蘚中移動。「由我發起，我們準備登上著名月亮山脈†的頂峰，贏取不朽名聲。」7 一八八九年六月六日，額

---

*麥金農（William Mackinnon，一八二三至一八九三年），蘇格蘭船主、商人，其領導不列顛東非公司初期擴展方向及創建英印輪船公司。不列顛東非公司是英國發展非洲貿易的商業組織。

†史坦利把魯文佐里山脈認定為古代地理學家托密勒所說的月亮山脈。

史坦利一八八八年從剛果看見的魯文佐里山脈。來源：Henry Morton Stanley, *In Darkest Africa*, 1891.

敏和史坦利部下斯塔爾斯召集了四十個尚吉巴挑夫，試著要攀爬魯文佐里山脈。他們帶著兩個無液氣壓計和一個溫度計離開營地，利用土著開闢的山路進行第一階段攀爬，沿途看見一些竹子搭建的圓形小屋。原來，魯文佐里山脈的山麓就像塞姆利基河河谷一樣肥沃，有著一些孔佐人開墾的種植園，作物包括香蕉、玉米和芋頭。探險隊越過最高的孔佐人定居點後，植被開始發生變化，迎面而來的不再是農作物，改為是高大的龍血樹、樹蕨、地衣、苔蘚和從樹上懸垂下來的長簇（被稱為「老人鬍子」）。一天結束時，探險隊已抵達二五九〇公尺高度。額敏感覺體力不支，便先折返營地。次日，斯塔爾斯抵達三二五四公尺高度。因為起霧和潮濕的關係，他的挑夫開始冷得受不了。斯塔爾斯知道自己沒有足夠裝備可以登頂（至少還有三公里路程），決定返回營地。據他估計，山峰的高度約為五〇六〇公尺（完全精確）。

史坦利在六個月後從尚吉巴返航歐洲，但額敏帕夏沒有同行。雖然撐過了和「救世軍」的三年苦戰、一次軍事政變、在魯文佐里山脈的登高和穿越東非洲的長途跋涉，但額敏帕夏抵達港口城市巴加莫約時已筋疲力竭。有一天，他突然摔落陽台牆外，掉到兩層樓下面的街道。史坦利踏上歸程時，他還在附近一家醫院療養。史坦利的歸國引起巨大轟動。當他在艾伯特廳發表演講時，慕名而來的聽眾是皇家地理學會有史以來的人數之最：超過六千人，其中包括威爾斯親王伉儷和愛丁堡公爵。在新安裝電燈的照明下，史坦利站在一幅十八公尺寬的剛果地圖前面侃侃而談。[8]

史坦利雖然沒能登上甘巴拉嘎拉山，但他對魯文佐里山脈的探勘有助於挽救他時運不濟的遠征行動。他的演講以他登上群山的企圖為主軸，搭配以一個最讓維多利亞時代探險家和地理學家癡迷的課題：尼羅河的源頭。史坦利宣稱，在探勘過程中，他不僅完整畫出白尼羅河的流域，還終於證實尼羅河的源頭就在月亮山脈的山麓，和古代地理學家的推想一致。「從這趟遠征，我們得到了什麼好處呢？」[9]史坦利問聽眾——有鑑於遠征隊死傷慘重和無法成功救出額敏帕夏，這也是一個被報紙提出過的問題。史坦利給出的回答是地理學上的。首先是，遠征隊此行探勘了阿魯維米河和伊圖里森林。最重要的是，它發現了甘巴拉嘎拉山是分隔剛果和東非洲一列古老山脈的一部分。「我們現在知道了它是巍峨月亮山脈的起始。眾人從荷馬的時代起便在尋找這個起始，而現在它已經得到探勘和定位。」史坦利在《在最黑暗的非洲》一書就這個主題有更大發揮，用了一整章篇幅回顧對於月亮山脈的歷史辯論，反覆描述它的動物群落和植物群落，又猜測這山脈在遠古是如何構成。雖然魯文佐里山脈從來不是營救計畫的一部分，但現在它卻占去全書三章篇幅。最有透露性的是他描述這山脈的筆觸：

它冷亮而與世無爭，高聳得不是凡人所能企及，恬淡而寧靜，純潔而無瑕，深邃得非任何思想和欲望可以表達。還有什麼對比可以大於我們這個下界世界與它的對比？我們這裡溫度火熱、植物常綠多汁、繁茂和翠綠永不褪色、野蠻和戰爭警號無處不在、深印著血紅色的罪行。反觀巍峨的群山之王卻是穿著純潔的白色衣服，由無數暗色的山岳圍繞，後者就像是俯伏在君王寶座前面的崇拜者——這君王雪白的臉上銘刻著：「無限和永恆！」[10]

史坦利對魯文佐里山脈的形容聽在我們耳裡十足誇張，卻完全符合十九世紀的寫作成規。有一百年時間，浪漫派畫家和詩人想方設法捕捉大自然的情感力量，而山脈特別能夠成為崇高感情的催化劑，是通向強烈經驗的門戶。但對曾經得要忍受各種暴力和絕望光景的史坦利來說，山脈提供的是別的東西：寧靜、孤獨和單純。從僅僅數十公里之外諦視空靈閃亮的山峰讓史坦利可以暫時忘卻「血紅色罪行」陰影——這陰影一直像裹屍布一樣與他的遠征隊如影隨形。

不管是他在皇家地理學會的演講還是在《在最黑暗的非洲》，他都沒提白皮膚的非洲人。這些人在一八七〇年代晚期曾引起他莫大興趣，而他也在僅僅四年前才跟記者克爾談過他們。他們以牧牛為生，以香蕉為主食，住在雲霧繚繞的甘巴拉嘎拉山山頂火山湖四周。他會略去他們不談，一個理由可能是他已經掌握了月亮山脈更正確的資訊。從斯塔爾斯的報告，他得知月亮山脈在三千公尺高度以下有人聚居，但再上去，有鑑於到處都是鋸齒狀岩石和冰原，而且太寒冷，看來不適合人居。

但史坦利沒有把白皮膚非洲人完全斥逐出他對非洲的討論：他只是把他們遷移到低海拔地區。在斯塔爾斯勘察過魯文佐里山脈僅僅幾星期之後，史坦利在文章中提到一個叫貝活華的孔佐人酋長，說他把史坦利和部下誤當成尼雅文吉人——尼雅文吉人是盧安達一個部族，外觀長相和歐洲探險家極相似。「什麼？他們長得和我們白人一樣？」史坦利問他。貝活華回答說：「他們又高又壯，有著長鼻子和淺色皮膚。我從我們的老人那裡聽說，他們是來自魯文佐里山脈再過去的某個地方。你們也是來自同一方向，所以必然就是尼雅文吉人。」[11]

貝活華有關尼雅文吉人的說法和史坦利聽過的其他報告相呼應，特別是和烏茲吉人酋長穆坎巴的說法符合。後者曾告訴史坦利和李文斯頓，有一個部落的白皮膚非洲人生活在盧安達以北的坦噶尼喀湖。這一點後來得到證實：史坦利在維多利亞湖的穆特薩宮廷親眼看到了淺膚色非洲人。正如前面提過，他在一八七六年所寫的報導和《穿過黑暗大陸》都曾經大篇幅描寫過這些場合。

雖然白皮膚甘巴拉嘎拉人沒有出現在史坦利的魯文佐里山脈探險記，但他很快就把含族非洲的涵蓋範圍擴大，把其他非洲部落也納入這大傘之下。除了東非洲的契韋齊人和圖西人之外，他現在又把剛果的勒加人和維拉人納入。加在一起，這些族群構成了他所謂的「胡麻人」，認為他們雖然分布在赤道非洲大相逕庭的森林區和山脈區，但明顯有著相同的外國血緣：相同的高加索人五官和接近「黃色象牙色」的膚色。[12]

史坦利的魯文佐里山脈探險記激發起別人的探險雄心。在一八八九年和一九〇六年之間，有超過十七支遠征隊先後去到那裡，登上超過斯塔爾斯和額敏到達過的高度（三二五四公尺），一支比一支更逼近峰頂。他們也在其他方面超越了斯塔爾斯：搜集到更讓人驚異的動植物資訊（長得極高的半邊蓮、漫遊的大象和會吼叫的岩蹄兔），又對其冰原和荒涼地貌（這是四千三百公尺高度以上地區的特徵）有所詳述。後者等於是證實了史坦利一八八九年站在塞姆利基河河谷諦視群山山峰時的猜測：魯文佐里山脈的山峰是一個由岩石、冰雪和霧構成的世界，無法居住。

魯文佐里山脈，阿布魯齊公爵遠征隊的成員塞拉拍攝。來源：*Ruwenzori: An Account of the Expedition of H. R. H. Prince Luigi Amedeo of Savoy*, 1909.

除此以外，這些遠征隊還證實了史坦利的人類學發現，特別是證實了真有含族非洲人的存在。這是因為，當他們通過東非洲和剛果王國朝月亮山脈前進時，往往是依賴「含族入侵理論」來理解所遇到的事情。例如，曾經在一九〇〇年探險月亮山脈的烏干達*行政長官約翰斯頓形容，他在半路上遇見的安科萊人外觀上結合了「粗壯尼格羅農民」和「含族血統」貴族的特徵。他在一九〇二年發表在《地理月刊》的文章中寫道：「我看見了一些膚色很淺的男女，讓我一度以為他們是額敏帕夏的埃及難民，要到後來才知道，他們是在安科萊土生土長。許多傳說會說赤道非洲住著一個白色種族，毫無疑問就是這些人導致。」[13]

在一八八〇年代和一八九〇年代之間，還有其他有關白皮膚非洲人的報告。例如，根據到非洲南部探險過的葡萄牙人平托所述，有一個中非洲部落的膚色「比高加索人還要白」。曾在一八八〇年代任職戈登麾下的札本爾帕夏報告說，中非洲的奴隸之鄉住著各式各樣的「白色部落」。在西非，黃金海岸保安部隊的賴利摩爾上尉聲稱內陸地區有白種人部落的存在。所有這些說法都得到報紙大肆報導，有些報紙還會在它們對非洲人種地理學的分析中添油加醋。例如，賓夕法尼亞州的《朱尼亞塔哨兵暨共和黨人報》有這樣的報導：「在廷巴克圖以南和空山山脈[†]以北的非洲西部，有一族人名叫呼拉人，是黑暗大陸的白皮膚部落。這些人五官姣好，頭形像白種男人，膚色和義大利人差不多暗。」[14]

就在魯文佐里山脈的攻頂競賽白熱化之際，史坦利放緩了腳步。他在一九〇〇年年滿五十九歲，有了一頭白髮和一副圓胖身材，完全看不出來曾經是個憑著超人意志力橫穿非洲內陸的「破岩者」。加起來幾千公里的長途跋涉，還有沿途感染的瘧疾和腸道疾病，都讓史坦利的健康付出代價。一度，他因為胃炎反覆發作，臥床了幾個月。妻子桃樂茜不忍看見他那麼痛苦，給他注射了嗎啡。

但有些痛苦卻不是嗎啡可以舒緩。到了一九〇〇年，有人開始譴責史坦利，認為他的遠征任務付出了太大人命代價。這時，就連他在剛果的工作（號稱是為比利時國王利奧波德的人道主義努力出力）看來也是助紂為虐，是對最慘無人道占領的助長。這就不奇怪史坦利當時似乎準備好要把非洲永遠拋諸腦後，安於享受家庭生活。為此，他在離倫敦四十分鐘車程的薩里郡買了一棟房子，還重新裝潢，從此生活在一個距東非洲連綿起伏山巒不可以道里計的世界。[15]

但事實上，非洲從沒有離開過他的腦海。他沒有再為文談論甘巴拉嘎拉山或魯文佐里山脈，但有大量證據表明，非洲人種起源之謎繼續占據他的心思。他人生最後幾篇文章之一登在《北美評論》，題為〈尼格羅人種的起源〉。在其中，他把他自從一八七〇年代發展出來的許多觀念匯聚在一起，認真地思考這個課題。這篇文章比他於一八九〇年在皇家地理學會發表的演講更深入地探討「含族假說」的各種元素。他相信，中亞是人類的搖籃，然後，在一波入侵浪潮中，高加索人占領了非洲，最先是占領埃及和衣索比亞，然後一直去到高原的湖區。這些淺膚色外來者至今繼續存在於非洲部分地區，例子包括住在甘巴拉嘎拉山高處的居民，以及東

＊英國在一八九四年以軍事手段接管布干達，將其變為英國的保護國，改名為「烏干達」，此後以布干達為基地，征服了四周的多個王國，將其均併入烏干達。

†空山山脈是英國一個地圖師在一七九七年憑空捏造，並不存在。

非洲高原的一些統治階級（包括胡麻人、圖西人和尼亞姆韋齊人）。有些非洲土著在入侵者到達之前逃到南部和西部，占領了剛果和非洲南部，來不及逃走的那些則成了湖區高加索人含族王國的農民階級。

不過，史坦利的思路到了一九〇〇年在某些方面發生了重要改變。他開始明白，要解釋非洲的聚落，需要用一個比他在一八七五年所以為需要的更長時間框架來思考。當他第一次遇到穆特薩和湖區的非洲人時，他是以《聖經》的歷史框架理解他們——不是有關含受到詛咒的記載，而是《聖經》對人類起源和分布的簡短年表。採取這種觀點看歷史，就是接受世界的所有文明、所有的歷史遷徙和技術進步，都是發生在天地被造到現代的僅僅六千年之間。

《聖經》的時間框架甚至更短。從《創世記》第五章記載的族譜推算，從天地被造和大洪水後人類重新遍布世界之間大約相隔一千年。但非洲的故事（包括它的**俾格米人**、布希曼人、班圖人和含族，包括它的幾千種語言，包括它建築於史前的金字塔和花崗岩城市）則沒有四千年時間不會成為可能。在一些地區，這個時間框架更缺乏解釋能力。裂谷裡那些鋸齒狀和扭曲的懸崖峭壁、那些冒煙的火山裂谷，都意味著這些地區曾經歷翻天覆地的地質學變化（史坦利因此相信它們是直到很近期才能讓人類生活在其上）。一八七一年向西朝甘巴拉嘎拉山而去的途中，當他從班約羅的小山頂望向群山時，曾想像它們是經歷激烈大變動而生成。由此，他總結說：「有關其居民的最早傳說，最早不可能早於幾個世紀以前。」當時還年輕的他接受了這種想法。（在一八七〇年代，史坦利對歐洲人因為非洲人落後而看不起他們感到憤怒，這樣反駁說：「身為亞當後裔的歐洲人要花了六十個世紀才發明縫紉機！」）

思想更成熟的〈尼格羅人種的起源〉顯示史坦利的歷史思考格局大大增加，而《聖經》有關非洲人起源的解釋在他心目中的分量也大大減少。他的改變不是自動自發，而是反映著維多利亞時代科學家尋求以自然主義方式解釋事件的大趨勢。不過，史坦利和大多數科學家都還不到想要拋棄上帝的地步。造物者仍然被尊為天地萬有的創造者，是祂把宇宙無比複雜的結構組裝在一起和啟動宇宙運作。但除此以外，山脈、峽谷、長頸鹿、蜂鳥甚至人種差異的出現卻也許是可以用自然主義的方式解釋——需要的只是把歷史的尺度拉得夠長。史坦利已不再相信魯文佐里山脈是不太久以前才生成。他寫道：「我們知道，像魯文佐里這樣蒼勁古老的大山，必然有著數不清的千年歲數。」[16]

〈尼格羅人種的起源〉沒有引用《聖經》，完全是以維多利亞時代博物學家、民族學家和語言學家的意見為依歸。它主張雅利安人曾經在遠古征服埃及，後來勢力又逐步擴張到東非洲。以埃及學家皮特里的研究為根據，史坦利宣稱：「當雅利安人最終把征服擴大至埃及之後，我們也許有理由假定，不管原來已經有多少原始人在流浪中進入了未知的非洲，雅利安人的衝擊必然會讓剩下來的人有更強動機向內陸遷徙。」[17]

對非洲內陸的調查發軔於十九世紀中葉，到了一九〇〇年幾乎全部完成，與美國人完成對美國西部的調查差不多同時。這時候，非洲大陸有可能存在未被發現白人部落的地區已經不多。史坦利本人已經放棄了甘巴拉嘎拉山上住著淺膚色人種的想法，在他之後進入東非洲的探險家和傳教士也是如此。一九〇六年，「阿布魯齊公爵」路易吉・阿梅迪完成了對甘巴拉嘎拉山的攻頂，並把此山重新命名為史坦利山（當時史坦利已去世兩年）。站在冰封的山峰上，這位義大利王子證實了這裡並無人居，但山的四周住著有含族血統的非洲人。他寫道：「這裡住著許多土生土長的赫馬人。他們長相英俊，據說有著衣索比亞血統，身材修長，四肢比例勻稱，膚色略淺於干達人，方正的五官和白種人相似。」[18]

阿布魯齊公爵對魯文佐里山脈的登頂成功象徵著非洲失去了作為探險前沿的身分，但有白皮膚非洲人存在的想法繼續欣欣向榮。不同之處只在於，他們現在被認為就生活在眾人的眼皮底下。人種科學和非洲民族學給了歐洲人各種名稱去稱呼那些被認為有著外地血統的非洲人，包括高加索人、雅利安人、含族、阿比西尼亞人、蓋拉族和胡麻人。每個稱呼都各有自己獨特的意涵，然而不管是用哪一個術語，其所描述的故事都和莫頓、格利登和斯皮克在幾十年前所勾勒的輪廓差不多：他們是遠古入侵者的後代，祖先來自中東；他們的祖先先是征服了阿比西尼亞，然後推進到東非洲，過程中有時會跟土著黑人通婚，有時會把土著統統趕走，有時會高高在上統治著有別於他們的人種。

史坦利初抵非洲之時，正值歐洲探險家卯足全力，要解決最讓人如痴如醉的尼羅河源頭之謎。在參與解謎的過程中，他發現了另一個謎團，而這個謎團挑起了科學家和演講聽眾的熱烈興趣（一直維持至世紀末）。這個謎團隨著時間而變大：一開始只是要確認甘巴拉嘎拉山上是不是住著一個部落，後來卻變成了追問是不是有一個迷路的白人部落存在。史坦利死後，這個謎團將會變得更大：變成是對「白」（whiteness）的本質的探究。

第二部分

變白的世界

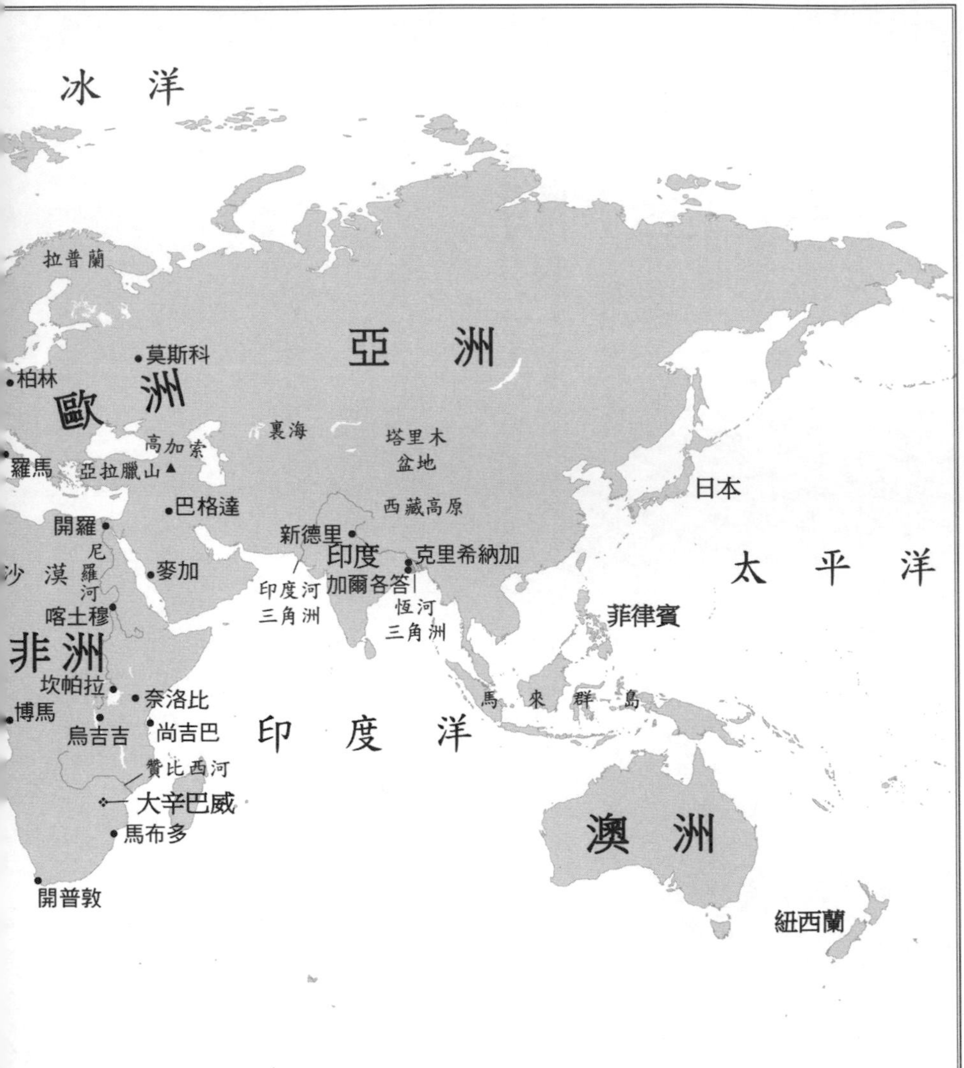
冰　洋
拉普蘭
莫斯科
柏林
歐洲
亞洲
裏海
塔里木
盆地
高加索
亞拉臘山
羅馬
巴格達
西藏高原
日本
開羅
新德里
印度
克里希納加
尼
羅
河
沙　漠
麥加
印度河
三角洲
加爾各答
恆河
三角洲
太　平　洋
喀土穆
菲律賓
非洲
馬　來　群　島
坎帕拉
奈洛比
博馬
烏吉吉
尚吉巴
印　度　洋
贊比西河
大辛巴威
馬布多
澳　洲
開普敦
紐西蘭

北
格陵蘭
烏佩納維克
維多利亞島
冰島
馬更些河
奧斯陸
哥廷根
倫敦
巴黎
北美洲
五湖區
西雅圖
芝加哥
紐約
里斯本
馬德拉島
加那利群島
撒哈拉
夏威夷群島
大西洋
廷巴克圖
巴拿馬市
亞馬遜河
太平洋
聖多美
加拉巴哥
群島
亞馬遜盆地
波利尼西亞
南美洲
大溪地
N
0
2000
4000 英里
0
2000
4000 公里

第十二章 王朝人種

多次遠征埃及之後，英國考古學家皮特里發展出自己一套有關埃及文明的「入侵理論」。在一九〇六年出版的《遷移》一書中，他主張史前埃及的居民是一個非洲的本土人種。七千年前，另一個人種從非洲以外進入尼羅河流域，控制了整個地區，發展出以象形文字和金字塔為代表的精緻文化。面對更先進人種的入侵，許多土著逃向南方，留下來的那些最終與外來侵略者通婚，由此產生出一個「混種」新人種。皮特里這個「王朝人種」理論*和莫頓等人主張的新版「含族假說」非常相似：「從舊石器時代埃及人的遺骨推斷，有理由認為他們和臀部肥凸及毛茸茸的布希曼人非常相似……後來，他們被一個完全不同的民族取代，後者有著歐洲人的外觀：身材高䠷、皮膚白皙、棕色捲髮。」[1]

*埃及學家習慣把古埃及成為統一王國前的階段稱為「前王朝時代」，把之後每個朝代稱為「王朝」，如第一王朝、第二王朝。

美杜姆的殘破金字塔。

皮特里的王朝人種理論不同於前人之處，在於使用的是不同的證明方法。他是仔細勘驗過開羅以南尼羅河流域的墓葬遺址之後，才斷言入侵是發生在七千年前的「前王朝時期」。皮特里認為，每個墓葬的具體情況都可以透露出死者的身分和生活年代。「極少在埃及工作的歐洲人（土著更遑論）會覺得有必要花時間保存細節，避免它們在挖掘過程中遭到破壞。」就這樣，透過把新版的「含族假說」更緊密結合於嚴謹的科學分析方法，皮特里讓它變得更有分量。[2]

皮特里是一八八〇年代早期一次踏足埃及，當時他還是個年輕人。吸引他前來的是埃及的建築，不是人種。吉薩的三座大金字塔特別讓他著迷，後來他又被開羅以南六十四公里美杜姆一座較小和較不為人知的金字塔吸引。吉薩金字塔群組堅固穩重，反觀美杜姆金字塔卻是一場古代工程災難。其塔身已經崩塌，核心部分微微外露在石塊和瓦礫堆中。皮特里推測，這金字塔是埃及人建造外表平滑金字塔的第一次嘗試（更早的金字塔是階梯形），也是吉薩金字塔群的前身。如果真是如此，這金字塔便是一扇窗，可讓人一窺埃及墓葬建築從盒子形狀「馬斯塔巴」*過渡為更複雜形式的過程。另外它還可能透露出古埃及邁向其文化高峰的演化軌跡。在皮特里看來，美杜姆金字塔的工程失敗正是它的潛力所在，也正是它寶貴之處。他好奇，美杜姆金字塔「是不是可以讓人搞懂後來的傳統形制和觀念是怎樣出現？是不是可以讓人找到尚處於年幼而還沒有完全成長的埃及？」[3]這件事關係的不只是埃及文明的歷史細節。了解埃及的早期歷史階段將有助於找到它的源頭，搞清楚埃及文明是非洲本土產物還是外來輸入。在這個意義下，皮特里追求回答的是布盧門巴赫、莫頓和格利登感興趣的同一個問題。

一八九一年，皮特里率領的埃及工人團隊花了幾星期把覆蓋美杜姆金字塔的大量石塊和瓦礫移走。隨著祭廟輪廓逐漸顯現†，皮特里喜不自勝。瓦礫堆不只保護了祭廟，讓它免於風吹

*古埃及一種極常見的墓葬建築，其形式為平頂、長方形，四邊呈斜坡面。
†即前段提到的核心部分。

日曬，也讓盜墓賊和採石人無從下手。「自有歷史記載的整段漫長時間以來，它看來沒有受過任何驚動和傷害。這裡矗立著世界上已知的最古老建築。除了輕微的風化，它完好得就像還處於埃及尚未有任何其他雄偉建築的時代。」[4]

祭廟的結構（包括屋頂、石碑和祭壇）處於極佳狀態。皮特里在方圓二十英畝的龐大遺址工作了幾個月，期間仔細測量金字塔和祭廟的結構，推敲出其使用的各種施工方法。美杜姆金字塔看來是建築於吉薩大金字塔群之前，其時在位的法老王為第四王朝（西元前二六一三－二五八九）的斯尼夫魯。它看來是一種過渡形式，核心部分是由幾層「馬斯塔巴」疊成，然後工人在四周砌上石塊，想要把金字塔弄成表面平滑的角錐體，但最終失敗，附加的部分坍塌下來。後來負責建築吉薩金字塔群的工程師放棄堆疊「馬斯塔巴」的中間步驟，直接打造光滑傾斜的金字塔。

這固然是個重要發現，但皮特里認為，他更大的發現是來自圍繞美杜姆金字塔四周一些更古老「馬斯塔巴」遺址。它們包含著幾十個不同時代的墓葬。較古老的墳墓（時代在「王朝時期」之前）放著一些正方形棺木，裡面的人骨捲曲成胎兒形狀，以素色的亞麻小褶裙或束腹包裹。墳墓裡沒有食物容器或其他物品。反觀「王朝時期」墓葬的屍體都是被做成木乃伊，平躺在棺材裡，四周圍繞著陪葬品和裝飾品。皮特里認為他還在「前王朝時期」和「王朝時期」的骸骨中看出生理差異：「兩者的宗教信仰顯然完全不同，人種也極有可能不同。我們發現，在這個歷史早期可以找到兩種不同的人種，他們一者鼻子高挺，一者鼻子扁平。土著看來是採取屈肢葬，王朝人種是採取直肢葬。」[5]

因為相信有「王朝人種」存在，皮特里把這個古埃及遺址的年代上推至至少七千年前。這個年代推估讓埃及歷史保留在《希伯來聖經》時間框架內的學者不快。不過，曾經有一支高加索人在史前入侵非洲的觀念卻是「含族假說」的信仰者（包括布盧門巴赫、格蘭威爾或莫頓等）會樂於接受的。他們都提出過類似想法。就像皮特里，這些學者們也是用古代藝術品、象形文字和遺骸證據支持自己的想法。

但不管皮特里的人種結論有多麼不新鮮，他對細節的重視仍代表著一種嶄新的考古學態度——這種態度除了重視出土文物還重視它們的出土脈絡。在他從事挖掘工作的十年間（一八八一至一八九一年），他一再碰到早期考古學家胡搞瞎搞的例子，這些人為找到珍貴古物而把遺址破壞得體無完膚。先後在「大辛巴威」進行挖掘的本特和霍爾就是這個樣子：他們挖亂一通，又把被他們看成「卡菲爾人褻瀆」的物品當垃圾丟掉。雖然皮特里就像本特一樣，相信非洲各大文明都是由來自中東的高加索人締造，但他決心通過更謹慎的方法去證明這想法。「一個新手會因為挖掘了一、兩星期都沒有重大發現而灰心失望。事實上，一些有著重大歷史意義的材料極有可能從頭到尾都擺在他面前，只是他沒有去注意或思考。」[6]

高加索人入侵埃及說的早期支持者都沒有太倚重考古遺址本身提供的證據。布盧門巴赫和格蘭威爾是在倫敦勘驗木乃伊，莫頓和格利登是在費城勘驗。由於他們使用的遺骸往往是購買自古物經銷商和盜墓賊，來源無法證實，因此不太有資格充當證據。反觀皮特里卻可以把遺體和墓葬裡找到的其他東西（陶器、裝飾品和象形文字等）連結起來，從而斷定死者所屬的文化和時代。

皮特里的「王朝人種理論」會被人認真看待，還是因它賴以奠基的材料相當可觀。布盧門巴赫和格蘭威爾的古埃及人種觀念是建立在屈指可數的木乃伊，莫頓和格利登是靠測量一百三十七個埃及人頭骨。但皮特里測量過的頭骨、骨架和木乃伊數以千計。一八八七年，他從哈瓦拉金字塔挖出的木乃伊因為數目實在太多，只能把頭骨保留下來以供測量。無頭屍體在營地四周堆積如山，被當地的小孩子拿去當板凳坐。不多久，皮特里的帳篷便完全被無頭屍體包圍。他的工作空間就像他的人種理論一樣，已經成為一片由屍體構成的地貌。[7]

皮特里用來取得遺體數據的方法愈來愈精密。雖然莫頓等人也是用許多不同頭骨數據（例如頭骨體積和面部角度）來支持他們的結論，但他們又相信，不同人種的特徵會自我顯露，特別是顯露在頭骨的形狀和大小。然而正如我們看到過的，莫頓說起話來雖然自信滿滿，但他對個別頭骨的歸類卻是含糊其詞（「埃及－佩拉斯吉人」、「奧地利－埃及人」、「混有尼格羅人血統的黑人？」）。凡是不符合他的標準人種形態的頭骨都被他解釋為兩個人種雜交的結果，一筆帶過。[8]

皮特里相信，縮小測量焦點可以去除人種分類上的模稜兩可。頭部的形狀和頭骨的體積都是由許多不同骨塊共同決定，其中每一塊都可以獨立變化。他認為「更好的方法是研究那些只有一個變數的骨塊」。[9]想了解埃及被入侵的歷史，有必要分析具體的頭骨特徵和個別骨塊的數據（例如鼻槽高度、顱骨曲率、顴間寬度），然後追蹤這些數據在時間流轉中發生的變化。他相信，從這些焦點縮小的數據可以揭示出王朝人種的真正來源。

皮特里對更精確人體數據的追求反映著人種科學在二十世紀初年獲得了愈來愈多的支持。這種支持又反映出，人種差異不只是可以用測量數據判斷，還具有重大意義，是一個理解人類過去的關鍵生物學範疇。對人種可作為一個科學概念的信心在一八五九年達爾文的《物種起源》出版後與日俱增。達爾文本人因為擔心人類演化的問題會引起太大爭議，在《物種起源》裡避談這個課題，但他的盟友卻急於把他的論證用於人類演化的問題：在接下來的十年，由萊爾、華萊士和赫胥黎等人發表的許多著作都把問題拉向這個方向。最終，達爾文決定不再沉默，在一八七一年把人類演化的證據呈現在《人類的由來》一書。

人種科學家覺得達爾文的著作有用，而這主要是因為他證實了遺傳是造成人類差異性的重要因素。根據這種觀點，人種並不是環境對個體的直接影響導致。遷居到沙漠也許會讓一個人皮膚變黑，但光是這個原因並不會讓他的後代子孫也變黑。布盧門巴赫和布豐是因為相信「軟遺傳」的觀念（即後天得到的特徵可以遺傳給下一代），才會認為環境因素可以解釋人種的不同。但達爾文卻提出「硬遺傳」的觀念。氣候和生活條件在達爾文的體系裡固然也重要，但這只是因為它們會對可遺傳的特徵構成淘汰壓力。這種對生物遺傳的重要性的肯定讓愈來愈多的科學家和政策制定者相信，決定個人生命的最重要因素是先天因素（包括人種因素），不是後天因素。

此外，達爾文的理論也給了皮特里和其他對人種感興趣的科學家一種解釋文明進步的新方法。達爾文在《物種起源》所呈現的自然世界並不是一個伊甸園，而是一個鋪天蓋地的大鬥獸場，無休止上演著血淋淋的生存競爭。有些競爭是發生在不同物種之間，即發生在獵食者和被獵食者之間。不過，競爭更多是發生在同一物種的不同個體之間，因為個體之間有必要為爭奪有限的天然資源而鬥個你死我活。死亡有時是掠食者帶來，但更多時候是朋友及鄰居帶來。隨著有些個體占得了上風（即活得比其他同類長命和繁殖出更多後代），牠們的數量和棲息範圍也為之擴大。總之，演化是以征服的面貌發生，在其中，「適者」會不斷把適應能力較弱者的棲地和資源據為己有。

十九世紀是一個淺膚色歐洲人和他們的殖民地同類迅速吞併深膚色異民族土地和資源的世紀，所以，把征服視為代表進步和把「優勝劣敗」視為自然之道的觀念很容易便深入人心。雖然此類主張後來被稱為社會達爾文主義，但這種稱呼對達爾文並不公平，因為類似思想早在他動筆寫《物種起源》之前的很久便已存在。霍布斯、吉朋和馬爾薩斯都主張過競爭和征服是社會取得進步的原因。事實上，達爾文本人抗拒把天擇原理直接套用到人類社會。他認為，光是因為競爭原理支配著自然界並不意味著它也支配著（或者應該支配）人類道德。相反的，任何先進的文明都應該追求「更柔嫩和涵蓋範圍更大的同理心，務求涵蓋所有眾生而後已。」[10]可惜的是，《物種起源》的實際效果卻是給了人種科學和征服的觀念更大的話語權。所以，當皮特里等人在挖掘中發現新形態的藝術品、工具或其他新穎東西時，很自然會把它們看作外來影響力的證據，看作是更強大和優越的人種的延伸。

但不管達爾文讓人種科學多麼受用，他的理論仍然對皮特里之類的學者帶來難題，因為它有效地削弱了人種的概念本身。對莫頓和其他多元發生論者，人種是一些固定的類型，是由上帝所規定（或是由含所受到的詛咒規定）。但在達爾文演化論的架構裡，人種不是固定的東西而是變動不居的範疇，是由群體裡的個體界定。畢竟，天擇原理只會作用於那些差異性夠大、容許大自然選擇出贏家和輸家的個體。在達爾文演化論裡，每個物種都沒有一對類似亞當和夏娃的原生父母，可以充當理想類型的代表。相反的，物種是以包含不同特徵個體的方式存在，大自然會在它的成員中選擇出「最適者」保存下來。以此類推，同一物種內的變種（在人類稱為「人種」）也是包含著大相逕庭的特徵。在任何人種類型裡，我們都找得到一系列不同的頭髮紋理、膚色和頭骨形狀等。這些特性並不是異常和無關緊要的現象，不是偏離了某些古早的標準類型。達爾文認為，它們是演化賴以發生的原料，大自然有賴這些可遺傳的差異性而選出贏家和輸家。達爾文的著作暗示，人種是一個活動的標靶，不可能透過比較個人而把他們歸到「含族」、「尼格羅人」或「高加索人」之類的名下。這一類稱呼只是泛稱，不是永恆的範疇，不可能透過測量臉部指數判定。

不過，人種科學家卻另在高爾頓的研究裡找到支持論據。高爾頓是達爾文的表弟，他因為深受《物種起源》的震撼，在一八六〇年代和一八七〇年代期間投入許多時間思考人類遺傳的課題。他在一九〇八年寫道：《物種起源》「標誌著我思想發展的一個新紀元。它以一擊就拆毀了一大堆我本來深信不疑的教條。」就像達爾文一樣，高爾頓不善社交，熱愛戶外活動，有多方面的科學興趣。不過，他比達爾文更感興趣於數學（尤其是統計學），有時幾近癡迷。在劍橋大學念書的時候，他決心取得數學的優等生學位，但畢業成績被另一個同學超過，未能如願，一度陷於精神崩潰。隨後，在一八六六年，他出現了一次更嚴重的精神崩潰。即使是在別人面前顯得毫無異狀時，他的心思仍然會亂蹦亂跳。「我經常會被眩暈和其他專門騷擾思考的病痛所苦……沒有經驗過精神崩潰的人很難了解它會導致多麼嚴重的失能……即使是一些簡單的問題照樣會讓我日思夜想仍然不得其解。」[11]

儘管有這些「病痛」（又或是正因有這些「病痛」），高爾頓想出了一些他相信可以把人種概念的科學性搶救回來的方法。這方法就是把人種放在統計學而非類型學的基礎上——他發展出來的這個新領域後來被稱為「生物統計學」。他認為，透過分析大量數據搞清楚各種特徵在一個人群的出現頻率，將可斷定該群體的人種所屬。在其創辦的期刊《生物統計》的創刊號，高爾頓指出：「一個人種或物種要能讓任何天擇過程對其發生作用，其成員之間必須存在差異性。所以，探究一個淘汰過程對一個人種任何特徵的可能效果，第一步必然是統計個體對於那些特徵展現的反常程度的頻率。」[12]

皮特里在提出「王朝人種理論」大概十年後讀到高爾頓的相關著作，大受啟發。他把統計學應用在不同朝代的木乃伊和骨骸。不像莫頓那樣，他用來證明曾有一個王朝人種入侵尼羅河流域的方法不是頭骨插圖，而是一系列鐘形曲線圖。它們可以顯示某些骨頭特徵的分布狀況，以及這些特徵如何隨著時間推移而發生變化。

皮特里和高爾頓的交流沒有停留在思想的層次。一八八六年，皮特里開始與高爾頓合作研究人種的歷史，給他寄去一些古埃及藝術作品的照片，希望可以從中發現混種前的最早埃及人種類型。皮特里從高爾頓學會統計技術，高爾頓則因著皮特里的關係可以接觸到古代的人類遺體。高爾頓位於倫敦大學學院的優生實驗室收到了皮特里寄來的數千具遺體，而它們對人種科學家在二十世紀的研究將會至關重要。[13]

高爾頓會對皮特里的研究感興趣，不僅僅是被他的王朝人種理論吸引。高爾頓年輕時就到過埃及和蘇丹，也在英國皇家地理學會的協助下遠征過西南非洲。他對探險的興趣極為強烈，乃至寫了一本《旅行的藝術》，供有志成為探險家的人參考。當上皇家地理學會的委員之後，他又曾在伯頓和斯皮克出發遠征前跟他們好好聊過，並給伯頓寫了一份指引，幫助他尋找月亮山脈。事實上，皇家地理學會一度情商高爾頓親自率領遠征隊，尋找位於非洲內陸的這座神祕山脈。如果他有成行，說不定會有機會親眼看見胡麻人和甘巴拉嘎拉人。這些背景都讓他深信皮特里的研究對文明史的重要性（他心目中的文明史是一部人種間權力鬥爭的歷史）。另外，身為東非洲探險活動一個重要角色，他想必也意識到，皮特里的努力還可能會帶來一種涵蓋範圍更大的外來人種入侵理論。

這個更大的理論正在邁向拼湊完成。到了一九○○年，含族入侵非洲的故事將會成為一個更大的史前入侵故事的一部分，在其中，「大辛巴威」、甘巴拉嘎拉山和美杜姆分別代表了雅利安人大舉入侵非洲故事的一個分支。不過，讓這種大敘事的範圍和故事主線得以確立的並不是考古學或人類學，而是語言學。

第十三章　雅利安人浪潮

早在「雅利安主義」*成為納粹德國頭目一種癡迷的五十年前，「雅利安人」已經在全世界被用作人種範疇。歐洲人頻繁使用它來稱呼從波斯山區到祕魯海岸的原住民，用法和一九三〇年代大相逕庭（在後者，雅利安人是指金髮碧眼的北歐人）。雅利安人概念的出現，以及它起初會被用來指一些歐洲以外的民族，主要是拜繆勒的著作所賜。他是德意志東方學家，大半輩子都在牛津大學當教授。

繆勒怎麼看都不像一個會提出這種理論的人。他的興趣是語言，不是人種，而他的主要研究對象是印度語言，不是歐洲語言。不過，他在研究梵語過程中所得出的雅利安人入侵論卻被一些學者拿來解釋為什麼從中亞到太平洋地區都有白色部落或原始白色部落存在。然後，等到「雅利安主義」和「含族假說」結合在一起之後，新的人種理論將不只是一種用來分類長相反

---

*雅利安人種比所有其他人種優越的主張。

緋特里希·繆勒。來源：Friedrich Max Müller, *My Autobiography; A Fragment* (New York: Charles Scribner's Sons, 1901).

常部落的方法，還被用於解釋地球上所有人種的起源。

繆勒很早歲便被印度迷住。他在一八九九年出版的回憶錄《友誼地久天長》裡自述，他與印度的第一次邂逅是發生在一八三〇年代，當時他還是小學生，住在德紹。有一天上課時，習字簿封面的複製照片引起他的注意：照片中所看見的是印度最神聖的城市貝拿勒斯，恆河穿過其間。照片印刷粗糙，但仍然看得出來有大群大群人從長長的河堤拾級而下，走到水邊。這些印度人個子高而漂亮，長得「一點不像黑鬼」[1]。先前，他都以為印度是個野蠻地方，居民「全是黑色皮膚，凡是丈夫死掉的寡婦都會被燒死（指「殉夫自焚」習俗）。」但這幅貝拿勒斯的照片卻讓繆勒看到不同的東西：一個文化精緻和可愛的地方，河岸邊林立著一些把德紹的教堂和宮殿比下去的清真寺和廟宇。就在他對印度浮想聯翩之際，老師突然俯衝而下，扭住他耳朵。他被罰抄貝拿勒斯、恆河和印度三個單字。隨著小繆勒把三個地名抄了一遍又一遍，印度的土地和人民也像「某種異象」那樣銘刻在他心靈裡了。

繆勒對印度這「第一次和有點痛苦」的邂逅看似偶然事件。正如他自己承認：「小男生愛做白日夢」[2]，所以我們似乎有理由認為，如果習字簿封面印著的是鐵諾茲提朗、巴格達或廷巴克圖*的照片，那麼，繆勒日後將會是以研究其他語言留名後世。然而，習字簿封面會是印著貝拿勒斯的照片和繆勒會在各種古代語言中獨鍾梵語，完全不是巧合。另外，他會是靠著精通印度和東方知識而成為名人，也不是湊巧。他對印度的愛只是歐洲人愛上東方文化的一個縮影——這種愛具體展現在興起於十八世紀和到了十九世紀中葉依然火熱的「東方學復興」。為這場復興助燃的是瓊斯和其他通曉梵語的英國語文學家，他們證明了梵語和希臘語、拉丁語及波斯語等語言關係匪淺。當繆勒遇見習字簿上的貝拿勒斯照片時，「印度狂熱」已經越過英倫

*鐵諾茲提朗（Tenochtitlàn）是阿茲特克帝國的首都。廷巴克圖（Timbuctoo）是西非十六到十八世紀一個伊斯蘭文化中心。

海峽，席捲歐洲大陸。首當其衝的是法國，然後是德意志。在這兩個地方，東方語言研究都是大學裡一門生氣勃勃的學科。

德意志知識份子很早就體認到梵語古籍的藝術魅力和哲學魅力。《沙恭達羅》（史詩《摩訶婆羅多》的一部分）讓歌德讀得津津有味。叔本華在一八一四年讀過《奧義書》的新譯本後，稱之為「我人生的慰藉」。這書也影響了他的大作《作為意志和表象的世界》。德意志學者認同瓊斯的看法，相信梵語是一個更大的語言家族的成員（其他成員包括了拉丁語、希臘語和波斯語）。一八一三年，英國博學之士托馬斯·楊把這個語言家族正名為「印歐語」。這個名稱在被波普用在《比較語法》一書之後流行起來——這書首度系統性地研究了印歐語，是第一個把現代的比較語文學方法應用在語言研究的嘗試。各種印歐語有可能透露出最早印歐人一些事情的想法讓學者興奮，又特別讓那些想找到本民族源頭的學者興奮。這種尋找源頭的熱情在德意志最是火熱，原因是「日耳曼人」本身便是一個難於捉摸的概念，亟需界定又極難界定。在一八三〇年代，德意志還不是一個國家，只是許多王國、公國和侯國結合而成的鬆散聯盟，各成員之間除了文化上有差異，宗教上亦不盡相同（東北德意志以信奉基督新教為主，西南德意志以信奉天主教為主）。有一種印歐語存在的想法可以為一種植根於語言的日耳曼人身分認同奠基，把不同的德意志人（從奧地利人到普魯士人）統合在一起。[3]

一八四一年，進入萊比錫大學就讀的繆勒再次遇見印度。他有一種直覺：梵語中潛藏著什麼寶。他在自傳裡說：「我有一種據說淘金者會有的感覺：只要從表面往下挖，就一定會挖到黃金。」[4]於是他開始挖掘。在萊比錫大學研究過梵語之後，繆勒轉到柏林深造，然後轉到巴黎，最後是到了英國。在英國，他投入了一個將會讓他成為教授的學術計畫：翻譯和注釋印度教最神聖的古籍《梨俱吠陀》。翻譯過程中，他發現《梨俱吠陀》有些段落談到印度婆羅門種姓的來歷，而他相信，這些段落透露出印歐人的早期歷史和他們遷入印度的經過。在本文中，他看到了深膚色的土著被入侵的印歐人征服的證據。這些操梵語的印歐人自稱為「雅里亞」（Arya），意指「高貴的」或「值得尊敬的」。於是繆勒便把古代的印歐人也稱作雅利安人（Aryan）。其他人很快起而效尤。

繆勒認為印歐人曾入侵印度的想法並不單單奠基在《梨俱吠陀》。在當時，對梵語的研究已經超越瓊斯在一七八〇年代取得的發現。雖然瓊斯的核心思想（即梵語和希臘語及拉丁語等古代語言有著血緣關係）已被廣泛接受，但梵語與各種印度現代語言的關係仍然充滿爭論。在十九世紀初期，英國語文學家科爾布魯克力主，印度所有的主要語言都與梵語有著「原生統一性」。不過，此說很快受到挑戰，因為明顯的是，有些印度語言（例如泰米爾語、泰盧固語、卡納達語和古吉拉特語）都非常不同於梵語，所以必然是另有源頭。學者埃利斯以此主張，這些非梵語的語言——又稱為「達羅毗荼」諸語言——代表著「純正的本土語言」。[5]到了一八四〇年代，這種看法成了語文學家之間的共識。隨之而來的一個信念是，古代印歐人是通過入侵而定居印度：他們從人類的搖籃（中亞或西亞的某處）出發，進入印度，征服和驅散了在地的達羅毗荼人。一八四九年，孟買「蘇格蘭傳教士協會」的約翰．史蒂文森斷言：「〔文化更先進的雅利安人〕發現了一個語言、宗教和風俗習慣都有別於他們的粗野民族。雅利安人用武力和計謀征服了所有土著。大量土著被逐出北部地區，留下的那些與入侵者雜居，起初是奴隸身分，後來形成了首陀羅種姓。」[6]

受到史蒂文森和其他人著作的影響，繆勒更加深信神話體裁的《梨俱吠陀》包含歷史真理的內核。在它那些講述古代征服的故事裡，他認為他看到了印度最高種姓的起源：「它們不容置疑地證明了婆羅門人有著雅利安人血統。」[7]接下來的幾十年，繆勒成了「雅利安人入侵論」最知名的捍衛者，而這理論的應用範圍未幾即擴大到印度的邊界之外。

繆勒從印度人的起源史看到了一個更大故事的輪廓。因為在在看來，發生在現代世界的事（淺膚色歐洲人把最天涯海角的土地納為殖民地）不過是古代淺膚色雅利安征服和摧毀野蠻民族的舊事的重演。[8]他在一八四八年寫道：「我們發現，當尼格羅人種和雅弗人種發生有敵意的接觸，他們的一般命運都是被摧毀或消滅。」就像瓊斯一樣，他把印歐人等同於雅弗人種（換言之是等同於挪亞兒子雅弗的後代而不是含的後代）。這一點在十八世紀曾經引起激烈神學爭論。不過，這種對挪亞家譜的理解差異在十九世紀已經不那麼重要，因為「雅弗族」、「含族」和「閃族」此時已演化為語言或人種範疇，不再與《聖經》掛鉤。正如我們看到過的，莫頓和格利登等多元發生論者為了讓新版的「含族假說」說得通，並不在乎修改甚至丟棄對《聖經》的傳統詮釋。他們對大洪水故事加以重新詮釋，主張挪亞三個兒子不過是高加索人種的不同分支。其結果是，本來互不相干的非洲人類學和亞洲語言學變得愈來愈關係密切。不同領域的學者開始把雅利安人對印度的征服詮釋為只是一場更大的史前較量的前沿之一：這場較量在印度表現為婆羅門人與達羅毗荼人之爭，在埃及表現為王朝人種與原住民之爭，在東非洲表現為赫馬人與尼格羅人之爭。

事情並沒有到此為止。一八八五年，紐西蘭博學之士特里蓋爾主張，曾經有一波「雅利安人浪潮」席捲印度，然後向南推進，通過東印度群島之後最終到達紐西蘭。[9]在《作為雅利安人的毛利人》一書中，特里蓋爾從紐西蘭原住民的語言、神話和文化三個方面論證他們是征服古印度的印歐人的後代。特里蓋爾沒有受過正規民族學訓練，而他的主張在紐西蘭報章亦引起極大爭議。不過，它一樣有支持者，而這些支持者又以住在紐西蘭以外的人居多：許多外國的政治家和學者（包括繆勒）都站出來為其辯護。《作為雅利安人的毛利人》是以一批研究太平洋島民來歷的學術研究為基礎，而它們的作者大多是基督教傳教士。這些傳教士基於宗教背景使然，都是用《聖經》記載的事件解釋太平洋島民的來歷：主要是把他們說成是雅弗、含或閃的後人，但也有人把他們說成是〈列王記〉提到那十個失蹤的以色列部落的後人*。後來，隨著繆勒和其他人帶來的新方法，學者開始改為把毛利人掛鉤於入侵印度的印歐人。

類似情形也發生在日本。當歐洲商人和傳教士在十七世紀抵達日本列島之後，他們注意到住在北海道的阿伊努人（約一萬五千人）和其他日本人在外型容貌上有顯著不同。義大利耶穌會傳教士安吉利斯在一六二二年從日本寫回國的信上說：「阿伊努人膚色上偏白色多於偏棕色。」[10]因為有著淺膚色、高顴骨和突出骨脊，阿伊努人和日本人很容易區分。另外，阿伊努人的鬍鬚又濃密又毛茸茸，說的語言和日本人亦大為不同。日本在一八五〇年代被迫開埠之後，外國人與神祕阿伊努人有了更多接觸機會，而這時候也剛好是雅利安人入侵論開始廣為流行之時。就因為這樣，很多學者認為阿伊努人代表印歐人征服浪潮的一個分支，是印歐人曾推進至了亞洲大陸東部邊緣的證明。一九〇四年，在英國傳教士巴徹勒的協助後，九個阿伊努村民被送至美國，在聖路易斯世界博覽會亮相，受到相當大注目。巴徹勒是西方取得阿伊努人資訊的主要管道，寫過關於阿伊努語言、民間傳說和文化的書籍。他相信，阿伊努語基本上是一種雅利安語，而這種觀點後來也在其他歐洲學者之間流行起來。當芝加哥大學人類學家斯塔爾帶著在阿伊努人村莊拍攝的兩百七十公尺影片和三百五十幅底片從日本回到美國時，報章讚譽他對研究「日本的高加索種原住民」做出了重要貢獻。

到了二十世紀初，雅利安人入侵論進一步被套用到整個太平洋和環太平洋地區。法國人類學家卡特勒費吉斯用這理論來解釋印尼的人種多樣性，主張雅利安人曾經從印度次大陸遷入印尼，把原來的深膚色土著巴布亞人趕走。美國民族學家暨考古學家布林頓同樣主張，雅利安人曾入侵菲律賓，把在地的尼格利陀人[†]趕入叢林。他在一八九八年的《美國人類學家》寫道：「這些尼格利陀人要不是被殺死就是逃到內陸地區躲起來，靠山脈和叢林提供的保護保命。」在澳洲，人類學家泰勒宣稱，「金髮澳洲原住民」是在遠古抵達這個大陸，他們「從澳洲東部的中心地區向下推進，趕走了住在西北部和東南部的更早族群。」一八八五年，瑞典民族學家福爾南德用比較語言學的方法在他三卷本的《波利尼西亞人種》裡面論證，波利尼西亞群島存在著一個雅利安人聚落。一九〇九年在華盛頓大學創辦東方歷史學系的高恩也是把夏威夷土著說成是雅利安人的後裔，與歐洲人是「長期失落的同種同源兄弟」：「所以他們和盎格魯－撒克遜人是親戚。」[11]

把雅利安人的足跡推進至遙遠的太平洋之後，「入侵論」的支持者又在世界的另一頭看見雅利安人的影子。他們想像，史前美洲是印歐人殖民地的灘頭陣地。這個想法攫住了波因德克斯特的想像力——他是華盛頓州的參議員，被哈丁總統任命為駐祕魯大使。在一九二〇年代，

＊古代的以色列王國由十二個部落構成。所羅門王之後，以色列王國分裂為南、北兩個王國。北國仍稱以色列，由原來的其中十個部落構成。北國被亞述人所滅之後，《聖經》不再有這十個部落的記載，他們的去向成了懸案。

† 又稱矮黑人，是東南亞的半游牧民族。零星分布於菲律賓、馬來半島和泰國等地。

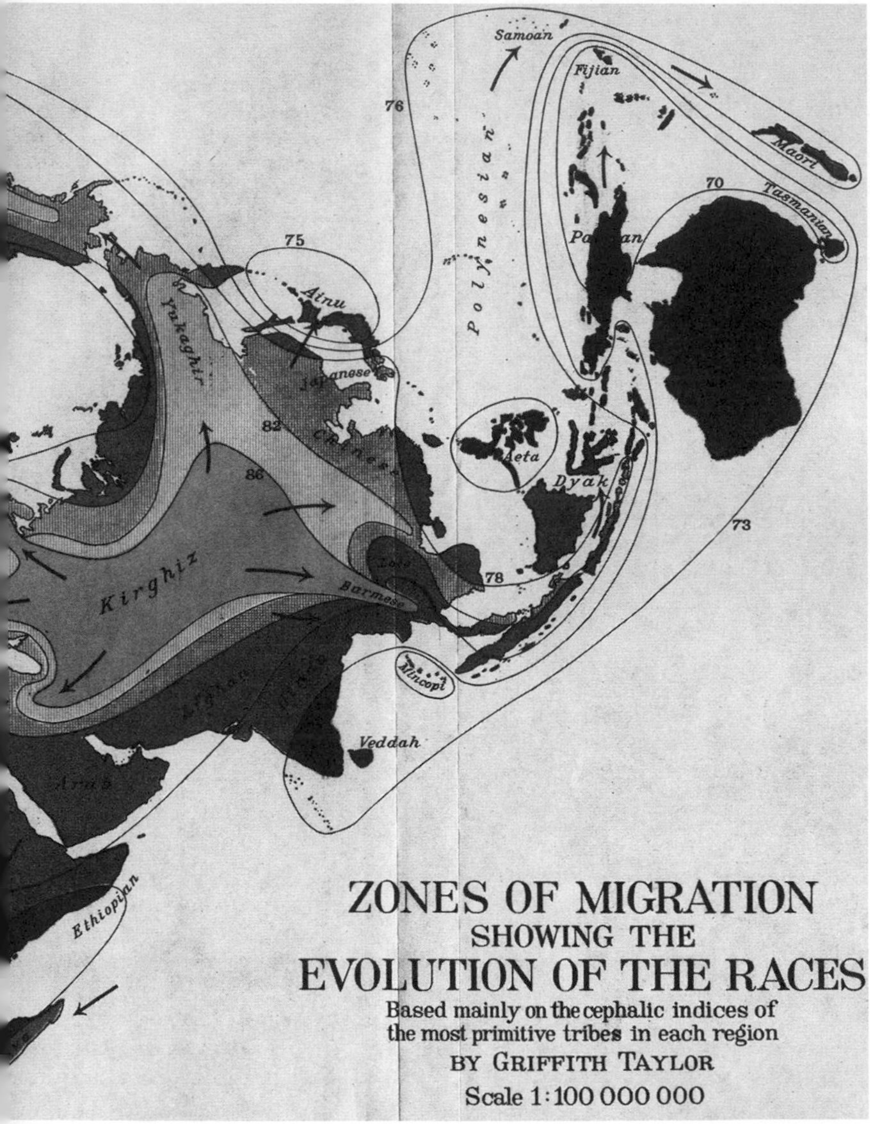

泰勒這幅世界地圖顯示出一波波遷出亞洲的人種的去向。來源：Griffth Taylor, "The Evolution and Distribution of Race, Culture, and Language," *Geographical Review* 11 (1921): 119.

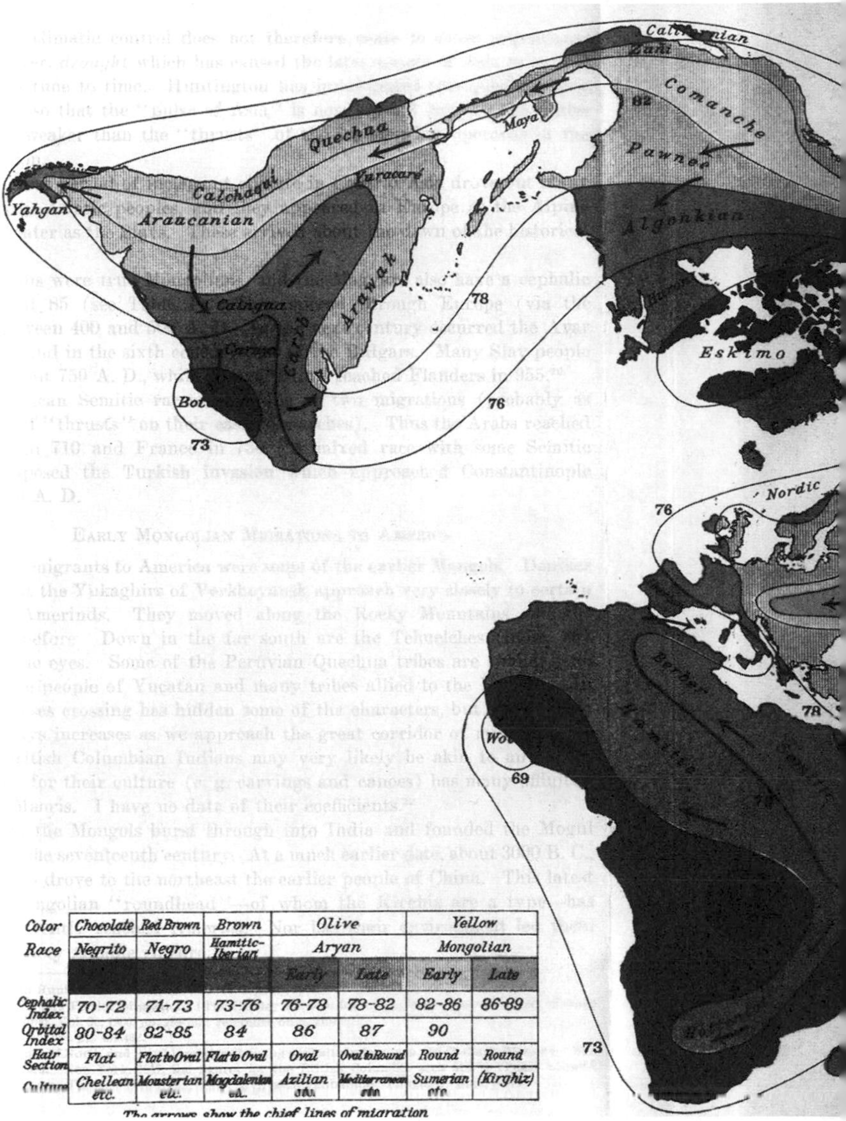

Color	Chocolate	Red Brown	Brown	Olive		Yellow	
Race	Negrito	Negro	Hamitic-Iberian	Aryan		Mongolian	
				Early	Late	Early	Late
Cephalic Index	70-72	71-73	73-76	76-78	78-82	82-86	86-89
Orbital Index	80-84	82-85	84	86	87	90	
Hair Section	Flat	Flat to Oval	Flat to Oval	Oval	Oval to Round	Round	Round
Culture	Chellean etc.	Mousterian etc.	Magdalenian etc.	Azilian etc.	Mediterranean etc.	Sumerian etc.	(Kirghiz)

編注：左下角為人種特徵分析表。左欄項目由上至下為：膚色、種族、頭顱指數、眼窩指數、頭髮剖面和文化等。頭顱指數和眼窩指數，是以長度除以寬度再乘以一百來計算。頭髮剖面有分扁平（flat）、橢圓（oval）、圓形（round）。扁平為捲髮、橢圓是有波浪幅度的頭髮，圓形為直髮。

他開始蒐集證據，要證明印加王國的統治者是古代雅利安航海者的後裔，祖先是從太平洋渡海而來。在《雅利安血統的印加人》一書中，他主張太平洋雅利安人就像征服大洋洲各個島嶼那樣，最終征服了深膚色的南美洲土著。在史前的南美洲，白皮膚統治者為在一群「膚色較深的人民」[12]之間保持其人種的血統純正，仿照他們前輩在印度和波利尼西亞的做法，採取了種姓制度。但這是一個失敗的努力，因為性吸引力被證明比祭司階級和貴族階級的三令五申更有力量。結果就是，白皮膚的成分在一個深色皮膚的大湯鍋裡被愈煮愈少。

從現在回顧，雅利安人入侵論（包括說他們擴展到整個太平洋地區，甚至去到了美洲大陸的邊緣）看來全無說服力。它甚至早在二十世紀初期便充滿爭議性。有些學者覺得，把那麼大相逕庭的人群（包括阿伊努人、馬來人、毛利人、菲律賓人、夏威夷人和印加人）說成了同一批從中亞向東南挺進的淺膚色和操印歐語的人種的後裔非常牽強。不過，雖然我們想要把雅利安人入侵論看作是種族騙術，是業餘民族學家無視其他證據和詮釋下的產物，而斷然地將其拒於門外，卻忽略了其廣泛的吸引力——被其吸引的不是只有太平洋盆地的自學傳教士，還有歐洲和北美的科學界菁英。該理論會具有魅力，是因為它有助於更新更早之前的一些人類遷徙理論，把它們整合進一個新的科學框架裡。它的出現時機也是一個優勢，因為在當時，《聖經》有關人種起源的解釋已逐漸被認為不充分。其結果是，入侵理論像滾雪球般滾過人類學思想界，把其他理論（「含族假說」、高加索人遷移理論和王朝人種理論）共冶一爐。

事實上，雅利安人入侵論會取得成功，是因為它能夠把很多較早期和看似格格不入的遷徙理論編織在一起。它首先是能夠和一元發生論者的主張相容（這種理論主張人類起源於中亞，然後才分支到歐洲、非洲、亞洲和太平洋地區）。但它同樣讓多元發生論者受到吸引（這些人相信不同人種是分別起源於世界不同地方），因為它主張淺膚色和高智商的雅利安人在遷徙過程中征服了一些深膚色的原住民。這些深膚色原住民是從何而來的呢？入侵論者一般認為（他們當然會這樣認為），這些原住民是起源自亞洲，後來才移居到世界其他地區，代表了人類的第一波遷徙行動。隨著更先進人種在亞洲形成和從祖居地出擊，較為原始的人種被趕到了邊陲地帶。

到了一九二〇年代，特里蓋爾所說的雅利安人「浪潮」已經蔚為一場全球性海嘯：這大海嘯的震央在中亞，從這裡激發出一波波波浪。每一波海浪都把前一波海浪推進得更遙遠。每波波浪都代表一個演化層次更高的人種，至更高層次的人種，他們遷出亞洲的家園，征服了低度發展民族。對這部征服史詩而言，沒有一個視覺圖像比人類學家泰勒所勾勒的還要精細具體，不過他用來表達這種雅利安人分布到全世界的過程的比喻不是浪潮，而是火山爆發。[13]

儘管入侵論和比較早期的理論有若干相似之處，但它卻代表著思考人種和人類起源方式的一個徹底改變。啟蒙運動的理論家認為最早的人類大家庭是完美的頂點。在布盧門巴赫看來，這種完美體現在皮膚亮澤和頭骨細緻的喬治亞人，他們本來住在高加索地區，後來一部分人向

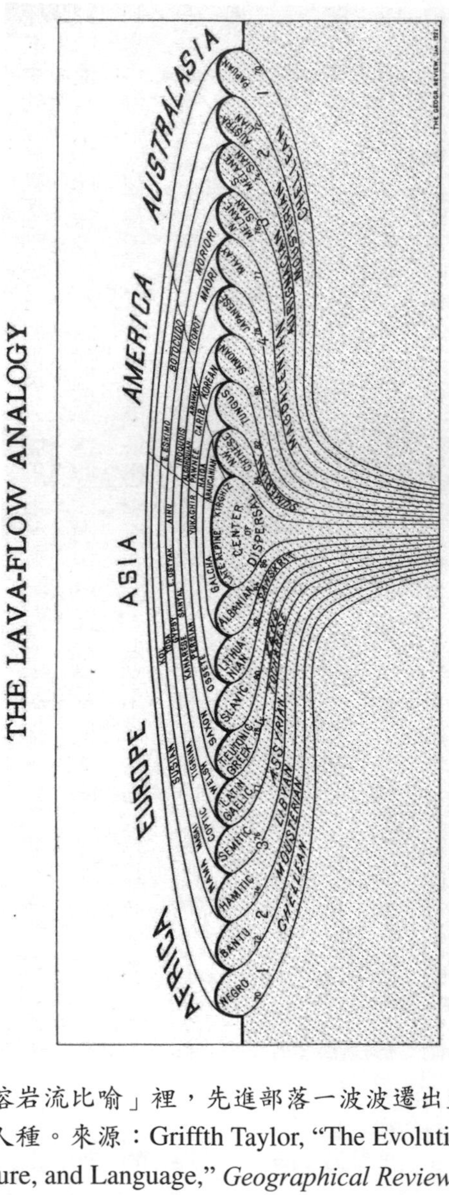

Fig. 9—The lava-flow analogy applied to studies of evolution and linguistics. The center of dispersal in Central Asia is pictured as a sort of "fissure eruption" sending forth streams of lava in all directions. Each new eruption arises from the center and, while covering some portion of the previous flow, pushes most of the previous lavas out to the periphery. Other analogies are represented in Figure 8. Fossil languages, buried under existing tongues, are seen in section. On the surface are shown existing languages typical of the several migration zones.

在泰勒的「熔岩流比喻」裡，先進部落一波波遷出亞洲，途中征服比他們落後的人種。來源：Griffth Taylor, "The Evolution and Distribution of Race, Culture, and Language," *Geographical Review* 11 (1921): 104.

外遷徙，最後遍布全球。在瓊斯看來，最早期的人類是挪亞三個兒子的後裔，他們文化發達、敬拜一神而語言優美。只有到了後來，他們遷移到世界其他地區，才因為受不同的氣候條件影響，開始「走樣」，產生出形形色色的人種、低層次文化和多神教信仰。所以，雖然他們都相信全人類有著一體性，卻是像布豐一樣，把人類的歷史看成是一部衰落史，是一個從白皮膚走向棕皮膚再走向黑皮膚的過程（也是從文明走向蒙昧再走向野蠻的過程）。其中只有淺膚色和敬拜一神的歐洲人始終保持最早人類的本色。

入侵論卻把人種形成史從一部衰落史反轉為一部進步史。以達爾文的演化論為基礎，它主張最初遍布全球的是深膚色的原始人種，但他們慢慢被更先進的人種所取代。雅利安人代表最新的人種類型，其逐漸征服全球的過程有著必然性，一如《物種起源》所勾勒的無情生存競爭所預見。

然而，這種人種的層級觀卻存在一個問題。如果深膚色人種是雅利安人種的祖先，那他們是怎麼能夠存活到現在？換一種方式問便是，如果俾格米人和尼格羅人代表著人類物種的曾祖父，那他們怎麼會和他們淺膚色和高智商的曾孫生活在同一個時代？要知道，在達爾文的體系裡，任何同一個物種的變種只能是橫向連接關係，不會是縱向連接關係。為了對付這個問題，人種理論家花了相當大力氣去把達爾文理論削足適履，套入他們的雅利安人入侵論。他們把俾格米人和尼格羅人說成是最早人類的靜態延續，是其中一些最早人類「發育遲緩」的結果，所

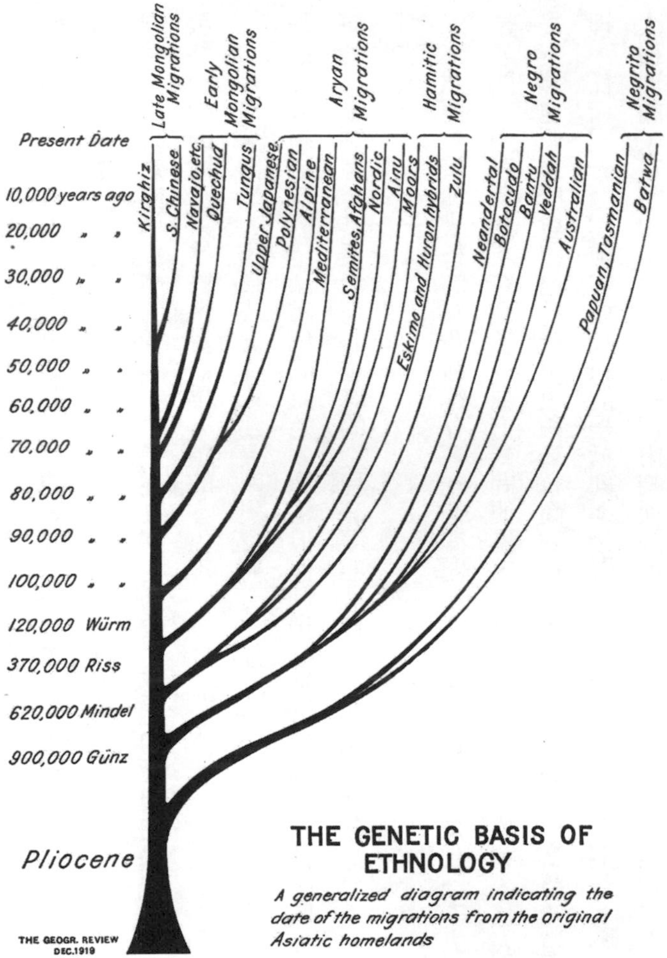

Fig. 10—Generalized diagram indicating the period in the geological time scale of man's migrations from the original Asiatic homelands.

在泰勒的人類演化樹狀圖裡，「尼格利陀人（Negrito）」和「尼格羅人（Negro）」的出現要早於含族（Hamitic）和雅利安人（Aryan），不過這四支人類都存續到今天。來源：Griffth Taylor, "Climatic Cycles of Evolution," *Geographical Review* 8 (1919): 312.

以雖然繼續繁衍到今日，但生理特徵和心智能力卻和他們史前時代的祖先沒兩樣。在通俗作品裡，他們被稱為「缺去的環節」或「石器時代人」，被認為繼續保留著人類物種在演化早期的體格和行為。淺膚色人種和深膚色人種理論上雖然是堂兄弟，後者實際上是古早時代的遺物，生活在凝結了的時間裡。用演化樹狀圖表示的話，他們是人類大樹一根垂垂老矣的枝條，因為長太長而快垂到了地面，反觀比他們晚出的雅利安人或含族則仍然活力十足，高高位於樹冠上。[14]

一八四〇年代在翻譯《梨俱吠陀》的過程中，繆勒相信操各種雅利安語言的人（不管是住在大不列顛還是印度河流域）之間有著一種憂戚相關感，會覺得彼此雖然文化和國籍不同，卻是由語言（甚至是由血統）聯繫在一起。大概也是出於同一種憂戚相關感，巴徹勒和高恩之類的傳教士才會在與他們互動頻繁的原住民身上看見雅利安人的身影，覺得這些原住民雖然和西方人非常不同，又有著一些相同之處。所以，「雅利安主義」（就像史坦利在非洲使用的「含族主義」那樣）有時可以是一種同理心和欽佩之情的表達。俄亥俄州一份報紙在一九一三年把阿伊努人稱為「白色野蠻人」，但意不在貶低他們而是在表達對他們存在的驚嘆：「他們的臉型、五官、眼睛、鬍鬚和心理過程和我們的一模一樣。」[15]在一個人種科學把世界切割成很多不同人種的時代，雅利安人入侵論讓傳教士、語言學家、探險家和科學家可以把一些「他者」放入與他們歸類自己的同一批大範疇裡。

從二十世紀前四分之一的那段時間起，官方、科學家和殖民地管理者把全世界原住民區分為「我們」和「他們」兩大範疇，更精確的說是區分為「比較像我們」和「比較不像我們」兩大範疇。繆勒在晚年多少看出了用語言來定義人種的危險，以及用人種來製造藩籬的危險。他愈來愈擔心原是語言範疇的「雅利安人」一詞會被用作人種範疇。「我一直一再重申，我說的『雅利安人』無關乎血液、骨骼、毛髮和頭骨。我只是指那些操某種雅利安語言的人。」[16]

但為時已晚。在經過幾十年演變之後，「雅利安人」已經從一個語言範疇變為人種範疇，與「高加索人」一道代表世界上的各種淺膚色人種。此外，雅利安人入侵論原來只是要說明印度一個支配性階層的來歷，但最後卻變成用來解釋全球各地統治階層的來歷。世界上的人種多樣分歧，而它解釋得了這種多樣性，讓人類為什麼會有種種分別（淺膚色和深膚色的分別、高顴骨和低顴骨的分別、長頭型和圓頭型的分別）變得豁然開朗。就像歐洲人一度把世界的邊陲地區看成黑皮膚地帶，現在他們反過來把它們看成白皮膚地帶，住著古代雅利安人的後裔——這些人和他們的歐洲堂表兄弟雖然斷了連繫幾千年，但彼此仍是一家人。以這種方式，雅利安人入侵論在十九世紀晚期解釋了為什麼全世界都看得見白色部落。

白色部落的存在大概甚至是這理論所造就。因為，光憑觀察，看來很難把許多相隔遙遠、身體特徵大異其趣和說著截然不同語言的人群歸入單一個人種範疇。會不會，各種大相逕庭的人群（包括史坦利的甘巴拉嘎拉人、皮特里的王朝人種、特里蓋爾的毛利人和巴徹勒的阿伊努人）會變成雅利安人，是因為學者找到了一個可以把他們連結在一起的科學理論？理論的力量非常強大。它們不僅僅是誕生於觀察或是可用來組織被觀看到的事物，還可積極形塑被看到的事物的樣子。就像「含族假說」的故事所清楚表明的，理論甚至可以形塑觀看的過程本身。

不過，白色部落會在十九世紀晚期紛紛出現，有可能不是學者對雅利安人入侵論的執著所能完全解釋，而是還有著更根本的文化原因。這是因為，發現白色部落的頻率在二十世紀初期雖然更加提高，但這些發現很多都和繆勒或泰勒等人提出的觀念兜不攏：當時，從高緯度的北極島嶼到濃密的赤道叢林，探險家都發現了一些跟各種既有的全球人種分布模型格格不入的白色部落。

第十四章　金髮愛斯基摩人

一九一〇年五月，在兩個因紐特人陪同下，加拿大人類學家斯蒂芬森乘坐雪橇駛行過加拿大北極區的雪地，到達維多利亞島海岸一群雪屋。其中一個因紐特人跑到前頭，涌傳他們到達的消息。幾分鐘後，一群男人和男孩走出雪屋，迎向斯蒂芬森和他的嚮導納特庫斯亞克。這些維多利亞島島民把雙手高舉過頭，以示對來賓的歡迎。「我們是友好的。我們就是我們看起來的樣子。你們的到來讓我們高興。」[1]斯蒂芬森以同樣手勢回禮。他走近每個人，報出自己名字和聽對方報出名字。打量眼前每一張臉，斯蒂芬森知道此行將會讓他的人生為之改寫。「和我四目相對的是一個重大科學發現。」

這些維多利亞島島民看起來「像是曬黑但皮膚本來白皙的斯堪的納維亞人。」他們有些人有著棕色或紅色鬍子和一雙碧眼。雖然操因紐特語、穿皮草和住在雪屋，他們外觀上卻像歐洲人。看著村裡婦女忙著為宴會料理食物（水煮海豹肉和血湯），斯蒂芬森注意到一名女子「五官就像有些斯堪的納維亞女孩一樣精緻」。[2]島民為斯蒂芬森和他兩個同伴蓋了一間雪屋。接下來幾個月，他仔細觀察維多利亞島島民和四周地區土著的樣貌，發現兩者在髮色、膚色、身高、五官和臉部指數上都差異甚大。所謂「臉部指數」是指臉長和臉寬的比率再乘以一百，在當時常常被人類學家用作判別人種的關鍵依據（另一個關鍵依據是頭顱指數）。因紐特人的臉部指數一般高於一百，但維多利亞島島民只有九十多，和歐洲人或混有歐洲人血統的因紐特人差不多。

但如果他們不是愛斯基摩人的一支，他們又是什麼人？很難想像這些土著的祖先會是來自亞洲的雅利安入侵者。維多利亞島位於北極圈以北四百公里，距離太平洋一千六百公里，不是雅利安人遷徙的合理目的地。在泰勒勾勒的遷徙路徑圖裡，加拿大北極地區是一個人種的死水區，只住著低智商和生理特徵類似黑人的土著，與外面世界發生著的一波波人種進步浪潮*了無關係。另外，如果維多利亞島島民真的是從亞洲和太平洋入侵的雅利安人的後代，那他們的身體特徵應該和島嶼以西的土著相似，因為後者要更接近太平洋。但事實卻不是如此。斯蒂芬森指出，維多利亞島以西有一條寬四百八十公里的荒蕪地帶，把淺膚色部落和馬更些河的因紐特人分隔開來。這一點讓斯蒂芬森相信，維多利亞島島民的祖先不是來自西面，而是來自東面，是一批年代晚得多的歐洲人的直接後裔。這可以解釋島民外觀上為什麼不像阿伊努人或毛利人（至少在斯蒂芬森看起來不像），而是像北歐人。

如果他們真是歐洲人的後裔，那他們的祖先是誰便只有少數幾種可能。一個可能人選是富蘭克林遠征隊的倖存者。一八四五年，富蘭克林爵士率領軍艦「幽冥號」和「驚恐號」駛入加拿大北方的群島，尋找傳說中的西北航道，但就此一去不回，全員一百二十八人全部失蹤。後來發起的大規模搜索行動找到了一些用具、遺骸和一份留在威廉王島一處石堆的文件。該文件（撰寫日期為一八四八年四月二十五日）證實富蘭克林和二十四個組員已經死亡。在威廉王島沿岸一帶找到的零散人骨進一步顯示死者可能更多。然而，一〇五個未被證實死亡的隊員中不無可能有其中一些在因紐特人的協助下活了下來，從此生活在土著中間，並生兒育女。維多利亞島民也許就是這批倖存者的後代，是六十五年前土著化英國人的混血子孫。

但有好些理由讓這個理論站不住腳。如果遠征隊真有人員存活下來和同化於土著，他們的人數很有可能不足百人，但斯蒂芬森看見的歐洲人特徵（棕色或紅色頭髮、圓眼睛、淺膚色和碧眼）不僅見於維多利亞島的社群，還見於島南的聚落之間，即見於加冕灣三百公里長的海岸線。一小群英國人不可能繁衍出這麼多後代。此外，富蘭克林進入這片水域不過是六十五年前的事，因紐特人社群理應還留有記憶，並把他們歐洲祖先來到此地和歸化的往事保留在口頭傳說裡。然而，沒有一個斯蒂芬森訪談過的因紐特人提到自己有著歐洲血統。他寫道：「不管是他們自己還是他們的祖先，都沒有接觸過任何上世紀中葉的探險家。」另一位探險家拉斯

---

*這裡的進步指雅利安人征服土著人種和取代他們。

穆森日後也指出：「如果幾代人之前曾發生過混血，怎麼可能不留下一大堆生動的故事呢。」[3]

斯蒂芬森認為，這些「用銅因紐特人」——他們因為懂得使用銅製工具而得到這種稱呼——更有可能是源自更早期的歐洲人，即艾瑞克森在十四世紀建立的格陵蘭殖民地。這個由斯堪的納維亞人建立的社區一度欣欣向榮，後來卻消失無蹤。根據冰島史詩記載，艾瑞克森在九八二年因殺人罪遭流放三年，期間都是在格陵蘭度過。回到冰島後，他說服許多冰島人隨他返回冰天雪地的格陵蘭屯墾。九八五年，他在南部海岸建立了一個殖民地。該殖民地直到十四世紀一直保持繁榮，但接下來兩百年卻音訊全無，跟冰島和其他歐洲地區完全失去聯繫。一五八五年，英國航海家戴維斯登陸格陵蘭，卻完全找不到從前的殖民地的痕跡。從此，格陵蘭殖民地消失之謎一直讓歐洲人縈懷。[4]

斯蒂芬森推測，格陵蘭殖民地的冰島人後來是越過巴芬灣向西遷移，最終定居在加拿大北方的群島區。由於該殖民地人數眾多，有男有女，所以他們的斯堪的納維亞人生理特徵可以在他們消失五百年後繼續保存下來。斯蒂芬森認為，雖然北歐距離維多利亞島更遠，但冰島人比英國人更有可能是「用銅因紐特人」的祖先。

但不管他用來探究這問題的方法有多科學（又雖然他後來宣稱自己的理論只是猜測），斯蒂芬森會希望在金髮愛斯基摩人＊身上找到斯堪的納維亞人血緣都有個人動機作祟。因為那將可以讓他（他本人也有著部分冰島人血統）和「用銅因紐特人」多多少少成為親戚。身為民族學家，他的理想是盡可能貼近他研究對象的生活與文化。三百年來，西方的北極探險（哪怕他們少不了因紐特人的協助）都在矮化和歪曲這些北方的原住民，所以在斯蒂芬森看來，現在正是彌合因紐特人與外部世界之間的差距的機會。他在《我與愛斯基摩人一起生活》一書裡寫道：「如果要和愛斯基摩人一起生活的話，我希望生活得絕對像他們其中一員：住他們一樣的房子，穿他們一樣的衣服，只吃他們吃的食物。」有一次，一個住在維多利亞島附近的土著把他誤當成維多利亞島島民，讓他大為受用。還有另一個個人理由使得斯蒂芬森希望能在維多利亞島民身上找到斯堪的納維亞人血統：一個名叫芬妮・潘尼格布魯克的因紐特女人為他生了一個兒子。5

一九一二年九月，斯蒂芬森乘坐蒸汽輪船抵達西雅圖，接受了《西雅圖時報》記者安德伍德的專訪，暢談了自己遇到「金髮愛斯基摩人」的經過。《西雅圖時報》在九月九日把這則故事刊登在頭版，標題作〈美洲探險家發現了迷路的白人部落——艾瑞克森的後人〉。儘管斯蒂芬森在訪談中慎重地強調加冕灣因紐特人的生理特徵非常多樣，但安德伍德的文章沒有理會。這位記者告訴讀者，斯蒂芬森發現了一個為數一千人的白人部落，而這些白人是艾瑞克森追隨

＊因紐特人是愛斯基摩人一支。

者的直接後裔，有著「純正挪威人血統」。這個故事不脛而走，第二天早上便出現在從舊金山到維吉尼亞州里士滿各大報的頭版。《紐約太陽報》的標題作〈北極海岸的迷路白色部落〉，《密蘇里州人日報》的標題作〈北極發現了新的愛斯基摩人人種〉。隨著這個故事愈來愈火紅，內容也愈來愈誇大。《普林斯頓聯盟報》宣稱：「有一個為數兩千人的白人迷路部落在北極海岸被找到。」很多其他報紙也是一樣說法。接下來幾個月，斯蒂芬森的金髮愛斯基摩人故事陸續登上了從瑞士到阿根廷的報章。6

這故事會大為轟動事出有因。它特別讓歐洲和北美的讀者著迷，他們的態度是又被吸引又半信半疑。有些報紙對維多利亞島島民的來歷提出其他猜想，有猜他們是以色列十個失蹤部落的後裔，有猜他們是俄羅斯殖民者的後裔，有猜他們是一批遇船難愛爾蘭僧侶的後裔。但也有些報紙的態度是取笑。生物學家安德森是斯蒂芬森的探險夥伴，雖然他確認了斯蒂芬森報告的某些方面（「這些人的五官帶有高加索人種的特徵」），但就連他一樣覺得有「金髮愛斯基摩人」存在之說是誇大其詞。在加冕海灣一帶巡邏的皇家騎警沒有看到過符合這種描述的居民，但有些人卻聲稱他們比斯蒂芬森更早見過金髮愛斯基摩人：三個加拿大捕獸者宣稱，在斯蒂芬森到達維多利亞島之前，他們曾住在這些人中間，又形容這些島民的膚色「比白色還要白色」。與此同時，其他人則翻查歷史檔案，想找到有人看見淺膚色因紐特人的更早紀錄：一九一二年，美國極地探險家暨陸軍軍官格里利在為《國家地理雜誌》的古老探險報告中找出一個這樣的先例。另一方面，一九〇六年曾為探尋西北航道而在維多利亞島附近航行的挪威探險家阿蒙森則對斯蒂芬森的說法嗤之以鼻，稱之為「來自北方最明顯的胡說」。[7]

對斯蒂芬森的最重要批評來自於人類學家傑尼斯，他在維多利亞島和加冕灣研究了兩年之後，站出來駁斥格陵蘭殖民地假說。他的論證鋪陳在一九二一年發表的〈「金髮」愛斯基摩人〉一文。一開始，他先肯定斯蒂芬森的好些觀察：該地區土著的眼珠顏色從棕色到灰色和乳藍色不等；他們的眼睛形狀從「直」眼睛到「蒙古」眼睛不等：膚色從「義大利橄欖色」到「一般英國人」的淺白色不等[8]。但接著，文章轉而批評斯蒂芬森的身體數據測量方法有瑕疵：斯蒂芬森會得出維多利亞島島民的臉部指數不同於其他因紐特人，是因為他是透過測量活人取得前者的數據，卻是透過測量搜集來的頭骨取得後者的數據。而且，如果維多利亞島居民和其他因紐特人真有不同，那他們其他測量數據也應該不同，但情形卻不是這個樣。例如，維多利亞島居民的平均身高並未不同於其他因紐特人。

最重要的是，傑尼斯認為斯蒂芬森對**其他**因紐特人群體所持的假設值得懷疑。那就是，他假定了其他因紐特人同質性非常高。這是一個廣為接受的假定。例如，法國人類學家托皮納德在一八七六年宣稱：「世界上沒有一個人種的同質性要更甚於愛斯基摩人。」[9]但傑尼斯根據自己的觀察，加上其他研究者的報告，得出一個完全不同的畫面。例如，他引用曾在阿拉斯加巴羅角進行研究的陸軍中士和博物學家默多克的觀察指出，當地的因紐特人社群在膚色上表現

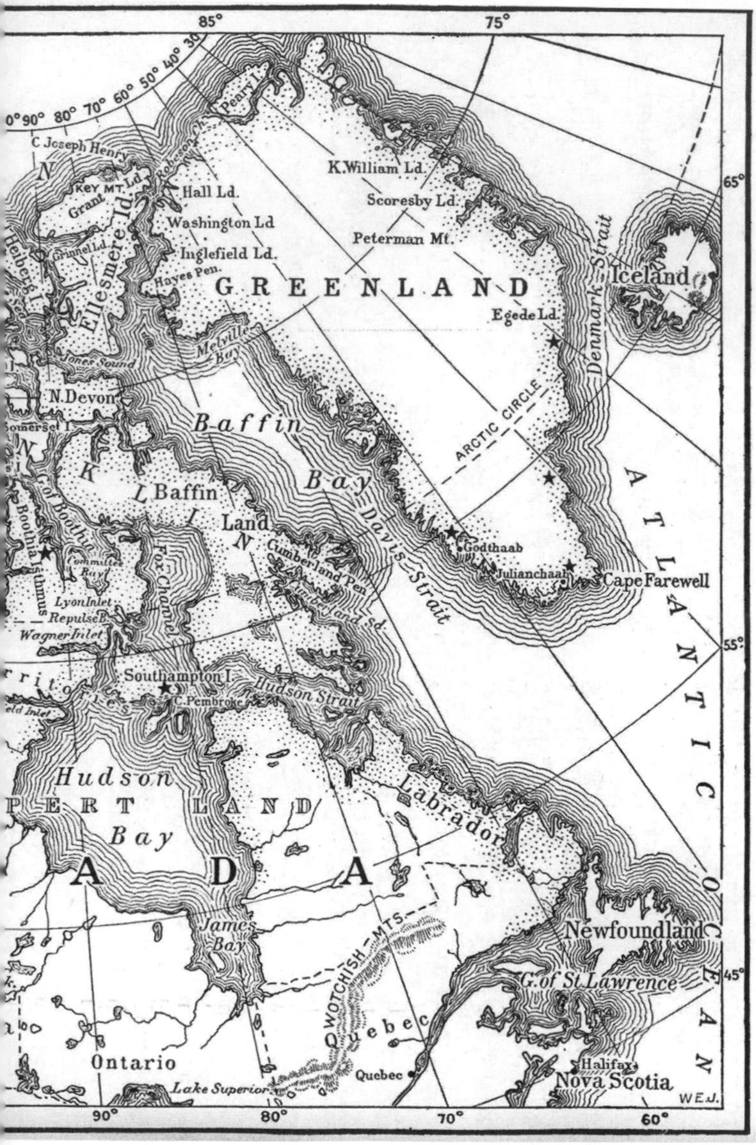

金髮愛斯基摩人的分布圖。來源：Adolphus Greely, "The Origin of Stefansson's Blond Eskimo," *National Geographic Magazine*, December 12, 1912.

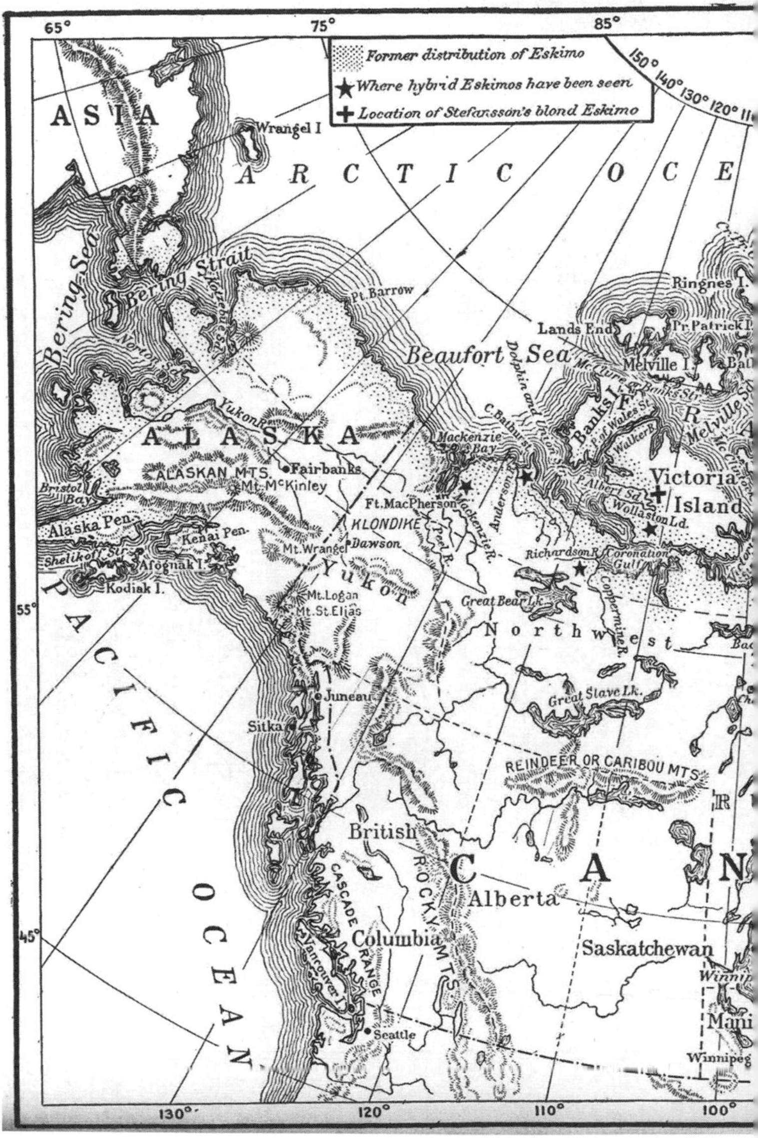

編注：左上角圖例：▒表愛斯基摩人原先的分布地區。★表示發現混血愛斯基摩人的地點。✚為斯蒂芬森的金髮愛斯基摩人所在地。

出顯著的「天然多樣性」。

傑尼斯對斯蒂芬森的這個批判也隱含地批判了整個人種科學研究。有近一個世紀的時間，人種科學家都用混血（即入侵人口和土著的通婚）來解釋那些會給他們製造麻煩的人體數據，以這種方式打發掉那些不符合他們心目中標準人種類型的身高、頭髮顏色或頭顱指數。如果一個土著的頭骨太大、膚色太淺、鼻子太高挺，都一律會被他們說成是與外來入侵者通婚的結果。傑尼斯原則上不反對有標準形態的人種類型，但不相信他們實際存在，至少是不相信他們存在於愛斯基摩人中間。傑尼斯認為，不管加拿大的北極地區有多麼與世隔絕和苦寒，「我們都不應該先入為主地假定，愛斯基摩人會是一個絕對純正的人種。這裡所謂的『純正』是指他們第一次從其他人類分開來和發展出自己獨有的特徵之後，便嚴格保存著這些特徵，不曾再跟其他人種有過混合。」10

不過，斯蒂芬森的猜想所面臨的這些難題無一能減低大眾對金髮愛斯基摩人的興趣，也沒有讓那些進入了世界僅存偏遠地區尋找「迷失部落」的探險家知所提高警惕——在一個全世界都有人類學新發現蹦出來的時代，傑尼斯的慎思明辨批判基本上無人理會。這之前，人類學的「未知地帶」*的心臟一直是非洲——這個大洲自古希臘時代起便和一些怪異人種的傳說綁在一起。但到了二十世紀初期，南美洲和中美洲內陸也變成了人類學家一個深感興趣的所在。這部分是因為這地區崎嶇而炎熱，難以從沿岸城市到達。另外也是因為，隨著巴拿馬運河的開通和西方水果及橡膠公司的插足，中、南美洲變得攸關西方的商業利益。就這樣，在史坦利橫跨非洲的五十年後，探險家在這裡找到了美洲版本的甘巴拉嘎拉人故事。

旅遊作家維里爾不具有斯蒂芬森的深厚人類學背景，但他到過拉丁美洲許多地區探險，把經驗寫成旅遊指南，供那些要動身前往南方的觀光客、商人和外交官參考。這些行腳讓維里爾接觸到很多相信有迷路部落存在的人。他在一九二四年指出，除探險家以外，印第安人中間也普遍相信有白色部落存在於美洲：「從巴西到墨西哥，不管你是人在圭亞那、委內瑞拉、哥倫比亞、巴拿馬還是中美洲，都會從土著和印第安人聽到無數『白皮膚印第安人』的故事。他們被認為古怪而野蠻，躲在內陸的巨大叢林或連綿不斷的山脈裡。」他自己在圭亞那的德默拉拉河也有過奇遇。在「大瀑布」參觀地方節慶時，一個走入圍成一圈跳舞者之中的老翁引起他的注意。據維里爾在〈狩獵白皮膚印第安人〉一文形容，這個老翁「頭髮灰白，笑嘻嘻的臉上蓄著散亂的灰白色鬍鬚，而他的皮膚竟是……白色。這皮膚沒有一丁點棕色、銅色或黃色色澤。他完全就像一個曬黑的歐洲人，雙頰就像任何英國男人那樣，是嫣紅色。」[11]和老翁談過話之後，維里爾得知他是住在德默拉拉河和伯比斯河之間一個村子。後來，維里爾溯德默拉拉河而上，在源頭處找到阿庫里亞斯人的村子，發現那裡的人和跳舞的老翁長得非常相似。「我由是

＊「未知地帶」（*terra incognita*）指未經探勘和測繪的地帶。

更加確信，阿庫里亞斯人是一些被遺忘的歐洲遠征隊的後代子孫。他們的祖先可能是荷蘭人或英國人，也可能是西班牙人或法國人，當年是因為在叢林裡迷路或者被切斷歸路，從此生活在一些印第安人部落之中。」[12]

另一位美國作家弗里爾從委內瑞拉帶回來一則類似故事。一九二二年，在美聯社擔任多年編輯的他前往圭亞那旅行，要對奧里諾科河不為人知的上游地帶進行探勘。驅使他這樣做的是一個「誘人和存在已久但從未被證實是真是假的傳說：上奧里諾科市附近的未知區域存在著一個『迷路白色部落』」。最終，弗里爾在奧里諾科河的支流本圖阿里河發現了「金髮」的馬奎利特人。他們有著「純白色皮膚，黃色頭髮，碧綠眼睛」。然而這個部落一共只有兩個人，而且他們父母都是較深膚色的印第安人。為解釋這種現象，弗里爾訴諸生物返祖的觀念。遺傳學這門新科學業已證明，不是所有遺傳特徵都是顯性。一些遺傳特徵會保持休眠狀態或被更主要的特徵掩蓋。弗里爾認為，兩個白皮膚印第安人的膚色表明，他們的遠祖是歐洲白種人，而且八成是兩百年前西班牙駐軍的後代。「雖然要拋棄一個那麼浪漫的虛構誠屬可惜，但還是非這樣做不可。」一九二四年，他把這次探險經過寫成《七星之河：尋找奧里諾科河的白皮膚印第安人》。[13]

雖然說這些目擊證人有可能是因為太想滿足本國聽眾的渴望而眼花，他們的可靠性卻在一九二五年得到了探險家暨地理學家賴斯的背書。一九〇四年在哈佛大學取得醫學學位後，賴斯改為追求地理大發現，把探索重點放在未被測繪的河流。在巴西北部測繪帕里馬河時，賴斯和他的飛行員欣頓回報說他們看見了「白皮膚印第安人」。他在回國後告訴《紐約時報》記者，那些白皮膚印第安人「就像美洲虎那樣在樹與樹之間穿進穿出，不會發出任何聲音，也不會引起樹葉的沙沙聲。」[14]

白皮膚印第安人的蹤跡不只見於美洲的熱帶地區。一九三〇年，聖卡塔利娜島*一家博物館的館長格萊登說他找到證據可以證明，曾有一個身材巨大的史前白皮膚印第安人人種住在聖卡塔利娜島。他猜測，這些印第安人是在遠古從巴拿馬遷徙過來。[15]

不過，最著名的一次異人種相遇是發生在一九二三年，即斯蒂芬森發現金髮愛斯基摩人的十年後。當時，在巴拿馬地峽為橡膠種植園選址的美國企業家馬什聲稱他看見了「白皮膚印第安人」。雖然觀察力和對原住民的知識都不及斯蒂芬森，但馬什的經歷和斯蒂芬森多有相似之處。據他所述，有一天經過偏遠村莊亞維薩時，他看見三個身上除了纏腰布以外一絲不掛的土著女孩走過一片狹窄的林中空地。「她們幾乎赤裸的身體白皙得不亞於任何斯堪的納維亞人。她們的長髮鬆垂在肩膊上，燦爛金黃！」[16]亞維薩的村民告訴馬什，白皮膚印第安人的聚落位於丘庫納克河源頭。就像斯蒂芬森一樣，馬什憑本能得知這是一個有吸引力的故事和讓自己揚

*位於美國加州近海。

名的機會，於是計劃下次再赴巴拿馬為種植園選址時順道進行科學研究，一探白皮膚印第安人的家園。

他在同年稍後重回巴拿馬，這一次帶著一個報社記者和幾位專家，包括史密森尼學會的民族學家貝爾、羅徹斯特大學的地質學家費爾柴爾德和紐約水族館的博物學家布里德。馬什能夠拉得到這些科學界人士同行，更多是因為他有能力讓他們深入偏遠地區而不是他的故事讓他們心動。史密森尼學會的人類學首席霍夫不太相信真有白皮膚印第安人其事，也對馬什本人沒有太多好感（他形容馬什是「為財富而戰的士兵」）。不過，霍夫還是支持遠征計畫——因為此舉可以讓史密森尼學會的人員得以進入巴拿馬的雨林（「我們的博物館幾乎沒有這方面的標本。」）幾個隨隊專家在一九二三年十二月齊集紐約市，啟航前往科隆。

有兩個月時間，遠征隊都是在亞維薩村附近拍攝猴子、搜集青蛙和測量頭骨，然後才向丘庫納克河的源頭挺進。這之前，他們遇到的大部分人都是棕色皮膚。三月，在當地嚮導帶路下，一行二十四人分乘六艘獨木舟上路。即使是靠小獨木舟，在丘庫納克河航行仍大不容易。寬闊的河面布滿大量傾倒的樹木，常常需要動用炸藥炸出通道。河水有時又會突然暴漲，差點把獨木舟捲走。不久，遠征隊的美國人和巴拿馬人成員紛紛染上傷寒和瘧疾（還有一個得了盲腸炎），體力大為削弱。途中，本來就患有慢性腎臟病的貝爾更因為蟲咬引發感染，一命嗚呼。

遠征隊眼見就要分崩離析之際，終於找到馬什一年前匆匆瞥見過的「白皮膚印第安人」。到達小鎮阿歷甘迪之後，馬什寫道：「我們在街道上看見更多的白皮膚印第安人——有時還看見一整家子。」回到美國之後，馬什的遠征故事給人的感覺更像是冒險小說而不像科學遠征。史密森尼學會的人類學組組長赫爾德利奇卡對失去一位能幹下屬感到難過，又對馬什廢話連篇的報告感到感冒。他一甩雙手說道：「整件事情讓我反胃。」[17]

但馬什手上還有牌可打。離開巴拿馬之前，他安排了一批庫納人*同行，主要是兩個淺髮色、碧眼珠和「皮膚白嫩」的男孩和一個叫瑪格麗塔的妙齡少女。除此以外還有一些深膚色的庫納人，包括瑪格麗塔的父母。金頭髮和淺膚色的瑪格麗塔竟會是皮膚黝黑父母所生這一點引發一個疑問：她（還有其他白皮膚印第安人）到底是人種基因還是白化病的產物？事實上，除了在阿歷甘迪以外，整個巴拿馬到處都零星看得見白皮膚的土著，顯示他們更有可能是白化病患者。《每日明星先驅報》所持的立場：它主張馬什帶在身邊的只是幾個白化病患者，沒有多少科學價值。馬什不以為然，這樣捍衛自己的主張：「我絕對相信他們是古代舊石器時代人種的後代。大概一萬五千年前，從這個人種分化出第一批北歐人。」[18]

當馬什乘坐的「墨魚號」一九二四年七月六日開進紐約市港口時，接船的記者和攝影師人

---

*庫納人應該就是馬什在阿歷甘迪找到的「白皮膚印第安人」。

山人海。接下來幾天，記者報導了白皮膚印第安人參觀動物園和美國自然史博物館的經過。美國自然史博物館的人類學家威斯勒給幾個庫納人做了檢查，結論是他們並非自成一個人種，而是表現出白化病的許多特徵。馬什沒有氣餒，把庫納人帶到英國科學促進會在多倫多舉行的年會亮相，又把他們帶給另一些人類學家和遺傳學家檢查。但檢查結論和原來一樣：這些白皮膚印第安人顯示出白化病的病徵。這時，馬什已多少修復他和赫爾德利奇卡的嫌隙，於是便把幾個印第安人帶給史密森尼學會的人進行進一步檢驗。這一次，他終於得償所願。語言學家哈靈頓和沃根尼茲斷定，庫納語的詞彙和北歐語言有相似之處。雖然這些相似相當表面，但還是足以讓馬什向報界誇口表示：「那是純粹的雅利安語言，語法上最接近梵語。」之後，馬什把幾個庫納人帶回巴拿馬，讓許多人（包括赫爾德利奇卡在內）為之鬆一口氣。[19]

在一九二〇年代，由這一類發現引發的爭論集中在生理和起源的問題，例如：土著的白皮膚是歐洲血統的直接產物，還是說可以溯源至遠古的歐洲人祖先？另一個問題是，這些白皮膚印第安人是不是只是患了基因性白化病或者只是環境的影響導致？但在這些事件發生的當時，有關白皮膚愛斯基摩人或印第安人存在的傳聞已經在西方流傳了幾百年（這是探險家自己在一九二〇年代就指出過的），所以，真正讓人驚訝的是，為什麼這一類「發現」會剛好在這個時候同時大量湧現，範圍涵蓋北極以至熱帶。

斯蒂芬森和馬什等人的報告都不太提人種遷徙理論。由此顯示，發現白色部落個案的大量增加不能完全用人種理論的崛起和人類學遠征範圍的擴大來解釋。在在看來，有白皮膚土著存在的想法觸動了西方人當時的一種心緒。有證據表明，它反映的不只是某種理論的當時得令，還是一種思維方式的改變。這證據不是來自科學或探險活動，而是來自文學。

第十五章 文學想像力裡的部落

哈葛德的《所羅門王寶藏》在一八八五年甫一出版便熱賣，第一個月賣出五千冊，第一年賣出三萬一千冊，最終再版十八次，共賣出幾十萬冊。接著出版的兩個續篇——《夸特梅因》和《她》——也是一樣暢銷。三部小說都是有關發現非洲內陸一個迷路的文明。加在一起，它們創造出一種冒險小說的新文類：迷路部落文學。接下來幾十年，這種新文類將會在大眾文學市場引領風騷。它們的中心主題都是發現一些迷路的部落，而這些部落又往往是遠古白皮膚人種的後代。[1]

哈葛德之類的小說家等於是填補了探險家、語言學家和考古學家所留下的空白。環繞含族遷徙和雅利安人入侵的爭論在學術刊物持續了半個世紀，給人一種白色部落僅僅是科學研究對象的印象。《所羅門王寶藏》和其他同類型作品的暢銷證明了這是個錯誤印象。它們會取得成功，是因為可以引起讀者共鳴，以思想實驗的方式探討了「白色」的本質特徵。

哈葛德是個高個子，有著藍眼睛和蒼白膚色，在南非開普敦待過。他在十九歲那年會願意

哈葛德。來源：1915 sketch by M. Strang.

到納塔爾殖民地當新任總督的副官，不是因為熱愛冒險，而是沒有其他選擇。上學對他是災難一場：他承認自己「在念書方面是個笨蛋」。他在倫敦的會考成績極其淒慘，讓父親忍不住大發脾氣，說他「只是個菜販的料」。投考皇家陸軍落榜後，他轉而尋找其他出路。剛好，他父親一個朋友這時當上納塔爾殖民地的總督，答應提拔這個子姪。一八七五年，哈葛德經過六周海上航行後到達非洲，在列強爭奪非洲的戲碼中扮演跑龍套角色。雖然長官對他的前程並不看好，但他在寫回家的信中表示對新環境感到樂觀。不久便會離任的新總督形容自己這位新副官是「軟弱和遲鈍的寫照」。[2]

然而，非洲喚醒了哈葛德內心一些隱

藏的東西。納塔爾充滿奇觀，包括波光粼粼的大河流、激烈雷暴和「像火焰蛇般悄悄爬過草原的」草原大火。[3]就像大部分第一次遇到非洲人的歐洲人那樣，文化差異讓哈葛德目瞪口呆。祖魯人又怪異又引人入勝。他把觀看巫醫主持儀式和跳戰舞，稱之為「我看過最奇怪和野蠻的景象」。不過，土著的風俗習慣卻讓他開始反省歐洲人的風俗習慣，例如，為什麼娶一個以上的太太就是不道德？他指出，大多數歐洲男人都會在納塔爾棚戶區養個黑人情婦。他繼續相信英國文明的優越性，也認為英國「開化」非洲的目標值得肯定（哪怕這種努力是以加特林機槍為後盾）。然而他也欣賞祖魯文化。他最欣賞的是那些「土著化」但又不失自己本色的英國人，例如謝普斯通——這位土著事務大臣為了消弭戰爭而答應當祖魯人的王。雖然他當時還無法把自己這種思想感情說清楚，但非洲對他來說已不只是一個地理前沿，還是一個心理前沿。

哈葛德在非洲成了婚。一八八〇年代初期，川斯瓦爆發戰爭，讓他不想再待在非洲。回到英國後，他進入法學院就讀，畢業後成為律師。他也開始寫作，第一部作品《塞提瓦約和他的白人鄰居》（一八八二）是為英國的殖民政策辯護。之後，他改變創作路線，寫了《黎明》和《女巫頭》兩部小說。接著，因為對史蒂文森的《金銀島》欽佩不已，他決定試試身手，創作冒險小說（當時人稱為「傳奇」）。因為已經是兩個女兒的父親，加上有法庭的案子要研究，他只抽得出零碎時間寫作：大部分是晚上坐在飯廳的寫字檯進行。儘管有這些障礙存在，他還是在六星期內便寫出自己人生第一部冒險小說。小說取名《所羅門王寶藏》，以連載方式發表。[4]

三個主角都是英國人：一個是貴族，一個是海軍軍官，一個是象牙獵人。故事講述三人為了尋找貴族失蹤多年的弟弟，跋涉穿過非洲南部的沙漠。途中，他們無意中得到了一幅古老地圖（地圖是「三個世紀前由一個快死和半發瘋的人畫在亞麻布碎塊上」）。按照地圖指引，他們去到住著淺膚色庫庫安納人的村莊。這些村莊位於一系列山脈深處，其中最高兩座山高四千五百公尺，山峰終年積雪，繚繞著「奇怪的雲和霧」。庫庫安納人住在古代遺址星羅棋布的村莊，飽受國王圖瓦拉和古老乾癟女巫加古爾的暴虐統治。在三個英國人的領導下，庫庫安納人起而反抗（哈葛德對這場起義戰爭的描寫極盡血腥之能事），最終把圖瓦拉和加古爾擊敗。繼而三位主角在所羅門王的寶藏找到大批鑽石，滿載而歸，出山途中又找到了貴族的失蹤弟弟。[5]

在接受採訪時，哈葛德刻意淡化非洲一些近期發現所帶給他的靈感。「我一輩子都有豎起耳朵的習慣，我在旅居非洲期間雖然聽過這方面的謠言，但它們充其量只是模模糊糊。」他確實沒有到過「大辛巴威」，從未看過被毛奇興高采烈判定為所羅門王工事的那些錯綜複雜花崗岩石牆。不過，既然他在納塔爾殖民地待過，想要聽不見眾人大談毛奇和「大辛巴威」就是難之又難。當他一八七五年抵達那裡的時候，幾乎是和毛奇錯身而過。而且，川斯瓦的最新地圖上就印有「大辛巴威」的圖片。不過，在他的小說裡，哈葛德小心翼翼把這種影射減到最低。雖然書名作《所羅門王寶藏》，但作者對最先定居在庫庫安納的外來者的身分始終不置一詞。寶藏的通道裡固然是刻著一些埃及銘文，但寶物箱上卻是蝕刻著希伯來文字。守衛寶藏入口的

《所羅門王寶藏》的插圖。來源：Watkinson Library, Trinity College, Hartford, Connecticut.

石頭巨像看來是由「管理寶藏的腓尼基官員設計」。當三個英國冒險家去到庫庫安納的時候，古代的殖民者早已不知所終，但他們是些什麼人卻明明白白透露在邪惡的圖瓦拉口中：「他們是你們之前的另一批白人。」[6]

《所羅門王寶藏》也是建立在史坦利的發現之上。雖然虛構的庫庫安納地點離「大辛巴威」不遠，但它的地形地貌要更像甘巴拉嘎拉山：一個由四千五百公尺和終年積雪高山屏蔽的所在。「大辛巴威」附近沒有這樣的高山，最高一座山峰只有兩千六百公尺。要找到四千五百公尺的高山必須更往北行，一直去到東非的魯文佐里山脈才看得到。《所羅門王寶藏》還在其他方面受史坦利的影響。書中的敘事者是夸特梅因，而他就像史坦利在《穿過黑暗大陸》裡的手法一樣，敘事過程中一再插入探險日誌的片段。對抗圖瓦拉的血淋淋大戰也會讓人想起史坦利與伯林貝人發生在維多利亞湖的血腥戰鬥。[7]

「迷路白色部落」在《所羅門王寶藏》裡只是一個背景，但它在哈葛德接下來兩部「傳奇」（《夸特梅因》和《她》）裡卻成了核心元素。《所羅門王寶藏》裡的英國冒險家三人組在《夸特梅因》再次會合，這一次是前往非洲一個叫文迪什的地表下世界探險。在那裡，他們找到一個由農業、騎士傳統和自由戀愛共同架構的白種人封建社會。在《她》裡，三人組發現了一個迷路的非洲文明，其統治者是殘忍而美麗的波斯公主艾爾莎，她靠著魔法和恐怖手段統治了自己的人民兩千年。這三部傳奇寫於一八八五年一月和一八八六年三月的「白色熱」[8]期間，銷路之佳遠超過哈葛德所能想像。他創作《所羅門王寶藏》的原意是「設法為小孩子寫一本書」，但事實證明它吸引到的讀者群遠遠不只是小孩。

小說的暢銷多少和哈葛德的寫作技巧有關。他把維多利亞時代傳奇的各種常見元素（冒險，奇幻人物和地點，帶有性張力的愛情）和牽強的橋段共冶一爐（發現古老地圖的橋段是直接抄自《金銀島》）。在這之外，他又加入了一些自己的非洲經驗。從這種融合產生出一些非同尋常的角色，一個例子是美麗而心狠手辣的艾爾莎。她嘲笑民主制度而鼓吹「適者生存」的道理，與傳統的女性形象大相逕庭。「弱者必然滅亡，世界是屬於強者……我們的食物是從挨餓嬰兒的嘴巴搶來，這是世界運行的法則。」戈斯爵士在信中告訴哈葛德：「我不認為我有讀過比《她》第二七一頁至三〇六頁更讓人驚悚的東西。它是無可超越的。」史蒂文森也寫信給哈葛德，稱讚他擁有「優美怪誕的想像力」。[9]

但「優美怪誕的想像力」不足以掩蓋哈葛德小說的弱點。他的三部曲都是以高速度生產出來，而它們的大獲成功讓他相信，「快」是一種美德。他的寫作因此變得馬虎，有時還會流於公式化。他大多數稿子都是一揮而就，不作修改。史蒂文森提醒他：「你下筆應該更加謹慎。你一直很善於給自己出毛病。」[10]但哈葛德不為所動。英國評論家對他的批評更加嚴厲，在倫敦的報紙上把他狠狠修理了一番。然而，他的小說還是大賣，這是因為他把他的故事連結於公眾最感興趣的課題：非洲的殖民征服、尋寶和（這是最重要的）失落的文明。

在當時，失落的文明已經風靡西方社會。《希伯來聖經》中那十個失蹤的以色列部落一直被人拿來解釋某些原住民何以存在。到了十八和十九世紀，因為探險步伐的加快，加上有新的和世俗性的人類起源理論出現，導致了一個又一個「失落文明」被發現，絡繹不絕。除了史坦利和斯蒂芬森等人所發現的白皮膚原住民以外，考古學家也挖掘出一個又一個古代大城市。在毛奇和皮特里把非洲古文明的遺物帶回西方的同時，其他探險家亦在瑪雅（一八三九）、吳哥窟（一八五八）和特洛伊（一八七一）大有斬獲。事實上，大眾對失落古文明的興趣甚至用不著出土遺址或古物來推波助瀾。例如，唐納利的《亞特蘭提斯：大洪水前的世界》（一八八二）照樣讓傳說中的亞特蘭提斯文明重新走紅。

除這些新發現的古文明之外，同樣引起矚目的還有一些更古老、來自史前黑暗深處的骨骼和文物。一八五六年，一批骨頭厚重和粗眉脊的原始人骨骸在德意志的尼安德谷出土，揭開了尼安德塔人之謎的序幕。接著，一些法國鐵路工人一八六八年在克羅馬儂的石窟挖到一批年代較晚的骨骸。幾年後，古生物學家拉代在克羅馬儂遺址又挖出五副骨架（結構與現代人類類似）、紅色赭石、貝殼項鍊和史前動物骨骼。這些發現讓探險家們和各個地理學會大為振奮，不必繼續因為世界地圖上的空白之處愈來愈少而沮喪。「未知地帶」固然就像春天草原上的雪那樣快速融化，但其他形式的發現（考古學和古生物學方面的發現）卻在雪融之處欣欣向榮。所以，哪怕地理發現已經達到頂峰，探險家仍繼續向世界的荒涼地帶出擊——但不再是為了測繪山脈和河流，而是為了發現未知的族群、挖掘文物和盜墓。他們要搜尋的不再是新的土地，而是人類歷史的痕跡。[11]

這些人類學和考古學發現愈來愈多是以演化論作為架構。雖然正如前面提過，《物種起源》避談智人演化的問題，但任何明眼人都看得出來，它可以被用於解釋人類的過去。所以，新發現的古城乃至古人類化石都迅速被放入一個演化的序列中，用達爾文主義的兩大驅動引擎（競爭和征服）來解釋它們的進步和滅絕。這些解釋的使用範圍沒有局限在過去。天擇原理也被人用來解釋工業化時代：強者為什麼會勝過弱者、聰明人為什麼會勝過愚魯人、勤奮者為什麼會勝過懶惰蟲。「社會達爾文主義」成了卡內基一類產業巨頭的寵兒，另外的人則用它來解釋歐洲人為什麼能夠征服非洲和亞洲。人類的歷史愈來愈被看成是一個演化、滅絕和征服的過程。

所以，《她》真正讓讀者感到驚悚的不是艾爾莎的一番「適者生存」言論（這一類言論早被尼采和斯賓塞以別的方式說過），而是這一次扮演尼采所說的「超人」角色的竟是一個女人，竟是一個穿豹皮的波斯公主。不過，艾爾莎不是表達這種人類演化和人種演化觀念的唯一載具。它們遍布在哈葛德的小說和後來幾千個向他效顰的失落部落故事裡。英美作家固然執此種新文類的牛耳，但其他國家的效尤者並不乏人，其中包括法國的凡爾納和俄國的奧勃魯采夫。第一次世界大戰之前幾年，德國通俗小說雜誌《童子軍克拉夫特》刊登過數以十計的迷路部落故事，而它只是許多同類型通俗小說雜誌之一。12

這些虛構作品的題材不盡相同，要傳達的訊息亦不盡相同。故事中被歐洲冒險家發現的部落有時是尼安德塔人後代，有時是古埃及人後代，有時是羅馬軍團後代，有時是中世紀十字軍後代，有時是失蹤探險隊隊員後代。在一些小說中，迷路部落會因為與世隔絕而保留著一些看來正在現代世界消失的傳統美德（例如騎士精神和宗教虔誠）。但在另一些小說中，與世隔絕所帶來的卻是文化和生理上的「走樣」。例如，在艾爾莎的專制統治下，她的追隨者奉行著各種各樣的禁忌習俗（食人肉、同性戀和姦屍等）。這一類情節走出了傳統小說的邊界，讓大部分讀者深惡痛絕又被吸引。就連威爾斯廣被認為是現代科幻小說鼻祖的《時間機器》（一八九五）一樣未能免俗，觸及人類進化和文化走樣的主題，想像人類物種在未來分支為不同的變種。[13]

講述土著美德和惡習的故事長久以來都被用作評斷歐洲文化的論據。在蒙田和盧梭開創的「高貴野蠻人」文學傳統裡，新發現的原住民（如美洲印第安人和太平洋島民）被認為可以對照出歐洲社會的頹廢。在這一類作家的作品裡，原住民明顯有很多歐洲人應該學習之處。他們一樣有著歐洲人的理性和道德感情，卻被身處的環境塑造成不同於歐洲人。高貴野蠻人的故事孕育出洛克的哲學。在一六九〇年出版的《人類理解論》中，他主張每個人剛生下來的時候都是一個空的容器或一塊「白板」。換一個現代的比喻來說，幼兒的心靈就像未格式化的硬碟，有待數據和指令的輸入才會形成具體的形構。這是一種激進觀點，跟一直以來支持奴隸制度和君主制度那一套格格不入。國王、貴族和種植園主習慣按出身區別群體：有些人生而擁有神聖權利，有些人生而受到詛咒。在洛克的激進觀念催化下，一場風暴席捲西方世界，帶來了法國、美國和一些南美洲國家的獨立宣言。它們的憲法宣稱，人人生而平等，有著一樣的能力和權利。不過，從這些聲明並不適用於女人、非洲人、印度人和其他混種人群，顯示它們充滿局限性。它們包含的觀念固然可以攻陷巴士底監獄，卻不足以推倒種植園。

總之，哈葛德一類的作家雖然是生活在一個權利和選舉權擴大的時代，卻仍然相信人類差異性（特別是人種差異性）是千真萬確和非常重要。就因為這樣，十九世紀晚期的「迷路部落」文類給人的感覺非常不同於之前的「高貴野蠻人」文類。在盧梭看來，大溪地人和歐洲人多多少少一樣，不同之處只在於少穿一些衣服和多些機會接觸海灘。因為這樣，他們是研究人類社會在自然狀態會是什麼樣子的絕佳對象。但十九世紀晚期的西方人卻認定其他人種截然不同於歐洲人，也因此不認為黃褐色皮膚的野蠻人有什麼可供偉大的歐洲文明借鏡。

這大概就是為什麼每有一個白色部落被發現，都會引起大眾和科學家矚目。在以前，失落部落總是一個歐洲人用來自我對照和自我反省的機會。生活貼近大自然的太平洋島民曾經讓歐洲人神往，被他們借用來批判歐洲文明的造作、不自然和頹廢。但到了人種科學的時代，因為人種差異被看成重大差異（有時甚至被當成物種差異），太平洋島民或尼格利陀人已經沒有什麼參考價值。更有對照性的是與西方人屬於同一血統的野蠻人——他們雖然早與西方文明失去聯繫，但仍然與西方人有著同一人種祖先。

這解釋了為什麼維多利亞時代小說家那麼愛寫迷路的歐洲人和迷路的地中海人——這兩類小說的出現頻率遠高於以其他人群為對象的作品。以非洲一個地中海人殖民地為背景的《所羅門王寶藏》是這股風潮的催化劑。克爾就是在這小說引起轟動之際登門採訪史坦利，詢問他關於「甘巴拉嘎拉山白色部落」的事情。同一年稍後，克爾創作出自己的「迷路部落」傳奇，書名作《在白色非洲人中間迷路》。這小說以史坦利為主角，想像他在兩個少年的陪伴下，探索剛果東部的阿魯維米河的經過。探險過程中，他們發現了菲達索拉人（Fidaserra）：這群人（名字衍生自「山的女兒」〔Filha de Serra〕）是第一批到東非屯墾的葡萄牙人的後裔，但在經歷幾百年的演變後，他們逐漸拋棄原有的歐洲習俗和衣著，採納了其他非洲部落的很多生活方式。在一八八〇年和一九二〇年之間，有數以百計的長、短篇冒險小說在英國出版，其中八成都是講述發現白色部落的經過。被寫入小說的探險家除了史坦利和毛奇，還有其他「白色部落」的發現者，包括斯蒂芬森、馬什和巴徹勒。

哈葛德和追隨他的寫作大軍並不是完全自創新猷。白色部落文類帶有兩個早前文學傳統的特徵。一個傳統是十九世紀初期的「白人被俘虜」文類，專門以被印第安人綁架的白人屯墾者為主角；另一個傳統是「白人土著化」文類，其源頭可追溯至中世紀的「野人」故事。*雖然這兩個傳統都有幾百年歷史，但它們在工業化時代的重新熱門卻是帶著新的緊迫性。固然，很多這一類作品都是人種優越感的產物，是要表現白人在人種競賽中比被他們征服和殖民的民族優越。然而，在這個過程中，對工業化時代大加撻伐的作者亦與日俱增：他們相信，「進步」所帶來的只是工人階級的非人化、有產階級的委靡不振和人類賴以安身立命的自然環境大受破壞。

小說家用來探討這個問題的方法是把筆下的白人角色抽離於文明，讓他們充當遠離歐洲大城市的探險家，或是充當得接受高山、叢林、地下洞窟或冰川挑戰的屯墾者。在一個愈來愈相信歷史是由生物因素而非環境因素決定的時代，這些廉價小說承擔著重責大任。它們全都有著冒險故事的外衣，但無不帶有嚴肅動機：探索人類文化和人類天性的接壤處。

在巴勒斯一類的作家看來，與大自然的野性對抗有助於矯正工業化世界的閹割性影響力。巴勒斯筆下的泰山——年輕的格雷斯托克爵士——自小父母雙亡，由非洲猿類養大。但雖然是生活在非洲叢林的無情世界，他長大後繼續保有高智商、端正品格和道德良知。另一方面，因為是生活在野蠻世界，他也培養出比其他歐洲白人強得多的體力和敏捷身手。繼一九一二年的《人猿泰山》打響第一炮之後，巴勒斯又寫出一系列續篇，讓泰山當上探險家（但繼續是以攀著藤蔓盪來盪去代步），發現了一個又一個迷路白色部落——包括剛果的亞特蘭提斯人殖民地和不列顛十字軍在肯亞建立的「聖墳山谷」。在這些異想天開情節下面藏著一個嚴肅問題：如果一個英國人沒有了花呢絨西裝、槍和牛津大學學位，並且被丟到非洲人中間，他會變成什麼樣子？

答案見仁見智。在巴勒斯一類的冒險故事作家看來，剝落文明的外衣可以顯露人種的真正本色，所以他們筆下的土著化白人都從生活在荒野獲益。反觀康拉德在小說《黑暗之心》裡提

＊「野人」（the Wildman），見於中世紀歐洲藝術和文學作品中的神話人物，全身長毛和過著野獸般的生活。

供的卻是一幅暗淡得多的畫面。書中的敘事者馬洛也是沿著大河（一般認為是剛果河）溯流而上，但他在旅程終點找到的不是一個白色部落而是一個男人：庫爾茲先生。就像其他維多利亞時代小說的「土著化」主角那樣，庫爾茲的智商和能力都高於常人。他的高智商讓他把非洲土著部落收服，確保有源源不斷的象牙可以從上游運至下游的貿易站。公司其他幹部對他又是佩服，又是嫉妒。

但庫爾茲一樣是迷失者。他知道自己人在哪裡，但不知道自己是誰。他已經擺脫文明世界的道德羈絆，但又看不見向前走的道路。《黑暗之心》沒有任何《所羅門王寶藏》的奇幻元素，但創造出一個細節豐富卻又缺乏實感的世界。它的敘事介乎故事與寓言之間，充滿沉思默想和不祥氣氛，就像敘事者不確定自己是在憶述一趟冒險還是一個噩夢。「我覺得自己是設法向你敘述一個夢境，但又白費心機。因為任何敘述都無法道出夢的氛圍：那種荒謬、驚訝和困惑同時襲來，還有那種必須在戰慄中苦苦掙扎的感覺，都是無可名狀。被什麼不可思議的東西攫住——這種感覺正是夢的本質。」14

在康拉德的故事裡，歐洲人和非洲人的分別不再顯著，文明和野蠻的分別亦不再顯著。倫敦的一切（包括它的商店、咖啡館和堂皇宅邸）全是用來掩蓋人類處境黑暗真相裡的一層稀薄外衣，而這真相在非洲的心臟地區顯露無遺。雖然我們可以把《黑暗之心》理解為一個對殖民主義的政治批判（康拉德無疑一定有此意），但它更讓人惴惴不安的卻是它的心理學面向。與始終保持歐洲人人種本色的愉快泰山不同，康拉德筆下的角色在在提醒讀者，環境對人的形塑力量鋪天蓋地。

哈葛德的小說雖然流於公式化，但它們卻比高爾頓的統計學研究和皮特里的考古學研究容易親近，可以讓更多人直面人性和人種遺產的基本問題。要是哈葛德小說的場景當初是直接擷取自毛奇對「大辛巴威」或史坦利對甘巴拉嘎拉山的報告，那它們一定會比這些報告更快被人信以為真。一八八七年，報章在報導色貝爾帕夏發現了中非洲存在白色部落的消息：「在薩卡拉和本比埃，奴隸國度的核心地區，有和歐洲人一樣白的部落，其人擁有又直又絲滑的頭髮。」這報導聲稱此一發現讓《夸特梅因》「獲得了最不尋常的證實」。15

哈葛德小說的風行地並沒有只局限於歐洲。它們在南非是那麼受歡迎，乃至南非白人開始把一些見於哈葛德小說的祖魯語語句納入日常對話。一九二〇年代後期，朗文出版社把《所羅門王寶藏》三部曲先後翻譯為斯瓦希里語、祖魯語和索托語，最終又出版了科薩語的譯本。幾個南非荷蘭語（即南非語）的譯本在一九三〇年代相繼推出。一九五六年在迦納進行的一項讀者調查顯示，哈葛德是最受歡迎作家排行榜的第三名（瑪麗・科爾利和莎士比亞分居一、二位，狄更斯排第四）。在非洲，哈葛德的冒險小說也成為了韋斯特設計的英語學習新方法的讀物（這方法在一九二〇年代至一九五〇年代之間被用於訓練大英帝國所有國家的學生）。非洲小說家阿切貝知道哈葛德的作品有多麼家喻戶曉，特別讓自己筆下那個極擅長蠱惑人心的部長南加*擁有兩本哈葛德小說，一本是《她》，一本是《艾爾莎：她的復返》。[16]

雖然哈葛德和巴勒斯的共通處要大於他和康拉德之間，但如果仔細閱讀他的小說，我們會發現它們雖然以創造鬧哄哄的冒險故事為出發點，但同樣是心理小說，其中的白人主角常常會被冒險的暴力和快感沖昏了頭。在這方面，它們呼應了史蒂文森的《化身博士》。†《化身博士》出版於一八八五年，哈葛德（當時他正在創作自己的早期作品）讀過之後表示此書「足以讓人毛骨悚然」[17]。史蒂文森清楚道出人類心靈的雙重性：既有意識層面的渴望，也有潛意識層面的渴望。哈葛德的冒險小說一樣有這個方面：不管是所羅門王的寶藏還是「她」的城市，都是他用來自我檢視的方法，以此解剖同時存在於自己身上的兩個面向——文明與野蠻——的基本緊張性。事實上，哈葛德筆下的角色總是走在文明和自己本性之間的鋼索上。正是這個向內觀照的方面，讓白色部落小說備受維也納那些致力測繪未知心靈領域的專家青睞。

---

*南加（M. A. Nanga），是小說《人民的僕人》裡的主要角色。

†《化身博士》的主角平常是個溫文儒雅的紳士，但喝了自己發明的藥水後卻會化身為邪惡的海德先生，四處作惡。

第十六章 白色心靈

佛洛伊德愛讀哈葛德的小說。但讓這位維也納心理學家著迷的不是小說中的戰鬥、浪漫或發現寶藏情節，而是它們透露的人類深層衝動：一些不適合用其他小說形式表達的禁忌欲望。不管是探險家、巫醫還是貪婪的女祭司，哈葛德筆下的角色看來都是人類緊緊壓抑住的欲望的代言人。在庫庫安納或文迪什，當地人的所言所行都是倫敦或維也納的上流社會所不敢為之。佛洛伊德相信，這些不能說出的欲望正是他一些患有「歇斯底里」或其他病症的女病人的致病原因。他用來治療這些疾病的是一種新方法，稱為「談話療法」——日後改稱精神分析。不過，他還有其他治療手段，例如催眠、古柯鹼和哈葛德的小說。當女病人露薏絲·N向他要求讀物時，他給了她哈葛德寫的《她》。「那是一本怪書，充滿深意。」[1]

這些「深意」也將出現在佛洛伊德自己的夢中。因為從不會對夢等閒視之，他著手分析自己的夢境。這些分析後來被收入精神分析學的基礎文本《夢的解析》（一九〇〇）。在他的其中一個「哈葛德夢境」中，他看見自己和露薏絲·N在一起，正在解剖自己的骨盆（「我的夢境表達了自我分析的必要」）。然後，他夢見自己跑了起來，跑過一女孩子、一些印第安人和一些木造房屋（「出自《世界的心臟》*」），再跑過一片泥濘地和跨過一條深溝（「由哈葛德的《她》……在我裡面喚起」）。佛洛伊德認為，這個夢要傳達的是「一場冒險之旅，它把我帶到一個未被發現的國度，一個幾乎沒有人類腳跡的地方。」

以《她》的世界為場景，佛洛伊德的「未被發現」國度是指非洲，特別是指史坦利和其他探險家不久前才探勘過的地區。不過，史坦利事實上從未踏入過沒有人類腳跡的地方，所到之處莫不是已經有非洲人定居了幾千年。哈葛德筆下的虛構人物也是一樣：夸特梅因前往尋找象牙和其他財寶之處都是早就有人居住。但佛洛伊德所謂的「沒有人類腳跡」顯然只是比喻。「未被發現」國度就是心靈的「未知地帶」，其中充滿可怕的思想和欲望，是一個難以從清醒頭腦的光明地區通往的地方。佛洛伊德稱之為「潛意識」，因為這個心靈部分和其他心靈部分完全切斷聯繫。如果說佛洛伊德是以精神分析學的史坦利自居，那「潛意識」就是他追求征服的「黑暗非洲」，是他的超心理學賴以成為可能的關鍵。

佛洛伊德會覺得非洲空無人煙，可能是因為它是一個由白人而非黑人支配的地區。非洲雖然遠離歐洲，但仍然得遵守維也納社會的規矩，而在維也納，非洲人並不存在——更精確的說是作為一個民族的非洲人並不存在。他們只是用來突出一些前景人物（探險家、小說主角或佛洛伊德自己的奧地利病人）的黑暗背景。所以，不讓人意外地，佛洛伊德對《她》的興趣完全是集中在艾爾莎一角。正如他告訴露薏絲・N的，這位波斯女祭司代表的是「永恆的陰性和我們內心深處的不道德」。非洲人（包括小說中和實際上的）會讓佛洛伊德感興趣，只是因為他認為他們有力量照明白色心靈。[2]

佛洛伊德的興趣核心是原始的觀念。這觀念歷史悠久，卻在歐洲人設法了解他們在世界各地遇到的異民族時重新獲得力量。中世紀歐洲文明的量尺是宗教。世界被區分為基督徒、異教徒和野蠻教教徒。這種分類法在十五和十六世紀歐洲人開始接觸到非一神教民族（非洲人、南亞人和美洲人）後繼續維持。這種層級結構清楚見於歐洲出版的第一幅世界地圖——奧特柳斯的《寰宇大觀》。在地圖的卷頭插圖裡，代表歐洲的女神衣衫端正地高坐在頂端，代表亞洲和非洲的異教女神站在中間一層兩旁，美洲野蠻人和食人族的女神斜坐在底部。

雖然「人種」後來取代「宗教」成為區分人類的最重要的範疇，但思想家繼續保留文明的層級架構。只不過，早期學者都認為異教和野蠻教是人類最早的一神教的「走樣」，但到了啟蒙運動晚期，這種觀點卻被顛倒過來。當時的思想家主張，最早的人類社會組織簡單且有野蠻的宗教崇拜，只有到了後來，他們其中一些（當然是指歐洲人）才取得長足進步，在文化、習俗和宗教上變得複雜精緻。

---

*《世界的心臟》是哈葛德一八九五年出版的一本小說。

《寰宇大觀》（一五九〇）的卷頭插圖。來源：Watkinson Library, Trinity College, Hartford, Connecticut.

根據這個新架構，所有人種都是沿同一條社會演化路徑移動（即從野蠻邁向文明），只是演化的速度各有不同。歐洲人在這場演化競賽中一路領先，阿拉伯人、亞洲人和印度人在後面苦苦追趕。俾格米人和尼格利陀人落後得最多，幾乎繼續在社會演化的起跑點附近原地踏步。把所謂的原始人視為活化石的態度在人類學家之間慢慢變得稀鬆平常。所以，當歐洲冒險進入非洲內陸、中亞或北極，自然會覺得自己像是從事回到過去的時間旅行。因為相信所有人類文化必然會走過相同的演化階段，他們不只把他們在異域遇到的土著視為史前人類，還認為土著坐著的位子是歐洲人幾千年前坐過。雖然也有些歐洲人從土著身上看到優異美德，但大部分人都只管用十九世紀歐洲的標準衡量事情，認定各地原住民技術落後、習俗野蠻和行為不成熟。每有一篇為土著習俗辯護的文章，便會有十幾篇文章是著墨於他們的非理性、情緒化和暴力。既然是身處一個崇拜進步的時代，當時的歐洲人會認為這些民族落後，相當於史前的野蠻歐洲人種，實不足為奇。

這個類比被證明相當有適應能力。既然非白色人種相當於白色人種的童年階段，那麼這些土著是不是也可能相當於白人小孩？畢竟，小孩表現了很多的行為：情緒缺乏、過於激動、衝動的暴力、缺乏判斷力等等，是維多利亞時代的科學家們用來描繪世界的非歐洲人民。

這一類描述在哥倫布一四九二年第一次遇到加勒比海島民之後變得稀鬆平常。把土著視為「大自然的小孩」的想法從此在歐洲人的心中根深柢固，直至十八世紀還被視為理所當然。一七六〇年，學者布羅塞有此一問：「既然這些人一輩子都活在嬰幼狀態，心智年齡從不超過四歲，那他們會腦袋糊塗有什麼值得驚訝的？」[3]

這個類比能夠歷久不衰也是因為它非常有用。隨著歐洲勢力遍及世界各大洲，「土著是小孩子」的觀念有助於形塑和合理化殖民政策。一個英國官員應該怎樣管理英國的非洲殖民地？當然是用父母對待孩子或老師對待學生的態度：堅定、親切和獨裁。他們主張，對土著講民主，後果會就像在飯桌上對小孩講民主，或像在教室裡對學生講民主。

演化論在十九世紀的崛起讓這個比喻更加複雜化。它從物種轉化的概念引伸出文明進步的概念。達爾文的著作催化這種思想轉變，讓許多學科（從植物學和考古學到人類學）煥然一新。然而，達爾文理論的一些元素（特別是天擇原理）在英國以外地方並不流行。很多熱烈擁抱演化觀念的人都不相信演化過程是隨機和任意，認定它必然有著某種方向性，會敦促物種在演化的階梯上往上爬，一如樹苗最終會長成大樹。人類一樣是在演化階梯上逐漸往上爬，通過一系列的人種階段才到達現在的最先進形式，即歐洲白人的形式。

德意志著名的演化論支持者黑克爾為這種想法加油添醋。他在一八六六年出版的《生物的一般型態》主張，每個物種在演化階梯上攀爬的整個歷程，會縮影在其個體成員的成長過程中。以人類為例，人類胚胎在形成第四周長出的腮狀細縫便是人類演化過程中魚類階段的反映。總之，「個體生成重演物種生成」（ontogeny recapitulates phylogeny）的原理適用於整個大自然。這原理日後被稱為「生物基因定律」，並在接下來幾十年被擴大應用，對社會科學（從教育理論到童年發展理論）產生極大影響。

不過，受其影響最深的是心理學。佛洛伊德接受人類演化是一個向上爬的過程，是以更先進的形式（即歐洲人形式）為目的地。他還相信，個人從小孩長大為成人的過程中，會經歷人類演化的各個階段。然後他更進一步，把這些觀念應用在人類心靈的演化，主張在感情和行為上，白人小孩在成長過程中會重演人類心靈的演化史，即重演人類心靈從最原始野蠻階段進步到雅馴的整個過程。換言之，白人小孩的心靈代表著白種人心靈還處於不發達的階段。透過把幾個類比交疊在一起，佛洛伊德讓白人小孩、成年野蠻人和史前歐洲人處於同一心靈水平。

小孩心靈的野蠻元素永遠不會消失。一個小孩即使長大為成年人，這元素繼續會保留在他的人格核心。就像人類胚胎的腮狀細縫那樣，野蠻心靈很快就會被其他結構覆蓋。但它並未因此消失，只是被掩埋在心靈大廈的底層。逐漸成熟的心靈會流露出新的特徵：同理心、理性和自省能力等等。這些都是生活在文明社會所必需，但它們不過是鋪在多稜角野蠻心靈上面的柏油路面，是阻止它的各種欲望跑出來妨礙心靈追求更高目標的方法。凡是不能被顯意識心靈接受的思想和欲望（通常是根植於犯忌的性衝動）都會被趕入地下，被趕入潛意識。佛洛伊德認為，潛意識雖然可以保護顯意識，使其免受禁忌思想的干擾，但如果它壓抑過甚，變得負荷過重，就可能會導致精神官能症。這就是他對潛意識心靈感興趣、欣賞哈葛德的小說和對原始事物、白色部落及土著化歐洲人好奇的根本原因，因為它們全都可以透露野蠻心靈的運作方式，透露出心靈這個隱藏著的核心是怎樣和顯意識既合作又鬥爭。這種緊張關係正是佛洛伊德精神分析理論的心臟。

一旦把「潛意識」和「原始心靈」掛上鉤，就可以用不同方式對它進行研究。一個方法是讓病人坐在沙發上，聽他們說話和分析他們的夢境。另一個方法是遠赴不毛之地，透過直接與土著互動了解他們的原始心靈。不過，佛洛伊德既然一輩子都樂於當個布爾喬亞階級大夫，當然不會對第二種方法感興趣。他固然有過夢中冒險，但不打算長途跋涉到充滿哈葛德奇幻色彩的環境探尋潛意識。每逢星期三到他家聚會的門人弟子對此一樣興趣缺缺。這個聚會相當重要：與會者一面喝咖啡、吃蛋糕和抽菸（佛洛伊德只抽雪茄），一面討論彼此的論文，激盪出日後締造國際精神分析運動的那些觀念。

不過，佛洛伊德卻有一個門人走了另一條渠徑：瑞士心理學家榮格為了搜尋潛意識，決定走入田野。榮格自一九〇六年開始與佛洛伊德通信，很快成為精神分析運動的要角。佛洛伊德本認為榮格會是自己的繼承人，但兩人卻在一九一二年鬧翻——主要是因為雙方對於力比多*和潛意識的看法大相逕庭。儘管如此，榮格繼續相信潛意識是心靈的核心結構，起源和功能上都相當原始。他甚至進一步主張，心靈的這個隱晦領域同時包含「個體潛意識」和「集體潛意識」，前者是個人所獨有的思想和記憶，後者則包含著整個族群自古以來的記憶和形式。他就像佛洛伊德一樣，相信歐洲人不只生而擁有原始心靈的結構，還生而擁有這種心靈的**內容**，即古代記憶的形式和符號。這一點增加了榮格前往尋找所謂的原始人的誘因，因為他們不只可以提供一個未被文明心靈結構束縛的活生生潛意識心靈模型，還可以用於觸發潛藏在他本人「集體潛意識」裡的記憶。[4]他在自傳《記憶、夢和反省》裡寫道：「看見一個小孩或一個原始人會喚起一個成年文明人的某些嚮往。這些嚮往和人格中那些被塗抹掉和未得實現的渴望及需要有關。」[5]

他顯然相信，田野工作會比待在維也納或蘇黎世研究潛意識更成果豐碩。他也漸漸相信，文明世界的所有奇蹟都會向人類靈魂索要代價。在這一點上，他道出了自己時代的心聲。這種心聲的一個代表人物是高更：為甩掉「一切造作和因循的東西」，他在一八九一年帶著畫具遠離巴黎，在大溪地度過餘生，藉由為土著生活作畫的方法遠離「文明病」。同一時期，許多美國家長因為擔心孩子染上文明病，把他們送去參加童子軍，接受山林、營火和「野蠻遊戲」的洗禮。波士頓插畫家諾爾斯把這種精神表現得最是極致：他在一九一三年脫掉所有衣服，一絲不掛走入緬因州森林，揚言要活得像「一個原始人……撇下文明，回到太古的森林」。在奧地利和德國興起的「民族運動」同樣讓年輕人急於找回已經被大城市奢華生活和人種雜交所稀釋的日耳曼人身分認同。他們很多人加入討論日耳曼神話的祕密會社或攀爬阿爾卑斯山的登山俱樂部，希望藉此找到自己所穿的亞麻布襯衫和皮短褲後面的純真雅利安人心臟。榮格寫道：「歐洲人斷然已不再相信他們是原來的歐洲人，但又不知道自己變成了什麼人。」他相信，歐洲人在人種進步的階梯上因為爬得太高，已經看不見地面。6

一九二五年，他計劃從這道階梯往下爬，前往非洲探尋原始心靈。一小群精神分析師和病人將會陪他前往肯亞，和他一起打獵，然後乘坐火車進入內陸，最後再到埃及，乘船遨遊尼羅

＊力比多（the libido），有時翻成性欲，指人接觸到性相關的事物後，身體產生的快感。

河。這支隊伍取名「布基蘇心理學遠征隊」。在蘇黎世主持完最後的討論課之後（參與者被要求分析哈葛德的小說《她》），榮格踏上征途。他對非洲的興趣和非洲人本身無多大關係。非洲人只是他達成目的的手段，是他追求個人發現的催化劑：他此行是為了理解自己心靈那些仍然處於陰影之下的部分，是要找出「我人格裡那些因為身為歐洲人而變得看不見的部分」。[7]

一九二五年，榮格一行登上德國蒸汽輪船「萬戈尼號」，航向非洲。輪船沿著蘇伊士運河而下，進入紅海。隨著離海岸愈來愈遠，榮格和他的同伴也愈來愈清醒，開始思考非洲內陸的危險。「可能會有嚴峻的困難等著我們是顯而易見的。」[8]但這些可能的困難沒有嚴重得讓他們打消主意。畢竟，榮格前往斯瓦希里的旅程不是《黑暗之心》裡的馬洛的克難蒸汽船之旅可比。「萬戈尼號」重七七六八噸，搭載兩百名乘客，設備舒適豪華。遠征隊睡頭等艙，平常可以和其他歐洲乘客交際、玩甲板遊戲和在吸菸廳閒晃（榮格抽菸斗）。到達蒙巴薩之後，榮格一行轉搭窄軌火車「瘋子特快車」前往奈洛比——這城市在一八九九年還不過是英國一個鐵路車廠，但此時已晉身為英屬東非的首府。

這些「探險家」走的是充滿前人腳跡的路線。在榮格抵達蒙巴薩的七十八年前，德國傳教士克拉普夫和雷伯曼便到過這個港口城市，由這裡進入內陸，成為頭兩個看見非洲最高兩座山（吉力馬扎羅山和肯亞山）的歐洲人。在榮格登上「瘋子特快車」的十八年前，阿布魯齊公爵也坐過同一列火車前往維多利亞湖，成功攻上甘巴拉嘎拉山山頂，把它重新命名為史坦利山。

就連心理學遠征隊不是走在早期探險家舊路的時候，他們一樣是身處這些探險家的身影之下。例如，在奈洛比，他們住的是豪華寬敞的新史坦利飯店——這飯店有著帶拱列柱、紅瓦屋頂和高架遊廊，名字是紀念五十年前那位辛辛苦苦探勘過大半個湖區的探險家。

不過，這種處處落於人後的情況並沒有讓榮格和他的同伴們感到苦惱，因為他們此行畢竟是一趟心理學遠征，不是地理學遠征。他們比史坦利晚幾十年到達東非高原無關要緊，因為他們要追溯的是人類心靈而非尼羅河的源頭，最終目的是理解歐洲人被掩埋起來的原始性，不是非洲人本身。所以，遠征隊沒有人覺得他們有必要走出新史坦利飯店的大門，到處看看。更何況，飯店裡的舞會接二連三。一九二五年十一月十四日，榮格一行參加了飯店的停戰紀念日舞會。參加者有專獵大型獵物的獵人、戴太陽帽的觀光客、初次亮相社交場合的名門閨女和富有地主，大家飲酒跳舞直到深夜，用不著「原始」非洲或非洲人的協助便把歐洲的行為規範拋到九霄雲外。

在舞會上，榮格認識了年輕英國護士露絲·貝利。她將會成為榮格的一生密友，「榮格女人幫」*的一員，終其一生都照顧好他的思想和情感需要。她後來寫道：「我不知道是我把CG〔榮格〕釣到，還是他把我釣到。」榮格有把這件事視為心理研究的一部分嗎？他有視之

---

*榮格女人幫（Jung frauen），指一票崇拜榮格和與他過從甚密的女人。

為一種回到野蠻人的「兒童心靈」的方法嗎？《東非旗幟報》對這場舞會的報導略有不同：「顏色處處喧囂，它們在主舞廳和休閒廳的每個角落變換、滿溢和混合，一些年紀太大的小孩一直跳舞至深夜。」榮格已經開始從階梯往下爬。[9]

在「瘋子特快車」的包廂裡，榮格有過另一次與「原始性」的邂逅。有一天早上，他從車窗看到，一個非洲男人站在高處，身體靠在一根長矛上，向下望向火車。這景象顯然觸發了榮格的集體潛意識裡面的記憶。「我有一種以前便看過這一幕的感覺，感覺這裡是一個我熟悉的世界，而一直以來把它與我隔開的是時間。在這一刻，我就像回到我年輕時代居住的土地，就像知道那個皮膚黝黑男人等我來已經等了五千年。」[10]

等他去到阿西平原之後，他得到了一個日後被榮格迷稱為「發現自我」的啟悟。這也是他的非洲之行被討論得最多的片段之一：

> 站在這個廣闊稀樹草原的一座矮山上，一片壯麗景觀在我們面前展開。放眼望去是一大群一大群的動物，連綿不斷，直到天邊，有小羚羊、大羚羊、角馬、斑馬、疣豬等。牠們吃著草，晃著腦袋，像小河流一樣慢慢向前移動。除了一隻猛禽的悲鳴外，幾乎鴉雀無聲。這寂寥是天地初開時的寂寥，當時世界還處於一種非存在（non-being）狀態。因為在此之前一直沒有人出現在這裡，知道它是世

界。我走到看不見同伴的地方，品嘗完全孤獨的滋味。這時，我成了知道這裡是世界的第一個人類——但雖然他知道它是世界，卻不知道這一刻事實上是由他創造。[11]

許多同時代的思想家認為，這個頓悟代表了榮格對人類意識有了更深入的了解。但我們很難不回想起佛洛伊德夢中的非洲——一個還沒有非洲人和尚待發現的國度。榮格把這個國度帶到了另一個層次。創造的行為是意識的行為，而站在阿西平原上的榮格是唯一有這種意識能力的人類。非洲的其他部分在他親眼目睹過之前並不存在。

登上肯亞西部的埃爾貢山代表著榮格旅程的另一個高點。在這裡，置身於埃爾貢人中間，他希望找到真正「原始性」的源頭。幾乎正正好五十年，史坦利曾站在維多利亞湖的另一邊眺望甘巴拉嘎拉山，好奇這座山對人類歷史會有什麼涵蘊。「沒有人贊成我們到埃爾貢山去，但我們還是去了。在住在山坡的部落中間，我們發現了一種非常原始的心靈宗教（psychological religion）的新形式。他們表面上崇拜太陽，但實際上不是太陽，而是黎明的時刻：那就是上帝。我認為這是相當了不起的。它是埃及人的荷魯斯*觀念的源頭。」[12]

---

*荷魯斯（Horus），埃及法老的守護神，也同時與許多神祇的形象結合，例如太陽神。

榮格將會在埃及找到這種宗教的證據，並以此斷言，非洲人的宗教信仰一度向北滲透，影響過法老王時代的埃及文化。這種說法相當於把皮特里等人主張的「含族假說」顛倒過來。

不過，明顯的是，榮格的主要興趣是發現非洲心臟地帶的白色心靈。他對雅利安人種心理學的興趣一直維持到一九三〇年代，然後才因為對國家社會主義*的崛起感到不安，開始疏遠這方面的研究。不過，在登上埃爾貢山那時候，他仍然可以與他的新女伴露絲・貝利一起陶醉在狂喜中。埃爾貢山讓他可以完全擺脫作為「萬惡之母」的歐洲。「這裡沒有電報、沒有電話、沒有來信、沒有訪客。我的心靈力量獲得了解放，可以幸福地傾注回太初的廣大中。」13 在這裡，榮格可以縱情想像，自己和同伴（就像史坦利想像裡的甘巴拉嘎拉人那樣）是一個住在深山裡的白色部落。

＊國家社會主義（Nationaler Sozialismus）指二十世紀上半葉在德國境內崛起的政治思潮。此思潮的實踐即為後來的納粹黨，因此納粹黨成為此思潮的代表，其黨名亦為國家社會主義德國工人黨（National Sozialistische Deutsche Arbeiter Partei）。

第十七章　理論出現裂痕

在毛奇第一次到過霧茫茫的「大辛巴威」的五十八年後，英國考古學家葛楚·湯普森動身前往羅德西亞，試圖解決這個雄偉廢墟之謎——雖然已經是一九二九年，它的確實定位仍然有很多爭議。葡萄牙人盛傳非洲內陸有一個黃金城，毛奇以前認為，「大辛巴威」就是由來自中東的一個古代民族打造，而且就是《舊約聖經》記載的黃金城俄斐。接下來幾十年，許多考古學家都支持毛奇的看法，而且為了找到「大辛巴威」是外來者創建的證據，把它挖得亂七八糟。他們對帶有明顯非洲風格的出土文物不屑一顧或棄如敝屣，認定它們是出自較晚期的「卡菲爾人」。最終，他們認為他們找到足夠的文物證明「大辛巴威」的建造者真的是來自非洲之外。外來者建造理論從此成為了標準解釋——這部分是因為很多可以用來推翻它的證據已經毀於漫不經心的挖掘工作。

一九二九年一月，葛楚乘坐「聯合城堡」的航班抵達葡屬莫桑比克的港口貝拉，不像四年之前的榮格那樣，她沒有覺得沿著非洲東岸向南航行的旅程有趣。她也不像榮格那樣，因為看

葛楚・湯普森。來源：Royal Anthropological Institute. RAI 36032 Portrait of Gertrude Caton-Thompson. Ramsey & Muspratt. Cambridge, 1938.

見同船歐洲人隨著非洲的接近而愈來愈放浪形骸而覺得好玩。她嫌其他乘客「吵鬧和喝太多酒」。所以她都是關起門來，每天讀幾小時的《東南非洲檔案》，每讀完一冊就把一冊寄回家。船在蒙巴薩靠岸後，她考慮到奈洛比走走，但不是為了踵步榮格或追尋「原始性」，而是想找李奇*聚一聚。後者正在撰寫談肯亞史前人類的博士論文，即將完成。不過，葛楚最後因為想到自己行程緊湊打消前往奈洛比的念頭。她此行有任務在身。奉英國科學促進協會之命，她要對「位於辛巴威的遺址進行考察……查出其建造者所屬的文化的性格、年代和來源。」英國科學促進協會預定幾個月後將會在南非舉行年會，葛楚屆時將得上場報告她的發現。[1]

她走過錫皮屋夾道的主大街，打算找一間飯店住一晚，第二天再搭一星期兩班的火車前往羅德西亞。一九二九年的貝拉毫無看頭。就像大部分觀光客一樣，葛楚只是路過此地。這港口是非洲南部殖民地的集散地，是因為擁有一個良港和火車終點站而受到歐洲船隻青睞。上火車之後，葛楚會坐到六百公里之外的內陸城市索爾茲伯里，再轉搭汽車前往「大辛巴威」，在那裡等候兩個助手抵達，然後開始工作。

但人算不如天算。葛楚才在飯店房間安頓下來，一個熱帶氣旋就席捲而至。狂風掀開屋頂、推倒牆壁和吹破窗戶。泊港的船隻在巨浪中載浮載沉。當她第二天早上走出飯店的時候，看見「聯合城堡」的蒸汽輪船和其他船隻在岸上堆成一堆。海浪也對鐵路造成重大破壞，建在沖積平原上的低矮鐵路路段全被沖走。葛楚在貝拉苦等了九天才終於明白她等待的火車將不會來到。她必須改為南行：沿著非洲海岸南下，下船後穿過高地草原，再折而向北，坐火車前往羅德西亞。她登上一艘運載鉻砂前往南非洲的美國貨輪。雖然黑色的鉻灰四處飛揚，沾滿了食

＊李奇（Louis Leakey，一九〇三至一九七二年），有名的考古學家和人類學家。主要成就是與妻子一道發現了可證明人類源出非洲的古人類骨頭。

物、床鋪和衣服，但葛楚堅持留在船上，直到洛倫索馬奎斯（今馬布多）才下船，轉搭開向約翰尼斯堡的火車。2

這不是英國科學促進協會第一次派人收拾本特等人在「大辛巴威」留下的爛攤子。一得知這個遺址被漫不經心的考古學家搞得亂七八糟之後，協會便大為震驚，委派皮特里的學生麥基弗前往調查。有兩個理由讓協會認為麥基弗勝任此職。首先，他對「大辛巴威」的來歷看來沒有既定立場；其次，他受過這種新學問的訓練。與早期的考古學家不同，麥基弗沒有發現可證明「大辛巴威」是外來者建造的證據。在一九〇六出版的《中世紀羅德西亞》一書中，他指出，「大辛巴威」的建築和出土文物完全和在地的非洲風格一致。另外，他斷定，該城市的年代不早於十五世紀，因此不可能是所羅門王或示巴女王的殖民地，也不可能是任何古代地中海民族的傑作。

但麥基弗的結論只讓爭論更加白熱化。這是因為「含族假說」已經變得非常難以撼動。正如前面顯示過的，這假說在十九、二十世紀之交受到來自不同領域和德隆望尊的人物支持。即使說史坦利等人有關非洲內陸存在著白色部落的主張證據薄弱，但在非洲南部和北部進行的挖掘卻可以為這些主張提供重要支撐。例如，在埃及，皮特里以謹慎的研究和定年技術為基礎，主張一個文化優越的「王朝人種」曾在七千年前入侵埃及。又例如，在非洲南部，「大辛巴威」的各個調查者都異口同聲表示，這個遺址帶有地中海文化而不是非洲文化的標記，印證了

《舊約聖經》中有關所羅門王、示巴女王和俄斐的故事。至於要怎樣把「大辛巴威」的「古代民族」連結於東非洲活生生的赫馬人和契韋齊人，或要怎樣把他們連結於古埃及的王朝人種，則仍是個懸而未決的問題。有些人相信，「大辛巴威」是個大型殖民地，是入侵非洲南部的一支含族的先鋒部隊，另一些人則主張它是建造在滿懷敵意的非洲人之中的前哨要塞，其巨大石牆是用來防禦當地的部落。雖然有不同的理論，但是它們的核心元素——「含族假說」——看來都可以得到考古學和人類學證據的支持。這些證據包括了古老人骨、古文物和遠征探險家的目擊證詞。

對麥基弗更不利的是，羅德西亞的白人大半相信非洲土著不可能有能力建造出複雜程度那麼高的結構體。他們寧願相信它是古代白種人或白種人前身的殖民地，因為如此一來，他們在羅德斯領導下對羅德西亞土地的大量占奪便有了合法根據。羅德斯是「外來者建造說」的捍衛者，又是「大辛巴威」文物的熱心收藏家。一八九一年造訪過這遺址之後，他購入了其中一隻皂石大鳥雕像。雖然包括本特在內，很多人都認定這些大鳥石刻出自古代人之手，但他們對於它們是一種腓尼基人、埃及人還是阿拉伯人的事物始終爭論不休。這些大鳥原佇立在遺址石牆的頂端，但後來有一些被砍下來，改放在羅德斯的開普敦府邸。這府邸的樓梯扶手也是用大鳥的木頭複製品裝飾。還有兩隻比實物還大的複製大鳥高踞在羅德斯英國劍橋豪宅大鐵門的頂端。[3]

這就不奇怪麥基弗的《中世紀羅德西亞》會引起憤怒回應。霍爾和其他考古學家迅速寫就《史前羅德西亞》進行反駁，特別針對麥基弗沒能確定「大辛巴威」各文化層位的年代大做文章（定年工作之所以困難，部分是霍爾已把文化層位擾亂導致）。正如葛楚日後指出的：「這些反對意見加上另外大約四百頁的反對意見，《史前羅德西亞》在一九〇九年給了麥基弗一頓痛毆。」[4]事隔二十年之後，英國科學促進協會因為即將在南非舉行年會，決定對「大辛巴威」再來一次鑑定。

這一次它選擇曾接受皮特里訓練的葛楚主其事，希望可以一勞永逸解決爭端。因為在埃及表現出色，葛楚當時已在考古學界（一個由男性支配的圈子）闖出名氣。她從皮特里學到謹慎的考古挖掘方法，但她對皮特里執迷於含族入侵說相當不以為然，認為他的這種執迷「專橫而且固執」。她自己沒有這種執著。在為「大辛巴威」的挖掘工作準備時，她制定了一個避免受到「成見細菌」感染的工作方案，打算「不理會各種臆測和不受各種先入為主的假設所囿」。她相信，只有抱著這種態度才可以讓她免於掉入早前考古學家掉入過的「演繹錯誤曠野」。[5]

在約翰尼斯堡，她和考古學家達特碰了面。達特因為一九二四年在非洲南部發現被稱為「湯恩幼兒」的古人類頭骨而略有名氣。六年來他都是威特沃特斯蘭德大學的解剖學教授。他是澳洲人，在雪梨大學取得醫學學位，第一次世界大戰之後在倫敦大學學院教授解剖學，師從持文化傳播論的考古學家史密斯學習考古學。後來，在史密斯百般遊說下，達特勉強接受了南非提供的一份教職。達特看不起約翰尼斯堡的學術水平，但仍然想有所作為，所以便利用南非洲有大量出土骨頭和文物之便，專注於研究體質人類學和考古學。[6]

達特或葛楚都沒有記下他們會面的經過，但我們不難想像出兩人談話的梗概。達特是個滿腦子想法和意見多多的人，因此想必會談及他對「大辛巴威」的研究——他幾年前曾把研究成果發表在英國學術期刊《自然》。葛楚說的話八成比他少，因為除了不想在動手挖掘以前預設立場，她也發自本能地反對臆測。這兩位學者雖然有共同興趣，但性情氣質卻南轅北轍。葛楚是靠仔細審慎的方法在考古學界建立名氣，達特則相反，是靠著風趣、魅力和大膽的理論（有時更可稱為莽撞的理論）讓自己能遠在一千六百公里之外引起考古學界中樞地帶的注意。

達特對「大辛巴威」的研究充滿個人風格。早前，在研究布希曼人的石窟藝術時，他曾主張非洲繪畫和古巴比倫藝術流露著相似特徵，斷言非洲南部一度被一個地中海民族殖民，從而支持了本特和霍爾等人的理論。他也曾加入批評麥基弗的陣營，力主「大辛巴威」出土的非洲風格文物只是一種「班圖人的汙染」。[7]在前往羅德西亞的漫長迂迴路途上，葛楚想必聽過很多類似的說法。

她還要再等一個月才能開始工作（其中兩星期行程受阻於季風，另外兩個星期因為感染瘧疾臥床）。最終，工作團隊終於全員到齊，包括她的兩個助手桃樂絲．諾里和凱瑟琳．凱尼恩，還有一群來自附近城鎮的紹納人。勘察過遺址一遍之後，葛楚發現最壯觀的遺址區塊

（「橢圓形建築」和「衛城」）已經被早前的挖掘弄得體無完膚，所以決定改為專攻「孟德廢墟」。「孟德廢墟」是一個奇怪的結構體，由二十九道不相連的石砌牆和一些門道、平台和稜堡構成，大半沒有人動過。隨著一星期一星期過去，三位女性建立了一道固定程序。挖掘工作從每天早上八點三十分開始，午休後再工作至五點半。收工後，她們會在漸淡的日光中喝一杯茶，然後走路回一．八公里外的土磚小房子。回到住處後，葛楚會就著一盞煤油燈撰寫每日的筆記。

挖掘工作進展順利。考古隊花了六星期便弄清楚「孟德廢墟」的平面布局。他們挖了一系列從地表通向岩盤的溝渠，出土數以百計文物，包括陶甕碎片、鐵製工具、鐵製武器和金絲手鐲。這些東西無一是外來樣式。不過，「孟德廢墟」的建築卻讓葛楚感到困惑，因為它那些不相連接的石牆和不通向任何去處的門道是她見所未見，不管是非洲建築或地中海建築都沒有類似設計。

因為這個困惑，她在最後幾天決定不把時間花在挖掘，改為研究整個遺址的布局。她發現，「大辛巴威」的平面布局看似一個奇怪的書法實驗：筆畫漫無章法，東一撇西一撇，其間穿插著空隙、門道和平台。然後她忽有所悟。她拿起測徑器，對著平面圖，在其中幾道石牆之間畫了一個圓圈，發現石牆的末端剛好就接在圓周上。原來，問題的解答不在石牆本身，而在它們之間的空間。她意識到，幾道石牆的一端原是附在一間土屋上（這土屋當然敵不過時間沖

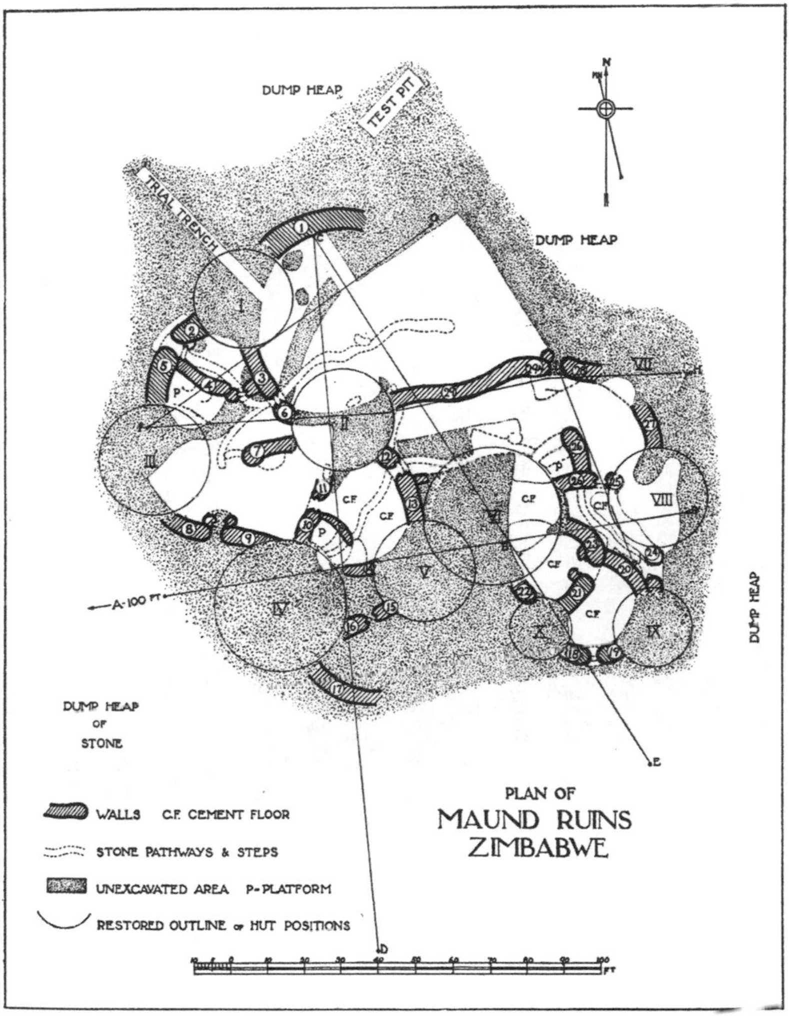

葛楚繪畫的「孟德廢墟平面圖」。來源：Caton-Thompson, *The Zimbabwe Culture; Ruins and Reactions*.

刷，早已消失）。她又畫了更多圓圈——等畫出第十個之後，整個聚落的設計風格變得清晰分明。她以前就見過這種設計，其主要元素是茅草屋頂的泥屋和圈形圍牆。事實上，這一類建築風格在非洲內陸隨處可見，從中非洲的「波馬」到南非洲的「牛欄村莊」都屬於同一樣式*。在設計上，孟德廢墟明顯是非洲事物。「光是這一點就讓我的六星期花得有價值。」到了六月八日，該模式愈發清晰。她在寫給母親的信上說：「我相當肯定這遺址是土著的作品，沒有任何外來文明成分。它的確實年代迄今還未能確定……但幾乎不可能早於西元一千年。十之八九是落成於四或五百年之後。」葛楚有所不知的是，她的這個發現除還原了一個非洲人的城市之外，還動搖了「含族假說」最重要的其中一塊基石。8

到了一九二九年，「含族假說」的科學大樓開始出現其他裂痕。就像葛楚在考古學上給了它狠狠一擊以外，其他人也在頭骨學上找到了它的毛病。自十九世紀初期開始，頭骨便廣泛被認為是用來判別人種的最佳依據，例如莫頓和格利登便都是比較不同頭骨的體積和面部角度來佐證他們的入侵埃及理論。也有些人偏好使用頭顱指數，即頭部形狀的測量數據。不過，晚至十九世紀末年，人種科學家對於什麼方法才是測量頭骨的最好方法仍然莫衷一是。人類頭骨的體積不只會因為性別和年紀的不同而有所不同，還會受環境因素（例如饑荒）影響。除非這些因素可以確定，頭骨體積就不能作為判別人種的依據。就連「臉部形狀」和「頭骨形狀」這些判準的有效性也愈來愈可疑。一八九三年，義大利人類學家塞吉指出，頭顱指數「只能顯示出頭骨的一些次要特徵。因為我已經證明，不同形狀的頭骨可以有著相同頭顱指數，而相同形狀的頭骨之間也可以有著不同的頭顱指數。」皮特里也有過自疑的時候。他在一九〇六年寫道：「頭顱指數看來除了會因為父母的不同而異，還會因為地方的不同而異。」這種疑慮在一九一二年得到美國人類學家鮑亞士證實。在比較過美國新移民和他們的子女的顱相之後，他發現土生土長於美國的新移民子女和他們父母的頭顱指數並不相同。他的結論是，頭骨不能單獨作為判別人種的依據，因為環境因素（例如養育方式）對頭骨的影響力不亞於遺傳因素。[9]

起初，「王朝人種理論」似乎挺過了這一類批評。因為皮特里研究古埃及人頭骨的態度小心翼翼和講究方法，讓他所懷有的偏見不容易被看出來。皮特里的論文在在看來都是實證研究的高峰，有著一個先進的「生物統計學」框架作為支撐。在包括麥基弗和葛楚在內的新一代考古學家看來，皮特里重新定義了什麼叫正確的考古學。不過，就連葛楚一樣意識到，皮特里的謹慎方法照樣可以帶來極為可疑的結論，會受到外來侵略者理論的意識形態滲透而不自知。既然頭骨的體積、面部角度和頭顱指數都會受環境影響，那皮特里憑什麼認為某種頭骨結構是判

---

*波馬（Boma）是一種以柵欄圈起的建築群，有牲畜的圍欄、小型碉堡等用途。常見於非洲大湖區與中南非地區。在十九世紀末英屬殖民地被用作偏遠地區的行政辦公處。其作為圈養牲畜的建築，等同於牛欄村莊（kraal）。

別人種的更佳準繩？

不過，除了需要面對這個難題以外，「含族假說」（連同雅利安人入侵論）還得跟另一個難題角力，而這第二個難題牽涉到比方法更高的層次。它關係到人種是否足以構成一個範疇。儘管高爾頓和皮特里也承認同一個人種群體包含著變化頗大的生理特徵（這表現在他們那些沒完沒了的鐘型曲線圖），他們仍然相信，這些變化底下隱藏著一些常數。雖然大多數科學家還沒有察覺出來，但族群生物學和孟德爾遺傳學實際上已對純正人種類型的觀念構成嚴重威脅。只有在人種是固定不變的前提下，人種類型才有可能存在。但達爾文主義生物學卻不這樣認為。它主張，物種（甚至人種）不是上帝所設計的固定不變實體，而是變動不居，會不斷為了適應環境而發生變化。在這種新的生物學裡，人種只是一個集合體，是一群人群內所有遺傳特徵的總和。

雖然皮特里之類的人種科學家也承認很難把個人套進人種的「盒子」裡，但繼續抱住人種的觀念不放，認為要定義人種雖然難得讓人發瘋，它仍然是一種真實存在。法國人類學家托皮納德是其中一個對人種的實體性深信不疑的科學家。他說：「我們不可能否定『人種』存在。我們的智力能理解何謂人種，我們的心靈看得見人種，我們的努力可以把它們抽離出來。只要我們在思想上壓抑住那個混合的個案，人種就會霎時出現在我們眼前——它們單純而不可避免，是集體遺傳的必然結果。」[10]

葛楚在一九二九年七月二十九日抵達約翰尼斯堡，準備在英國科學促進協會的年會上發表報告。她花了一整晚整理筆記。第二天早上到達會場時，她發現演講廳裡人山人海。為了顧及到多出來的三百名聽眾（全待在院子裡），主辦單位臨時架設了一個中繼無線電廣播系統。主辦單位也取消了原定每位發表者只能報告三十分鐘的規定，讓葛楚可以暢所欲言。她講了整整九十分種，先是談了英國科學促進協會給她的指令，然後詳細介紹她的團隊在遺址六個不同區塊（包括「衛城」、「橢圓形建築」和「孟德廢墟」）的挖掘所得。除少數例外（例如一些玻璃珠），所有出土的東西都明顯是本土設計和本土製造。至於例外的這一些，則有可能是得自對中國和印度的遠洋貿易（這種貿易從十三世紀持續至十五世紀）。「孟德廢墟」的神祕格局其實就是非洲的傳統「牛欄村莊」格局，它極接近東非洲布干達和班約羅的聚落樣式，和中東或地中海沿岸的建築風格沒有任何相似之處。不管是在前往「大辛巴威」的漫長旅程途中，還是在六星期的考古挖掘期間，葛楚都小心翼翼，不讓自己捲入有關「大辛巴威」原初建造者身分的爭論。但在報告快要結束時，她卻縱容自己發表一個個人感想：「請容我說說一個主觀的觀察。那就是，在我研究過這個遺址之後，我實在弄不懂世人怎麼會一直不加批判地接受一種閃族起源說或先進文明起源說。其雜亂無章建築的每一個細節，其平面格局的每一個細節，其出土物品的每一個細節（進口者不論），在我看來是非洲班圖人的典型設計。」11

這對「含族假說」來說是個蹂躪性打擊。面對排山倒海的否定證據，「大辛巴威」是一個外來者聚落的假設變得不再可信。這個假設（它曾經激發哈葛德的創作靈感、攫住羅德斯的想像力和把持非洲考古學五十年）將不會再得到科學界眾口一詞的支持。接下來幾星期，很多科學家將會興高采烈站出來，表示附和。雖然羅德西亞和南非的白人繼續傾向於支持「外來者建造說」，但好些英文報紙都發聲支持葛楚。《開普敦時報》這樣說：「在在看來，湯普森小姐的劃時代研究結果已決定性地終結了一則虛構。」《教會時報》表示：「湯普森的影響力也許是從現在才開始：不知不覺但必然地改變了白人和班圖種族的所有關係。」不過，最讓葛楚愉快的是英國科學促進協會的委員為了對她表示支持，隨著她回到羅德西亞，參觀「大辛巴威」。在經過葛楚的導覽後，委員會讚揚了她的工作和認證了她的結論。雖然生性不喜歡作情緒色彩強烈的措詞，她對回到羅德西亞那幾星期的形容近乎興高采烈：「我們在無與倫比的豔陽和生氣勃勃的空氣中輕鬆愉快地度過每一天，每晚在旅館用晚餐，談笑風生。每個人都很快樂。」[12]

其實不是每個人。達特也是葛楚的演講聽眾之一。他愈聽愈氣。在隨後的討論時間中，他霍地站起來，用（據《開普敦時報》形容）「激烈得讓人害怕的聲音」[13]宣稱，葛楚的研究加上麥基弗的研究已經「扼殺了這個二十年來都讓人興趣盎然的課題」。說完怒沖沖大步走出演講廳。身為一個立志要使南非考古學令人刮目相看的人，達特的氣急敗壞很好理解。他沒有被葛楚的發現說服，翌年自己跑到「大辛巴威」研究，號稱找出更多可以證明曾有外來者侵略南非洲的證據。他的立場得到很多南非和羅德西亞白人的支持。根據葛楚自己的統計，一九二九年至一九三三年間發表在英國、羅德西亞和南非的八十篇相關文章中，只有二十四篇是站在她的一邊。其他的要不是反對她，就是保持中立。事實上，她找到的證據雖然分量十足，卻沒有摧毀「外來者建造說」，一如鮑亞士對移民頭骨的研究並沒有摧毀用人體測量數據作為判斷人種歸屬的風氣。它只是被趕到了科學論述和大眾論述的邊緣。在那裡（包括人類學亞學門、種族主義小冊子、小報社論、起源神話和未被記錄下來的鄉民談話），它繼續活著，等待東山再起。只不過，搜尋失落白色部落的壯志只剩下最後一口氣。

第十八章　世界屋脊

時間點對舍費爾來說差得無可再差。一九三八年五月，當他和德國西藏遠征隊另外四名成員抵達加爾各答時，季風幾乎就跟在他們屁股後面。他必須加快動作，趕在雨季前為遠征隊向北深入喜馬拉雅山脈的行程準備好一切。正在歐洲醞釀的風暴讓他的處境更加不利。既然希特勒擺出入侵捷克蘇台德區的態勢，英國官員不可能會同意讓一支德國遠征隊穿過英屬印度，更何況這次遠征是納粹黨衛軍所出資和策劃。離開歐洲之前，舍費爾先去了倫敦一趟，想從印度事務部取得通行許可。但此路不通。希姆萊*為此表示抗議，指出遠征行動純屬科學性質，不帶有任何政治動機。英國政府不願意幫忙，但又擔心一口回絕會引起政治事件，於是便給舍費爾一顆糖果充數：批准遠征隊最遠可以去到西藏邊境的錫金。錫金離舍費爾的目的地有一段距

*希姆萊（Heinrich Himmler，一九〇〇至一九四五年），納粹黨衛軍首領，納粹最有權勢的政治人物之一。

德國西藏遠征隊的成員（坐在地上由左至右）：克勞斯、魏納特、貝格爾、格爾和舍費爾。來源：Ernst Schäfer, *Geheimnis Tibet, erster Bericht der Deutschen Tibet-Expedition*, 1938–1939.

離，但他不以為意。他是兩次遠征喜馬拉雅山的老將，為人打死不退和善於權變，自信只要到得了錫金，就找得到入藏完成使命的法子。他的使命是發現雅利安人種的起源。[1]

雖然英、德兩國處於戰爭邊緣，但是納粹黨衛軍遠征西藏的計畫卻可說是對英國的雅利安人研究的一個致敬。這方面的研究由瓊斯發端：一百四十八年前，他在孟加拉的亞細亞學會發表演講，主張梵語跟古希臘語和拉丁語等歐洲語言關係匪淺。十九世紀的學者進一步認定，這種語言上的連繫性可證明有一個古代民族（「印歐人」），他們的語言是後來的梵語和其他歐洲語言的「共同源頭」。這種共同源頭說催生出「東方學復興」（在德國特別興盛），也被認為可以證明，透過研究語言的演變可追蹤出古代民族的遷徙路線。得到瓊斯等人的啟發，繆勒在翻譯《梨俱吠陀》的過程中靈感乍現，成為了十九世紀晚期雅利安人入侵理論的先驅。當印度挑夫把德國遠征隊的箱子卸下輪船和走上胡格利河河堤的台階時，他們走過的是一百五十五年前乘坐英國軍艦「響尾蛇號」抵達的瓊斯夫妻的腳跡。就這樣，在世界大戰前夕，雅利安人的故事兜了一圈之後重回原地。

然而，舍費爾在一九三八年想去證實的理論和瓊斯在一七八六年提出的理論卻沒有多少相似之處。舍費爾一行人秉持的是一個不同的假設：雅利安人起源於歐洲，然後，憑著無與倫比的智力和體力，先後征服了南歐、中東和中亞。所以，如果說東方和西方的語言有著共同源頭，那是因為金髮和長頭型的雅利安人在征服過程中把他們的語言帶到了亞洲。（希姆萊給這個假設加入了一些變化：雅利安人先是從天而降，統治亞特蘭提斯，然後才征服歐洲——舍費爾在希姆萊向他說這個時保持沉默。）由於大部分雅利安部落都與被他們征服的土著通婚，他們後來變得血統不純。但舍費爾認為有望在遺世獨立的西藏找到毛奇、本特和達特在「大辛巴威」找到過的東西：曾有一批淺膚色優越種族入侵的證據。[2]

這種想法和瓊斯的主張相左。瓊斯相信，第一個雅利安人部落是源於中亞，後來才擴散到世界其他地方。舍費爾的想法也極不同於在一八五〇年代提出雅利安人入侵論的繆勒。在繆勒的心目中，雅利安人主要是指操雅利安語的民族。不管他把雅利安人說得有多麼優越，他都小心翼翼，儘量不讓別人誤以為雅利安人是一個人種。他知道語言和人種永不可能完全畫上等號，因為語言追隨的法則不同於遺傳的法則。語言可以跨越階級或部落的界線，遺傳則否。征服者固然可以把自己的語言強加於被征服的民族，但語言卻用不著靠軍事征服才能在人類社會之間流傳傳播。在碼頭、木板路、露天市場和妓院，語言都可以透過與人的討價還價、爭吵和商品交換而傳播開去。

不過，希姆萊和「祖先遺產研究會」卻無視於語言的這種流動性。「祖先遺產研究會」是希姆萊手下的一批科學家，專門研究雅利安人和各種神祕傳說。被他們拿來支持他們先入為主成見（日耳曼民族無比優秀）的是一批主張「北歐人種理論」的人類學著作。「北歐人種理論」是十九世紀中期由德國學者提出，靈感來自古羅馬史家塔西佗的《日耳曼尼亞》之類的古代作品和一八七一年普法戰爭之後節節上升的民族主義情緒。這理論把瓊斯主張的雅利安人遷徙方向顛倒過來，主張北歐才是印歐人的原來家園。大部分其他德國人類學家對此都不以為然。例如，菲爾紹在研究過顱骨測量數據之後斷定北歐人是超人之說只是狂想。不過，在菲爾紹一九〇二年去世後，德國人類學發現自己正在發生變化。隨著民族主義愈來愈高漲和教職競爭愈來愈大，許多人種理論扎下了根。[3]

在斯堪的納維亞，「北歐人種理論」得到體質人類學家的助長。他們更傾向於用頭型而不是語言來界定雅利安人。透過檢查從古墓挖出頭骨，挪威解剖學家巴特認為自己看見了古代「維京類型」人種的輪廓。對這個理論有貢獻的還有軍醫阿爾博，此君透過搜集入伍新兵的頭骨數據，歸納出挪威有兩種人種類型：一是棕眼睛和深膚色的「薩米類型」，一是金髮碧眼的「日耳曼類型」。雖然阿爾博等人認為「日耳曼類型」是從南方遷入挪威，但人類學家作家漢森卻主張「北歐類型」是挪威土生土長的人種。當時挪威人正設法找到一個獨立於瑞典人的民族身分認同，所以，有一個本土「維京類型」人種存在的觀念非常有吸引力。[4]

它還得到德國民族主義者的支持——在德國打敗第一次世界大戰之後尤其支持者眾。岡瑟沒有受過人類學訓練，但後來卻成為熱烈的德國民族主義者和「人種衛生」的捍衛者。在右翼出版商萊曼的鼓勵下，他寫過多本著作推廣「北歐人種理論」，包括《日耳曼民族的人種知識》和《日耳曼民族的人種民族學》。他主張，北歐部落先是征服南歐和地中海地區，然後把印歐語帶到東方，包括印度和中國的西境。在向東推進的過程中，他們逐漸與其他人種雜交，生出一些雅利安人血統成色不純的混血子孫。所以，雅利安人入侵的往事如今只留痕於印度和中亞地區居民所使用的印歐語，以及一些保留著幾分雅利安人顱相的土著身上。[5]

岡瑟這種觀點引起希姆萊和其他納粹頭目的注意。一九三〇年，納粹黨在圖林根州的州議會選舉獲得大勝。隨後，他們運用影響力，在耶拿大學創立了稱為「人種問題和人種知識」的新課程，把岡瑟找來當首任講座教授。安穩的大學教職和納粹的興起勢頭讓他可以全神研究古

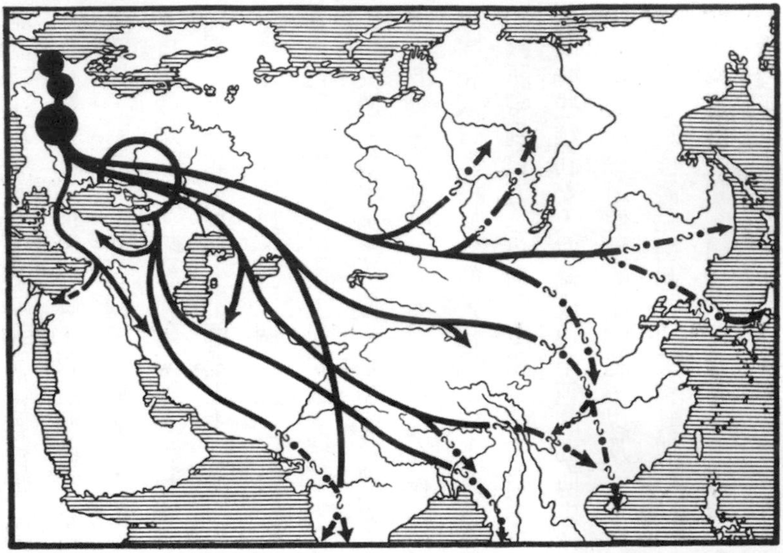

岡瑟勾勒的古代北歐部落入侵東方路線圖。來源：Gunther, *Die nordische Rasse bei den Indogermanen Asiens*, 1933.

代的雅利安人和他們征服世界的過程。到了一九三三年，他認為自己已搞清楚雅利安人向東入侵中亞和印度次大陸的路線，把它們畫成地圖，刊登在《北歐人種和亞洲的印歐人》一書。他還在地圖上標示出有哪些住在亞洲的部落還保留著依稀的雅利安人特徵。[6]

會不會有些亞洲部落仍保留著純正的北歐血統？這是岡瑟和學生貝格爾在一九三〇年初期討論過的問題。貝格爾認為，西藏貴族流露出強烈雅利安人特徵，因為從照片看，他們有著「長頭顱、瘦臉、繃緊的顴骨和直髮，神情專橫而自信」。[7]他推斷，由於西藏群山環繞，與世隔絕，不容易被人種雜交汙染，所以說不定還藏著一些雅利安血統更純正的部落，相當於第一批入侵東方的北歐人的活化石。貝格爾對人種研究的興趣、他與岡瑟的師生關係，還有他強烈的北歐人外觀（高個子和金髮），都讓他備受納粹黨衛軍科學系統的青睞。一九三七年，他被任命為納粹黨衛軍「人種組」的組長。然後，他引起了舍費爾的注意。接受過這位遠征隊隊長的面談之後，他被委以隨隊人類學家之職，負責「搜集有關該地區北歐人種的比例、來歷、意義和發展的材料」。

獲得英國頒發的通行許可後，舍費爾、貝格爾和另外三個隊員坐上火車，從加爾各答向北進發。在滂沱大雨中，遠征隊踏上通向錫金的山路，展開了一段漫長和溼漉漉的旅程，搬運工、馬匹和騾子連成長長一線。雖然有天氣和政治攪局，但舍費爾慢慢被喜馬拉雅山山麓的神奇世界吸引，忘記了所有煩惱。他是動物學家出身，但沿途看見的鳥類和其他動物無不讓他感到驚奇。到了晚上，螢火蟲在提斯塔河谷的蕨類植物上迤邐一片，這幅景象讓舍費爾覺得「奇幻和超現實」。[8]

貝格爾另有驚喜。他以前都是透過照片研究西藏貴族，但現在卻得以親眼觀察山區居民的顱相。他準備充分利用這種近距離接觸的機會。騾子搖搖晃晃馱在背上的大箱子裡裝著各種精密儀器，包括測徑器、滑動計、活體測量計捲尺和眼珠顏色表，它們將有助於他推廣岡瑟所鼓吹的「北歐人種理論」。能夠找到證明雅利安人入侵說的證據也一定會讓希姆萊高興。

但事實證明，要取得他想要的數據困難重重。許多藏人和尼泊爾人都不信任外地人，特別是不信任歐洲人。雖然他們的山村地處偏遠，但這裡的土地長久以來都是「大國博弈」的舞台，自十九世紀初期便是想要控制中亞的俄羅斯和英國的必爭之地。來到這個高海拔前沿地帶的歐洲人總是別有用心，不是戴著探險家面具的間諜就是戴著探險家面具的外交官。所以，村民對打著萬字旗和蓄著大鬍子氣喘吁吁穿過山口的德國人非常有戒心。他們對貝格爾的測量儀器敬而遠之，不願意被他用測徑器戳頭或用乳膠板取臉模。

貝格爾試過不同方法爭取村民信任。他宣稱自己是醫生，能夠治百病（包括瘧疾、皮膚病、眼疾、斷肢和性病），可以為藏人和尼泊爾人診症和開藥。這一招果然奏效。不多久，每個村子的村民都會排隊等著他到來。他發現，贏得村民的信任後，他們比較願意接受他用來判別人種的各種奇奇怪怪測量方法。[9]

到達錫金後，舍費爾成功取得車仁波切邀請遠征隊入藏的信函。穿過西藏邊界的山口時，放眼望去是一片「月球表面的地貌」，給人的感覺是「單調、深邃、夢幻和荒涼」。至此，遠征隊已到達喜馬拉雅山脈的心臟地帶。被稱為「世界屋脊」，新月形的喜馬拉雅山脈連綿兩千四百公里，是由印度次大陸板塊和歐亞大陸板塊無休止和慢動作的碰撞形成。貝格爾開始認真搜集測量數據。他共測量了三百七十六人，拍了二千張照片，取了十七張臉模，搜集了三百五十組手印。在貝格爾和舍費爾看來，西藏貴族的雅利安人特徵要比農民明顯。這也符合「北歐人種理論」的設想。因為如果北歐的雅利安人真的征服過中亞，他們的地位當然會比被征服的土著高。[10]

這不是什麼新鮮觀念，因為上一代的雅利安人入侵論者已經表達過相同思想。首開風氣的是繆勒，他把婆羅門種姓看成是入侵的雅利安人的後代，把其他種姓看成是操達羅毗荼語土著的後代。那些把繆勒的入侵論應用在太平洋的學者和傳教士一樣採納這個觀念，用它來解釋某些部落對另一些部落的支配。

貴族和農民代表不同人種這種想法不獨見於雅利安人研究。在繆勒提出印度有一個雅利安人種姓之前，斯皮克在東非便有過類似主張。他告訴當地一些土皇帝，他們是阿比西尼亞人的後裔（又因此是源於中東），和他們統治下的非洲黑人是相當不同的人種。事實上，這種「不同種姓等於不同人種」的觀念可以一路回溯至中世紀的歐洲——當時的學者猜想，貴族和農民也許是挪亞家族樹的兩支分枝：貴族是源自雅弗，農奴和其他平民是源自含。貝格爾使用的儀器和人體測量方法固然是現代貨色，但他的文化分析和種姓分析卻脫不了中世紀的味道。[11]

事實上，貝格爾也沒有太多時間進行分析。一九三八年的《慕尼黑協定》縱容希特勒拆解捷克，暫時緩和了歐洲的暴風雨。但到了一九三九年夏天，隨著納粹把主意打到波蘭身上，風暴再次颳起。大戰看來一觸即發。返回印度的一路上，舍費爾一行人都擔心他們會被英國政府逮捕和扣留。希姆萊火速安排水上飛機到加爾各答把遠征隊接走。他們在巴格達轉乘「容克斯

U90型」飛機，去到維也納之後再被轉送到慕尼黑——幾個月之前，張伯倫、墨索里尼和希特勒才在慕尼黑碰過面，確保了「我們時代的和平」。*遠征隊抵達慕尼黑之時，希特勒已經離開，但希姆萊親自到停機坪接機，接著護送他們到柏林接受表揚。[12]

這位納粹黨衛軍首領激動不已，因為遠征結果證實了那個被他和「祖先遺產研究會」奉為神聖的「北歐人種理論」。在當時，史坦利、斯蒂芬森和馬什等人所發現的一連串「失落人種」在西歐和北美已經失去了科學意義，但在德國，「元首」和他的一批雅利安主義者同道卻繼續深信遠古發生過人種戰爭。希姆萊業已計劃好要把雅利安人的史前史研究擴大到玻利維亞、冰島和加那利群島等世界各地。

他相信，在這個研究過程中，遠征隊不只可以搞清楚雅利安人的歷史，還可以指點出一個世界新秩序。當舍費爾和貝格爾在柏林接受他們納粹黨衛軍同仁的祝賀時，希姆萊已經把「白色卷宗」（Case White）的最後細節敲定——「白色卷宗」是入侵波蘭計畫的代號。遠征隊抵達慕尼黑的二十七天之後，「容克斯」俯衝轟炸機群出現在黎明前的波蘭維隆鎮的天空，接著投下了五百公斤炸彈。共有一千三百名波蘭平民被炸死。這次突襲為第二次世界大戰揭開序幕，也是納粹政權會用什麼方法對付被他們視為非雅利安人族類的一次預覽。

入侵波蘭只是德國征服東方大計（在希姆萊看來是「再征服」）的一部分。這大計被寫在納粹黨衛軍祕密草擬的「東方總計畫」裡，其中詳細說明了納粹準備怎樣征服和殖民歐亞大陸。雖然德國是得到蘇聯默許才得以成功入侵波蘭，但希特勒很快就掉轉槍頭，準備消滅他的新盟友。這個背叛舉動——稱為「巴巴羅薩行動」發生得非常迅速，就緊接在《德蘇互不侵犯條約》簽訂之後不多久上場，讓一向以被害妄想治國的史達林亦為之嚇一大跳。一九四一年，四百萬軸心國部隊穿過兩千九百公里長的德蘇邊界，湧入蘇聯，是為人類歷史上最大規模一次軍事入侵。

一九四二年七月二十三日，德國第一集團軍挺進至頓河河畔的羅斯托夫，打開了「高加索的大門」。希特勒揮軍高加索是出於實際考量：他需要占領該地的油田以確保在東方作戰的部隊燃料不虞匱乏。不過，這個行動還有著象徵意義。隨著德國坦克在高加索山脈的陰影下悠轉，納粹帝國的版圖已擴大到西至大西洋，東至歐洲最東邊。一九四二年八月，德國軍隊進抵史達林格勒城外的伏爾加河，與此同時，德國的山岳部隊也登上了高五六四二公尺的俄國第一高山厄爾布魯士山，插上納粹萬字旗。在厄爾布魯士山的南面，隔著一些白雪皚皚的山峰，是中亞的所在：喬治亞、亞美尼亞和伊朗。[13]

＊英國首相張伯倫（Chamberlain）為了避免戰爭，採取綏靖政策，在慕尼黑會議上同意納粹德國併吞捷克的蘇台德區。因為深信希特勒會守信用，不再提出其他領土要求，所以回到倫敦下飛機的時候，張伯倫得意洋洋聲稱他已取得「我們時代的和平」。

透過殺死為數兩千萬的俄國人、波蘭人、烏克蘭人和占有他們的土地，希特勒為德國人開拓「生存空間」的夢想邁向實現。這樣做的時候，「元首」儼然重新創造了由岡瑟設想、由希姆萊光顧和由舍費爾追求證實的北歐人大入侵。岡瑟在一九三三年所勾勒的入侵路線和巴巴羅薩行動的推進路線如出一轍，像個讓人毛骨悚然的預言。不同的只是這次的入侵者由長頭型和穿毛皮的維京人種換成納粹黨衛軍和國防軍，他們對沿途經過的俄國城鎮和村莊進行了大肆破壞。

大戰爆發後，在科學研究上得到過納粹許多好處的舍費爾和貝格爾無可避免被捲入他們恩主的暴行，成為幫兇。一九四三年一月，舍費爾被任命為「斯文．赫定亞洲內陸研究所」所長。雖然這職位讓他不用參與希姆萊為追求「人種衛生」（即對猶太人、斯拉夫人和吉卜賽人進行驅逐、奴役和滅絕）所進行的最慘無人道暴行，他並不是全不知情。他曾經被派去達豪記錄拉舍爾執行的人類醫學實驗，所以對該集中營有第一手認識。他目睹過的事情包括看著一個犯人在壓力室接受低氣壓測試。這一幕讓他魂飛魄散。他後來告訴紐倫堡的審問官：「那是我人生中最可怕的經驗。」不過，他並沒有因此提出抗議或者辭職。[14]

貝格爾也是沒有對納粹黨衛軍吩咐他做的事提出異議。應「祖先遺產研究會」的要求，他著手搜集非雅利安人人種的骨架。為了確保蒐藏品有科學價值，這計畫都是找**活人**當對象，進行過人體測量和拍照後才加以處決。一九四三年六月，貝格爾在奧斯威辛待了一個多星期，期間選出一百一十五個男女囚犯當蒐藏品：「七十九個是猶太男人，兩個是波蘭人，四個是亞細亞人，三十個是猶太女人。」[15]這批囚犯後來被移送至納特茲維萊集中營。一九四三年八月，他們被煤氣毒死，遺骨以乙醇保存起來。終其餘生，貝格爾都否認知道他選出的囚犯會被處死，但有鑑於他深知納粹黨衛軍的手段和在奧斯威辛集中營待過，他的說法非常值得懷疑。

在高加索落入德國控制之後，舍費爾開始規劃一次新的遠征：就像那次讓他揚名德國的西藏遠征行動一樣，這次遠征也是攀登高山和科學研究的結合。他自己的興趣落在動物學，但他樂於讓遠征隊納入人類學家（中選的再次是貝格爾），負責研究高加索地區的人種。當時，納粹黨衛軍感興趣的已不只是古代雅利安人的征服路線。他們還想精確知道高加索地區有哪些人種，以決定要不要把「人種衛生」方案（波蘭、烏克蘭和波羅的海諸國業已深受其害）應用到新征服的土地。如果高加索地區就像西藏那樣，還住著純種雅利安人的後裔，就有必要把他們區分於其他必須予以驅逐或消滅群體，例如穆斯林、斯拉夫人和「山區猶太人」。舍費爾大概會樂於離開陰森恐怖的達豪集中營，到兩千四百公里以外的高加索高山透透氣，但即使是那樣，他一樣是在為納粹的願景出一分力。

一如遠征西藏是基於一個對瓊斯理論的扭曲，遠征高加索也是基於一個對布盧門巴赫觀念的扭曲。這位十八世紀知名人種理論家是根據一個年輕喬治亞女子的頭骨，而斷定最早的人種（他稱之為高加索人種）是最漂亮的人種。對這一點，貝格爾和「祖先遺產研究會」的科學家沒有異議。在他們看來，布盧門巴赫錯只錯在把歐洲人種的搖籃誤放到斯堪的納維亞半島東南三千公里以外的地方。舍費爾遠征高加索的計畫無疑一定會讓布盧門巴赫深感興趣，因為其目的是透過測量頭骨判別人種類型。不過，納粹黨衛軍的其他計畫肯定會讓他倒胃。因為不管布盧門巴赫有多麼熱愛高加索人種類型，他都是一個自由主義者和一個人文主義者。他始終相信，與全世界人類的內在統一性相比，不同人種表現的身體差異只是皮相：全世界人類一律擁有理性思考的能力、愛好學習的天性和與生俱來的道德情感。

高加索遠征隊最終未能成行。巴巴羅薩行動在一九四三年夏天停滯不前，隨著蘇聯的反擊節節上升無以為繼。渡過伏爾加河和登上厄爾布魯士山至此被證明是德軍的風光頂點。占領史達林格勒的德國第六軍團逐漸被包圍和摧毀，占領高加索的德軍被趕走，其他軍團被迫撤退。曾經被納粹嘲笑的斯拉夫人最終發起了大反攻，把全部德軍趕回歐洲。

舍費爾和貝格爾戰後被拘留了一段長時間，而他們的科學研究也因為他們蹚納粹黨衛軍的渾水而永遠失色。納粹的恐怖政策和對一種站不住腳理論的力挺宣布了人種科學在歐洲和美國的壽終正寢。「雅利安主義」這個在語言學和體質人類學一度體面的詞語從此聲名狼藉。認為人種因素是決定一個人能力的關鍵因素，以及認為人種可以通過人體測量數據加以判別——這樣的想法早在其他地方失寵，唯獨納粹德國致力於為它延壽，但也只能延一時。早在希特勒當上德國總理之日（一九三三年），這一類觀念業已在人類學家和基因學家之間退潮。人類學家質疑人種夠資格成為一個範疇，遺傳學家則質疑各種「表現型」——指由基因因素和環境因素共同形塑的外顯特徵——可以決定一個人的人種歸屬。當納粹人種理論的野蠻後果完全披露之後，這個品牌的人類學名譽掃地。一九五〇年代和一九六〇年代將會見證社會科學的興起、見證人種觀念的沒落和見證環境因素的首要重要性獲得肯定。前往非洲南部、巴拿馬叢林或西藏山區尋找白色部落的遠征隊自此銷聲匿跡。

但白色部落的故事沒有就此結束。雖然史前有過一場白種人大遷徙的主張已經失去科學信譽，但它卻在世界一些地方深入人心，成為在地人類起源神話的一部分。它最有銷路的地方是非洲，又特別是魯文佐里山脈附近一帶——也就是一世紀之前史坦利報告說他遇到神祕白色部落的地方。在這裡，歷時一世紀的追尋白皮膚原住民行動留下了它的最後「遺緒」，為其提供了最後的表述和最後的殺戮戰場。

第十九章　被戰爭染色

第二次世界大戰之後不再有新的所謂白色部落被人發現——這一類發現始於史坦利的橫跨非洲探險（一八七五），結束於舍費爾的西藏遠征（一九三九）。一個原因是地理上的。到了一九四五年，難於到達的地區已寥寥無幾。世界大部分有人居之處都已被探險家和人類學家探勘過。在維多利亞時代，探險家想要前往瘧疾肆虐的非洲湖區，需要一、兩年的籌備工夫和好幾個月的長途跋涉。但到了一九四〇年代，藉助蒸汽輪船和火車，體力遠不如史坦利甚至不如榮格的觀光客只消幾星期就到得了維多利亞湖。只要再多花一點點力氣，他們就能靠水上飛機到得了維多利亞島或巴拿馬地峽的聖布拉斯——前者是金髮愛斯基摩人的棲居地，後者是白皮膚印第安人的家園。除巴布亞新幾內亞內陸和南美洲若干內陸地區以外，地球表面有人居又未被探索過的地方萎縮至近於零。火車、輪船、飛機和汽車的愈來愈發達讓未知土地快速減少。

然而，地球變小只是不再有新的白色部落被發現的原因之一，甚至大概不是最主要原因。第二次世界大戰深深改變了西方人對尋找「迷路部落」的態度。大戰殺死了六千萬至八千萬人，超過世界人口的百分之三。包括猶太人、斯拉夫人、羅姆人和中國人在內，至少有一千二百萬人是因為他們的種族身分而被針對性地殺害。盟軍一九四五年在波蘭集中營的解放暴行引起舉世震驚，讓納粹的「人種衛生」政策的實質烙印在西歐和北美人的意識。然後，世人又得知了發生在東方的暴行，曉得了日本軍隊在中國、韓國和菲律賓幹過些什麼。人種科學（它假定人種之間有著根本分歧）必須為這場全球性大屠殺負部分責任。

在這之前，手持測徑器的探險家在西方一直備受推崇。他們披荊斬棘和跋山涉水，追尋古代雅利安人、失蹤英國人或迷失維京人的下落，滿足大眾對白色部落的好奇心。但納粹黨衛軍在波蘭和日軍七三一部隊在中國東北所進行的人種實驗卻讓世人明白，人種科學有著邪惡內涵。看著貝格爾為微笑西藏村民測量頭顱的照片，我們很難不會聯想到他穿著納粹黨衛軍制服在奧斯威辛集中營為猶太人和斯拉夫人做同一件事情的樣子，想起這些人不多久之後便會被送進煤氣室，好取得他們的骨骸。他的各種精密儀器（測徑器、眼珠顏色表和捲尺等）一度是人種科學家和體質人類學家引以自豪的來源，但現在只讓人覺得恐怖十足。

隨著納粹暴行在一九四五年和一九四六年的全面被揭露，西方的政治菁英被迫採取行動。當時的世界雖然開始形成新的對抗態勢（共產主義和資本主義的對抗），但聯合國還是成功讓東、西方在人種的議題上達成共識。它的各種宣言——包括《聯合國憲章》（一九四五）、《教科文組織組織法》（一九四五）和《人權宣言》（一九四八）——一再重申，為了保護和平，為了把穩定帶給新的世界秩序，必須把人種觀念視為一種有必要消滅的病原體。教科文組織在一九五〇年就「人種問題」提出它第一份報告，強調「所有的人都屬於同一物種」和「人與人之間的相似性要大於他們的差異性」。又指出雖然用不同的基因頻率來區分不同人群在科學上也許是有效，但大部分人都會忽略這種區分：「對大多數人來說，人種就是他們選出來稱之為人種的一群人。」報導這則消息時，《紐約時報》的標題作「世界專家小組找不到人種偏見的科學根據」。政治家開始把人種問題視為社會問題而不是生物學問題。[1]

世界大戰同時影響了科學家對人種觀念的態度。此前的一個世紀，學者都頻繁用遺傳因素來解釋人類行為和才能的不同，但鐘擺在世界大戰後開始盪向環境因素：教育、養育方式和文化大環境。以斷斷續續的方式，西方各文化蹣跚地離開訴諸先天因素的解釋方式，走向訴諸後天因素的解釋方式。要解決本學科的問題時，人類學家、心理學家和社會學家愈來愈把目光望向經驗因素而不是遺傳因素。在這種新的世界觀裡，尋找迷失白色部落顯得是一種時代錯亂和不科學的舉動：在在看來，雅利安人和含族只是一個過去了的時代的狂想和執迷。[2]

但聯合國的宣言和科學論文都無法把人種觀念根除。就連在納粹大屠殺中心地帶的東歐，舊觀念一樣死得很慢。一九四五年六月十二日，德軍才剛剛被逐出波蘭，熱舒夫便有一群暴民開始屠殺猶太人。更多的反猶太騷亂接著在克拉科夫和凱爾采上演。在美國，大戰期間有十一萬日裔公民因著血統關係被強行拘禁，失去了農場、住家和其他財產。復員後回到美國南方的黑人士兵也發現他們得繼續面對《吉姆．克勞法》所規定的種族隔離。把歐洲從法西斯主義和納粹主義解放出來的戰鬥顯然並未能重新編織人類文化的布料——它的色澤和圖案維持舊觀，繼續是由人種膚色決定。在西方各種高尚的憲法和宣言底下，暗藏著這個不成文的認定：人類生而不平等、不相容和沒有可共量性。世界大戰並沒有改變這一點。[3]

所以，不讓人意外地，找尋白色部落的活動雖然全面停止，但有關雅利安人和含族的談論並未結束。它們只是轉入地下，在科學界的情況則是退回到一些冷門的平台。雖然一度得到岡瑟提倡和希姆萊熱情信仰的「北歐人種理論」現在被貶為一種納粹狂想，但有過「雅利安人入侵」的想法一樣沒有消失，不同者只是它的舞台回到了一開始：印度。一九四四年至四八年間擔任印度考古總監的惠勒爵士深信繆勒的想法，認為印度次大陸的最早原住民是皮膚黝黑和操達羅毗荼語的土著，他們是後來才被淺膚色和操印歐語的中亞民族所征服。當一個古文明遺址在印度河流域出土時，惠勒認為，這個「印度河流域文明」就是由最早的土著締建，但他們後來被入侵的雅利安人征服和消滅。不過，「雅利安人入侵理論」後來逐漸被「雅利安人遷徙理論」取代，後者認為雅利安人不是以武力而是以移民方式進入印度，而印歐文化和印歐語言也隨著他們的遷入而傳入。這種理論更多是把雅利安人看成一個語言群體，不是人種，也因此和第二次世界大戰之後學界相信文化力量大於基因力量的觀點相符。[4]

不過，到了一九四五年，發生在印度的雅利安人爭論卻走出了西方人的客廳和科學學會，變成一個印度人之間的內部爭論。在十九世紀中葉以前，大多數印度人都相信自己是印度最早原住民的後裔，但隨著繆勒的雅利安人入侵論的興起，這種態度開始發生改變。二十世紀初年，包括尼赫魯和提拉克*在內，許多屬於婆羅門種姓的學者和政治家都接受了印度文化的外國起源論。以這理論為根據，他們也把種姓制度解釋為當初征服印度的入侵者維護本身人種血統純正的方法。

第二次世界大戰之後，開始有印度人起而挑戰「雅利安人遷徙理論」。一九四六年，律師阿姆倍伽爾開了第一槍，指出這理論缺乏語言學和考古學兩方面的證據。「雅利安人種理論是那麼的荒謬，早該死翹翹。但它不只沒有死翹翹，反而得到相當多的人相信。」阿姆倍伽爾相信，會有這種現象，理由在於該理論對歐洲人有用，可以合理化他們對印度的控制。因為既然古代曾經有過入侵略者把更進步的文明帶給文化落後的土著，歐洲人所做的不過是一樣的事。換言之，雅利安人入侵論可以作為英國占領印度的科學藉口。同樣的，這理論會吸引婆羅門種姓，也是因為它合理化那個把他們放在印度社會頂層的種姓制度。「〔婆羅門階層〕聲稱他們代表雅利安人種，把其他印度教徒視為非雅利安人的後裔。這理論讓他們可以和歐洲人種攀上

*尼赫魯（Jawaharlal Nehru，一八八九至一九六四年），印度獨立後的第一任總理。提拉克（Bal Gangadhar Tilak，一八五六至一九二〇年），印度獨立運動最初的領導人。

親戚關係，分享歐洲人的趾高氣揚和優越心態。」5

不過，阿姆倍伽爾一樣有自己的意識形態。出生「賤民階級」的他自小在學校裡就受到歧視。但他後來考取了埃爾芬斯通學院——賤民階級的第一人。取得法律學位和經濟學博士學位之後，他專門為非婆羅門種姓的客戶打官司，成為了廢除種姓制度運動的領袖之一，最後還改信了佛教。隨著印度人反對英國統治情緒日益發酵，雅利安人的「本土起源論」很快就受到印度學者和政治菁英的青睞。因為主張雅利安人原是印度的本土人種，後來才把印歐文化傳播到世界其他地方，「本土起源論」很符合印度民族主義運動的需要（這運動興起於第二次世界大戰後，最終帶領印度在一九四八年脫離英國獨立）。諷刺的是，「本土起源論」很快就被一些阿姆倍伽爾不會樂於看見的群體拿來利用：一心保護印度文化純正性的印度教基本教義派政黨。所以，在致力於消除印度內部的區隔劃分的同時，阿姆倍伽爾也在無意中發展出一個有助於印度民族主義者排除異己（包括穆斯林、基督教徒和其他群體）的理論。

在非洲，「含族假說」經歷了另一個複雜變形。這時候，早已沒有歐洲人會夢想在險峻的魯文佐里山脈發現淺膚色部落。因為自史坦利一八七六年遇到過甘巴拉嘎拉人之後，便不再有探險家在非洲碰見過白色部落。非洲的白色部落後來只存在於哈葛德的和成千上萬向他效顰的作者的小說裡。但儘管迷失部落已偏安於通俗小說一隅，「含族假說」繼續活在社會科學裡，特別是活在語言學、考古學和人類學。

在第二次世界大戰結束以前，非洲語言學界大體上支持「含族假說」。在這方面，它追隨的是印歐學研究的腳步。就像繆勒在亞洲和歐洲的語言樹看見了雅利安入侵的跡象，邁因霍夫也在非洲語言看見了含族入侵的證據。在《含族的語言》一書，他毫不含糊主張，非洲好些語言都以一種先進語言為源頭，是分支自古代入侵者的母語。不過，在一九四四年邁因霍夫去世不久，語言學家格林伯格便發表了一系列論文，質疑非洲有含族語言存在的理論。他特別指責邁因霍夫定義「含族語言」的方法太過主觀，指出邁因霍夫都是研究自己感興趣的語言，沒有採用系統性方法，因此無視於一種語言與鄰近語言的明顯關連性，把它孤立地拿來和標準的含族語言作比較。這樣的研究方法讓邁因霍夫只看見一些所謂含族語言的表面相似性，看不見它們之間更深層次的結構性差異。[6]

含族入侵的觀念在考古學界一樣受到嚴厲批評。在埃及，皮特里的王朝人種理論（即古埃及的偉大文明是來自中東的入侵者的產物）仍然充滿爭議。在更南面的努比亞（蘇丹北部）所進行的大型挖掘固然讓考古學家多了更多頭骨可以研究，但對古埃及人人種歸屬的問題卻沒有多少幫助。在非洲南部，葛楚對「大辛巴威」的細心挖掘，和她對「外來者建造」假說的有力駁斥讓英國考古學界印象深刻。與此同時，文化人類學家和人口遺傳學家對體質人類學的批判聲音亦愈來愈多：有些人是批評體質人類學太執迷於把頭顱數據用作人種指標，有些人是批評作為一個生物學範疇的「人種」已經逐漸失去用處。[7]

就連在體質人類學社群內部，王朝人種理論一樣受到攻擊。一九四六年，曾協助歐洲人在埃及和努比亞進行挖掘的埃及解剖學家巴特拉威發表了一份詳盡的報告，檢視了埃及和努比亞出土的所有遺體，歸結說雖然也許真的有兩個關係非常密切的人種生活在古埃及，但沒有證據可以證明他們是來自尼羅河流域以外地區。出土遺體顯示的人種差異「不是像許多調查者所主張的那樣，是任何非歐洲人在新石器時代入侵尼羅河流域所導致」。8

不過就連這些有力批評仍然無法把「含族假說」趕出學術界。英國埃及學家恩格爾巴赫在一九四〇年代初期宣稱：「王朝人種是來自埃及以外地區這一點目前還未能得到確定證明……但它為真的機率極高，近乎確定無疑。」在蘇丹主持「惠康挖掘」*的考古學家艾迪生贊同此說。他在一九四九年發表的報告中，把傑貝勒穆亞古代墓葬遺址顯示的兩種不同喪葬方式解釋為人種的差異所導致：「屈肢葬的年代一般都晚於更先進的直肢葬，而後者會被引進〔蘇丹〕南部地區，無疑是含族的勢力從北方輻射到這裡來的結果。」就連巴特拉威的導師德里——倫敦大學的考古學家——也沒有被自己學生的研究結果說服，始終留在「含族假說」的框架之內。在巴特拉威的報告出版十年之後，德里繼續主張，出土的古代遺體早已證實「這裡有一個支配性人種存在，他們的人數大概相對較少，但智力卻遠遠超過原住民。」更糟的是，很多人類學書籍繼續用「含族假說」來解釋非洲文明的起源，一個例子是塞利格曼的《非洲諸人種》，此書在一九三〇年到一九六六年之間一版再版。就連葛楚無可反駁的研究結果一樣未能讓各種用入侵論解釋南非洲史前文明的出版品銷聲匿跡。在一九二九年被葛楚演講激怒的達特繼續使用含族入侵來解釋南非洲的族群，力主他們是入侵人種和非洲土著不同程度的混血。例如，他認為，贊比西河上游的布希曼人「雜有強烈的閃族和其他高加索人的血統，此外還雜有蒙古人種血統。」[9]

令人驚訝的是，雖然「含族假說」在埃及、蘇丹和「大辛巴威」都受到圍攻，但它的聲音在二十世紀不減反增。在西非洲，約翰斯頓爵士寫道：「純種富拉人在體格和頭腦上至少是半個高加索人。這個種族在不自覺的情況下攜帶高加索人入侵和穿透非洲的歷史。」[10]在烏干達，一九〇九年出土於比戈的巨大土方很快就被人拿來和「大辛巴威」相提並論，被認為也是外來者建造。在肯亞的高原區，英國考古學家亨廷福德考察過一些石墩和石圈之後，相信它們是出自一個從北方入侵肯亞的「阿扎尼亞文明」。在肯亞山，英國導遊暨博物學家胡克指出，那裡發現的一些「巨石陣」模樣結構和史前歐洲的遺址十足相似。在坦噶尼喀，地區測量官威爾遜相信該地的梯田耕作是一種含族入侵的證據。就連李奇（他在一九二九年到「大辛巴威」參觀過葛楚的挖掘工作，從此相信這城市當初是非洲人所建）一樣沒有完全丟棄「含族假說」。有幾十年時間，他都堅決認為，某些非洲黑人的頭骨有著「非尼格羅人」的外觀。

＊大製藥商惠康（Henry Wellcome）在蘇丹資助的考古挖掘工作。

最終，各種批評力量的結合（包括來自體質人類學，考古學和語言學的）讓「含族假說」遍體鱗傷。然而，最毀滅性的打擊卻是來自那個作為「含族假說」的基本前提的崩潰，即「走出亞洲」理論的崩潰。有幾百年時間，西方學者一致認為，亞洲是人類的搖籃。至於起源的具體地點，則小亞細亞、高加索山脈、波斯和印度都各有支持者，立論的依據是《聖經》，還有語言學、考古學和人類學方面的證據。然而，後來卻有接二連三的遠古人類骨頭在非洲被發現——這些發現中最重要的兩個（說來諷刺）分別是達特找到的「湯恩幼兒」和李奇夫妻找到的鮑氏傍人。這逼得考古學家和人類學家不得不重新省思。一九七〇年代發明的放射性碳定年技術證實了這些出土的人骨十足古老，而這個結論在一九九〇年代進一步得到線粒體的比較證實。在這兩種新技術的加持下，「走出非洲」的假說被拱上了台。如果把這些發現加進來，含族的遷徙路線會變得迂迴曲折，有違常理：先是從非洲遷出，再在亞洲演化出一個新的人種，後者又返回非洲，成為埃及、東非洲和南非洲的文化主導者。

至此，「含族假說」作為一個理論已毫無用處。但對它不利的證據雖然鋪天蓋地，但科學界繼續有人捨不得拋棄它。一些非洲的社群也是如此。返顧十九世紀晚期，這個假說主要是探險家俱樂部和歐洲大學的寵兒，但一個世紀以後，它的支持力量變成大半是來自非洲社群——包括殖民者社群和本土社群。南非和羅德西亞的白人政府去捍衛非洲部落的含族起源論。一九六五年，南羅德西亞單方面宣布脫離英國獨立（此舉主要是要阻礙民主選舉），之後，由白人控制的政府努力讓「大辛巴威」是外來者建造的說法復活。到了一九六九年，主張本土起源說的學術著作一律被禁。最終，對「大辛巴威」最有研究的學者加萊克被迫流亡國外。在日益兩極化的環境中，羅德西亞民族主義者開始給他們的政治組織冠上「辛巴威」的名字。

就連那些在一九五〇年代和一九六〇年代獲得獨立的非洲國家中，「含族假說」照樣陰魂不散。在烏干達、盧安達和奈及利亞等許多國家，該理論自殖民時代起便是社會結構的基礎。歐洲探險家和後來的殖民者看待東非洲各個統治家族的方式相當類似他們在印度看待婆羅門種姓的方式，即認為這些人是遠古征服者的後代，他們的祖先曾把自己的語言和文化強加給被征服的土著。對烏干達和坦尚尼亞的統治家族來說，斯皮克和史坦利等人的含族理論可以強化他們的權力，讓他們的統治可以因為他們的血緣而獲得更大合法性。有時候，一整個族群——例如赫馬人和圖西人都可以因為被認為是含族後裔而獲得特殊待遇。在坦尚尼亞，伊拉人自稱祖先是在遠古從美索不達米亞遷入。在西非，殖民當局把阿羅人、伊珊人、伊格博人、烏爾霍博人和埃菲克人歸類為含族，賦予他們多於其他族群的權利。對那些以含族後代自居的族群來說，這神話可以讓他們和非洲之外世界的歷史連結起來。就像穆特薩在一八七〇年代意識到的，當上「含的後人」表示有希望在一個由白人支配的世界裡取得社會進步和宗教救贖。

隨著非洲國家在一九六〇年代紛紛獲得獨立，「含族假說」也衍生出多種不同的意義。在獨立後的非洲世界，「含族後代」的身分是一把雙面刃，有時會讓有這樣身分的族群被看成是殖民者的同路人。伊拉人和馬西人便因此受到懲罰：伊拉人的圖像從此從坦尚尼亞的一百元紙鈔消失。為了隱瞞自己的族群身分，許多族群都放棄掉原來的穿著和穿孔習俗。[11]

但沒有地方比盧安達把這種效應表現得更加明顯。一八五〇年來到這地區的斯皮克認定圖西人是一個優秀人種，祖先來自北方。史坦利對國王穆坎巴的描述（當時他和李文斯頓一道探索坦噶尼喀湖）讓這種理論更添分量。這就不奇怪十九世紀晚期到達盧安達的外國傳教士會按照這個模型把圖西人和胡圖人區分為兩個不同的人種。一九〇七年至一九四五年間的盧安達天主教主教克拉斯宣稱：「圖西人是更優等的人種，有著方正五官，帶一點雅利安人和閃族的味道。」[12]在一九二〇年代和一九三〇年代，比利時殖民當局對盧安達人進行了大規模的人體數據調查，想要了解人種的分布狀況。就像布干達的金圖神話那樣，圖西人的起源傳說很容易就可以和含族入侵的神話嫁接。結果，胡圖人和圖西人的分別（它們在前殖民時代只是一種社會階級的稱謂）搖身一變成了人種範疇。另外，這兩個種族也因為殖民當局把它們用作組織政府權力層級的依據而變得重要。含族入侵的故事被當成歷史，在教會學校裡被教給學生。因為認定圖西人比較優越，殖民政府大量晉用圖西青年，胡圖青年人不得其門而入。此舉在盧安達內部製造出族群對立和社會仇恨。國家獨立後，胡圖人在一九五七年鼓吹廢除殖民時代的人種政策。一九五九年，一場血腥社會革命讓胡圖人掌握了政治權力。胡圖人和圖西人之間的傾軋在一九六〇和一九七〇年代繼續持續。一九九四年，本身是胡圖人的盧安達總統遭到暗殺。作為報復，胡圖人對圖西人及其盟友進行了大規模屠殺。

把這場種族屠殺完全歸咎於「含族假說」並不公道。因為同一個假說也在烏干達、奈及利亞和坦尚尼亞引起族群對立，但這些地方都沒有發生大屠殺。不過，「含族假說」仍然是胡圖人怒氣大爆發的催化劑，因為它可以加強胡圖人對圖西人是外來侵略者的印象，靠著歐洲人撐腰對他們多所打壓。以這種方式，「含族假說」對一九九四年的暴力事件起了推波助瀾作用。[13]

大屠殺平靜下來之後，入侵理論受到嚴厲批判，情形和「北歐人種理論」在納粹的暴行被揭露下受到摒棄沒有兩樣。盧安達政府因為試圖修補因族群仇恨導致的分裂，它不可能再敢碰任何外來者侵略的理論。然而，即便含族和雅利安人的遷徙理論已經式微，世界曾發生過人種征服的觀念仍然沒有壽終正寢：包括基因檢測、法醫學鑑定和族群定位在內，一些先進技術重新讓世界各地的白色部落故事得到新生命。

第二十章 「肯納威克人」

一九九六年七月二十八日，華盛頓州本頓郡的驗屍官約翰遜登門拜訪查德斯，手上帶著個裝在五加侖桶子裡的人頭骨。查德斯在門廊迎接他。人頭骨是兩個少年人當天稍早在肯納威克鎮的哥倫比亞河河邊發現。他們是要去觀看水上飛機比賽。為了省下入場費，他們繞了一圈，就此發現了擱在泥濘裡的頭骨。警方獲報後通知約翰遜前往勘驗。因為不確定這是一宗兇殺案、意外事故還是考古發現，約翰遜便向身為法醫人類學家的查德斯求助。查德斯站在門廊裡，把頭骨從塑膠桶子捧起。它的整體保存狀況良好，因為年深日久而泛出古銅色，已經融合的縫合線表明頭骨主人並不年輕，十之八九超過四十歲。牙齒磨損得厲害，反映出頭骨主人平日的主要飲食是堅果、漿果和高纖食物。根據這一點，查德斯認為死者是個印第安人，甚至可能是個「古印第安人」，即美洲大陸最早的原住民。但頭骨也有一些特徵跟這個解釋兜不攏：它的高鼻樑、突出眉脊和其他牙齒特徵皆顯示，死者有著歐洲人血統。查德斯告訴約翰遜：「它看來像個白人。」[1]

兩人重回發現頭骨的地點，在那裡發現了更多的骨頭（顯然是因為河岸被侵蝕才在最近暴露出來），包括了椎骨、肋骨、下頷骨和骨盆，幾乎可以重組出一副完整的骨架。接下來幾天，他對骨頭進行了X光檢查、電腦斷層掃描和放射性碳定年。一幅有關這個「肯納威克人」的畫面開始浮現。死於哥倫比亞河河邊的這個人是個中年男子，身高約一七五公分，一生中受過很多次傷。他的頭顱遭受過嚴重傷害，肋骨、肩骨和肘骨都有骨折，脖子、膝蓋和手肘都為關節炎所苦。他的骨盆曾經被一個矛頭嵌入，傷口後來部分癒合，所以繼續有血液從骨頭的開口流出。不過，最驚人的發現卻是來自放射性碳定年法：「肯納威克人」的歷史有九千五百年那麼古老。

「肯納威克人」的年代改變了這一發現的意義。在整個美國西北地區，只有兩組出土的人類骨骸年代要比「肯納威克人」更古老——一組是在華盛頓州的馬爾莫石窟發現，另一組是在愛達荷州的布爾找到。但這兩組骨骸都是殘缺不全，反觀「肯納威克人」卻是接近完整。事實上，在發現「肯納威克人」之前，整個美洲大陸只有另一具完整的遠古骨骸被發現過。「肯納威克人」出人意表的頭骨形狀（像歐洲人多於印第安人）也衍生出了一些意義重大的問題。傳統觀點認為，最早的美洲人是一萬四千年前通過白令陸橋抵達，最後散布到整個南、北美洲。「肯納威克人」會不會是另一支遷移到美洲來的亞洲人，血統上和印第安人完全無關？還是說他們的祖先是來自歐洲，當時大西洋的兩岸一度被冰塊連結起來？對人類學家和考古學家來說，「肯納威克人」開啟了許多令人振奮的可能性。2

但許多美國印第安人對「肯納威克人」受到的對待感到不悅。包括尤馬蒂拉族、雅克瑪族、瓦納普姆族、科爾維爾族和內茲佩爾塞族在內，好些美國西北地區部落都認為，骨頭的發現地點和年代都反映出「肯納威克人」是他們的一位祖先，因此應該受到尊重，歸還給印第安人重新安葬。很多印第安人對於用來主張應該讓骨骸接受進一步檢驗的理由持不信任態度。幾百年來，白人都用這一類理由來合理化他們盜取印第安人遺體和陪葬品的行為。自從傑佛遜（即美國《獨立宣言》起草人）一七八八年在維吉尼亞州開挖古墳而首開風氣之後，白人屯墾者和科學家便一窩蜂打著科學的旗號盜墓取屍。莫頓在一八四〇年代固然是靠著古埃及人頭骨修訂「含族假說」，但在這之前，他的精力都是放在研究印第安人頭骨。透過他的田野代理人，莫頓一共搜集了一百四十七個印第安人頭骨，靠它們在一八三〇年代寫出《美洲人頭骨》一書。

莫頓只是許多感興趣於研究印第安人頭骨的學者之一。一八五〇年代和一八六〇年代，美國的博物館紛紛落成，它們（例如史密森尼學會、哈佛大學的比較動物學博物館和陸軍醫學博物館）為了互別苗頭，需要更多的民族學展品以豐富館藏，印第安人骨頭的需求量因而愈來愈大。大多數時候，博物館都是依靠業餘代理人去掘墳起墓，而這些人不會對死者有太多尊重。沒有任何牽涉其中的人可以自稱不知道印第安人對這種事的觀感：學者和收藏者全都明白那是一種天大冒犯。早在一八〇九年，布拉德伯里便指出過，曼丹族「對死者的遺體極度尊敬，而這種態度是所有印第安人所共有。」[3]但搜集者沒有改變態度，只是改變方法：改為等到入黑才開始盜墓，以免被人發現。換作美國白人自己的祖墳遭到如此對待，一定會激憤莫名，但盜屍者和科學家沒有這種設身處地的考量，繼續依然故我。被這股狂熱感染的並不只是莫頓之流的人種科學家。就連文化人類學家鮑亞士一樣花大量時間搜集印第安人骨頭。他自己承認：「從墳墓盜取骨頭是最讓人不愉快的工作。但既然骨頭有用，這工作總得有人去做。」

因為這個原因，「肯納威克人」的發現挑起了西北部落的痛苦回憶。尤馬蒂拉族的代表敏桑為了讓大眾注意這件事，在《三城先驅報》寫了一篇社論，敦促返還骨骸：「成千上萬土著遺體被放在博物館和學術機構的櫃子裡，等著有朝一日重新入土，等著有朝一日得到科學家和其他人給予他們應有尊重。」[4]敏桑秉持的是一個和查德斯及其他人類學家完全相左的世界觀。他拒絕相信「肯納威克人」是高加索人或相信他是從世界另一個地區遷入美洲。印第安人的歷史不是從對化石的科學研究浮現，而是從長老代代相傳的故事浮現：「從我們的口傳歷史，我們知道我們的人民自從有天地以來便是這片土地的一部分。科學家相信我們是從另外一個大洲遷入此地，但我們不相信。」

雖然這種觀點不會被科學家和大多數民眾接受，敏桑和尤馬蒂拉族還有一張有力的牌可打。骨骸是在聯邦的土地上被發現，因此，西北部落有權根據《美國原住民墓穴保護和返還法令》，要求歸還遺體。這法令規定，印第安部落只要能證明文物或遺體是屬於他們先人，就可以要求歸還。出於印第安人的要求，陸軍工兵部隊下令停止對「肯納威克人」進行科學檢驗，並表明有意把骨頭還給印第安人重新安葬。一九九六年七月下旬，約翰遜到查德斯的實驗室把骨骸取回。眼見歸還「肯納威克人」在即，查德斯趕快給骨頭拍許多照片。「我一片恐慌，用顫抖的雙手給裂開的肋骨、被矛刺穿的傷口和任何我認為可能需要存檔的部分拍下黑白照片。」[5]

當查德斯正在和美國西北部印第安人為「肯納威克人」角力的同時，另一場爭奪戰正在中國進行得如火如荼，這一次爭奪的對象是被稱為「且末男人」的遺體。這遺體相當古老，而且據信是高加索人種。「且末男人」的故事開始於一九八八年。有一天，參觀中國西部新疆省一間博物館時，賓夕法尼亞大學教授梅爾在「木乃伊展館」一個玻璃櫃前看得愣住。玻璃櫃裡躺著一個保存完好的男性，身高一八三公分，穿紅色羊毛外衣，皮膚蒼白，顴骨高聳，一頭薑黃色頭髮。梅爾驚呆了，因為櫃中人不僅長得像高加索人種，還很像他認識的一個人。「我就像看我哥哥戴夫在睡覺。我傻住了。我不停看著他，不停看著他的眼睛，無法讓自己離開。我圍著玻璃櫃繞了一圈又一圈。我本來是負責帶隊的，但這時卻把其他人忘到九霄雲外。我有點像是迷路了兩、三小時。」[6]

男屍是中國考古學家在塔里木盆地發現，該盆地位於新疆省南部，乾旱不毛、酷熱難當，但這種天氣卻最是有利於保存人類遺體。「且末男人」（用出土地的縣名命名）保存得異乎尋常良好。梅爾注意到，博物館中很多木乃伊（更精確的說法是乾屍）都身材高大、紅色或金色頭髮，頭型類似歐洲人。雖然「且末男人」是在一九七〇年代出土，但這一類發現並不罕見。二十世紀初期，在中亞活動的西方探險家已經提到有些木乃伊有著白種人的特徵。不過，他們常常假定這些木乃伊是來自歐洲的旅人，不是在地居民。中國共產黨建政後，西方遠征隊通往塔里木盆地之路一度斷絕，但隨著冷戰緊張局勢的緩和，學者在一九七〇年代和一九八〇年代得以重回中國。同一時期，塔里木盆地在進行大規模建設計畫過程中也發現了數百具屍體，同樣是有著高加索人種特徵。開始研究塔里木盆地的木乃伊之後，梅爾發現，「且末男人」的身體特徵在當地居民之中很常見。這一點得到中國考古學家韓康信博士證實。韓博士是北京考古研究所的體質人類學家，他在檢查樓蘭出土的木乃伊時也發現它們有著高加索人種特徵。[7]

這些被發現的遺體就像「肯納威克人」那樣，助長了一場暗潮洶湧的政治爭議。幾十年來，維吾爾人（新疆省操突厥語和信奉伊斯蘭教的民族）和漢人一直關係緊張。維吾爾分離主義者主張，新疆在地理上和種族上從來不屬於中國。在一九五一年至一九八一年之間，維吾爾人至少發動過十九次起事，抗議政府的統治政策。北京堅持新疆自古便是中國不可分割的一部分，但維吾爾人卻認同西方的文化，包括西方的語言和宗教。[8]

在維吾爾社群看來，「且末男人」和其他有著高加索人種特徵的木乃伊完全符合他們對本民族起源的說法：塔里木盆地最初是由來自西方的人所定居，他們帶來了新的穀物品種和農業技術。只有到了後來，這裡的土地才落入來自東方的漢人控制。維吾爾人用這種方式論證中國人不是中國西境的最早原住民，只是占領者。木乃伊的高加索人特徵證明了該地區最早是屬於西來的一支印歐民族，不是屬於東來的蒙古人類型民族。考古證據表明，塔里木最早的文化（上溯至西元前第二千紀）仰賴從西方引入的牲畜和穀物。另外，在塔里木盆地地區發現的佛教手抄本（年代介於西元前八百至六百年之間）也是用一種印歐語言書寫——這種語言後來被稱為「吐火羅文」。雖然沒有人能斷言「且末男人」和他的同時代人是使用這種見於佛經中的語言，但它仍然構成一種旁證。[9]

讓我們把鏡頭轉回到美國。在被「陸軍工兵部隊」下令停止對「肯納威克人」進行檢驗後，查德斯和其他人類學家聯名訴請地方法院，反對這項命令。他們指出，返還法令只適用於遺體或遺物所有人的後人，而九千年前的遺體不可能和現代的任何印第安部族有關。「肯納威克人」的獨特顱相也表明，他和任何現存的印第安部落沒有血緣關係。如果此說成立，返還法令便不適用於「肯納威克人」，而科學家也有權繼續對其進行研究。就這樣，查德斯認為「肯納威克人」看起來像「白人」的看法突然有了人類學理論之外的意涵。隨著訴訟的展開，大部分美國報紙都站在科學家的一邊。[10]

對於美國印第安人，查德斯的說法也喚起了他們的不快回憶。這不是科學家第一次援引考古證據，主張印第安人不是美洲原住民。從十八世紀開始，白種人就在美洲發現各種大型土建工程，例如平頂金字塔、加長的山脊和錐形土墩。它們其中一些（例如伊利諾伊州一座高三十五公尺的平頂金字塔）看來只有大型和有組織的農業聚落才有能力興建。後來的科學家主張，這一類文明必然是由一個時代比印第安人更早的人種打造，因為印第安人不具有如此高超的技術。所以，民族學家都不認為這些讓人動容的工程是地區內印第安部落的傑作。林肯在一八四八年寫道：「就像我們今日一樣，埋骨在美國土墩裡的已滅絕巨人種族曾經對尼瓜拉瀑布目不轉睛。」類似的論證也在十九世紀晚期被毛奇和其他人應用在「大辛巴威」：他們主張在地的土著太原始，建造不出如此複雜的結構。

中國政府擔心類似論證會出現在對塔里木木乃伊的研究。曾經有先進的印歐文化流入中國西境之說引起了中國文化源出何處的問題。正如考古學家科爾在一九九九年指出的，梅爾的論證正中了一個刻板印象的下懷：根據刻板印象，中國文化不是起源於本土，而是「派生」自塔里木盆地的居民，他們和中國人「種族上截然不同」。11

外來者建造理論並不是唯一搶走印第安人歷史與文化的主張。另一種起著相同作用的主張是說有些印第安部落是一支土著化歐洲人種的後裔。它的源頭是王子馬多克的傳說。馬多克是十二世紀威爾斯國王圭內斯的兒子，相傳，他在父親於一一七〇年死後因為看見一群親兄弟和同父異母兄弟就繼位問題激烈相爭，心生厭倦，帶著弟弟里里德和一百個追隨者離開威爾斯，航向西太平洋，未幾便發現了一片肥沃土地。他在那裡建立了一個殖民地，然後回到威爾斯招募了更多的屯墾者，從此不再有他的消息。十八世紀期間，經常有定居北美洲的英國人聲稱看見「威爾斯印第安人」。一般相信，這些印第安人就是馬多克的土著化後代。

有著淺膚色和歐洲人容貌特徵的印第安部落（例如曼丹族）在十八世紀引起頗多討論。認為他們是歐洲人後代的說法是那麼的言之鑿鑿，乃至劉易斯和克拉克甚至專程去了曼丹族一趟，想要證實這個理論。因此，當人類學家基於人種理由反對返還「肯納威克人」遺骨時，就是在揭開一個舊傷口。一九九七年七月，普雷斯頓在《紐約客》談到這宗訴訟時，說了以下一番話：「愈來愈多證據顯示，新大陸的最早居民不無可能是高加索人的一支。『肯納威克人』的骨頭只是這些證據的一部分。」12

質疑這些發現有可能會挑戰北美和中亞史前史傳統的科學家並不多。不過，他們很多人都對於把被發現的骨頭斷定為歐洲人感到不安，因為這種論調太近似於舊日的入侵理論。才不過幾十年前，文明進步是由人種征服帶來之說仍然大行其道。它最初是科學家用不同種類的「證據」（語言證據、文化證據和頭骨證據）炮製出來，但很快就走出象牙塔，成為家喻戶曉的觀念。西方國家用它來作為殖民行動的理據，聲稱它們的所作所為只是為了提高被殖民土著的文明。從爭奪非洲到巴巴羅薩行動，歐洲列強莫不是用發生在遠古的事情來合理化它們的征服。

雖然「肯納威克人」長得不像印第安人，或雖然「且末男人」長得不像中國人，但這不表示他們是古代歐洲部落的後人。因為知道用頭骨測量數據來判別人種問題多多，大多數人類學家不情願把「肯納威克人」說成一種人種類型。然而，用黏土重建的「肯納威克人」顏面模式——十足像演員派崔克．史都華*——卻凸顯出這事情的人種面向。在中國，對木乃伊的科學研究同樣加劇了漢人和維吾爾人的政治摩擦。

這些爭論也把科學界的內部分裂凸顯了出來。在體質人類學界，對於應不應該用人體測量數據來界定人種繼續充滿爭議，情形和第二次世界大戰結束以來無異。在文化人類學界，西方人類學家因為深知本學科受過人體測量學和優生學的某些汙染，不願意使用太多人體測量數據。但非西方學者卻沒有這一類顧忌，繼續仰賴得自頭骨，牙齒和骨骼的數據。韓康信甚至沿用二十世紀初期通行的人種範疇（北歐人、阿爾卑斯人、地中海人和蒙古人）來分類塔里木的木乃伊。梅爾看來有時也會對他研究的木乃伊投入過多情感。除了對「且末男人」懷有深情以外（他稱之為「古早大衛」†），他也為二〇〇三年出土的金髮女性木乃伊「小河美女」寫過讚歌。他在二〇一一年向《賓夕法尼亞報》承認：「我總覺得她非常有吸引力，近乎能勾魂攝魄。她五官姣好，人見人愛。她有著漂亮的雙唇，漂亮的牙齒，總之是美極了！」這種感情看來呼應了布盧門巴赫一七九〇年代對那個來自高加索的漂亮女性頭骨的驚嘆（這頭骨被他認為是歐洲人種的最純正樣式）。[13]但他們的讚美幾乎不能證明「小河美女」、「且末男人」和其他古代木乃伊確實是歐洲人。因為就像科爾指出的，如果這些木乃伊真的是歐洲人，那他們會千里跋涉，越過兩座大山脈和整個歐亞草原，難道就只是為了定居在一個無比荒涼的沙漠的外圍嗎？事情一定可以有別的解釋。[14]

這種對迷路淺膚色人種的情深款款讓很多考古學家憂心忡忡。他們沒有忘記人種範疇是曾經怎樣被濫用，也沒有忘記這些範疇是靠著一些非常可疑的方法獲得支持。在回顧梅爾就塔里木木乃伊所寫的一篇篇論文時，科爾指出：「有很多迷思有必要驅散，包括以下這個本世紀最危險和最持久的迷思：純種原始印歐人曾經從他們群山環繞的家園向外擴散，把技術創新和自己的基因帶到歐亞大陸的大部分地區。」[15]

科爾自有值得憂慮的理由。白色部落回來了。「肯納威克人」很快就催生出大量主張美洲有過本土白色種族的言論。「且末男人」的情形也一樣。他們就像在世界其他地方被發現的所謂含族和雅利安人一樣，被認為是一種科學證據。事實上，就在人類學家發起訴訟阻止返還「肯納威克人」的同時，加州的異教組織「阿沙楚民俗學會」聲稱「肯納威克人」有著日耳曼人血統。到了一九九八年，白人至上主義組織也加入了對「肯納威克人」的爭奪。不管第二次世界大戰和對人種科學的批判有多麼讓含族或雅利安人遷徙理論名譽掃地，仍然無法把它們消

＊《星艦迷航記》電影系列中的光頭艦長。

†大衛就是戴夫，即梅爾的哥哥。

滅。誠如心理學家理查茲所說的，支持人種生物學的論證就像吸血鬼一樣，每被殺死一次就會復活一次。「這爭論與其說是活著，不如說是未死。」[16]

環繞「肯納威克人」和「且末男人」的爭論迅速從科學界躍入公眾論壇。在美國西北地區，它讓印第安部落和科學家之間就科學和文化尊重邊界何在的問題展開權力鬥爭。在在看來，追求發現白色部落不僅僅是為了找到某個迷路的人類遠祖。在二十世紀中葉以前，體質人類學的目標之一是確立人種的純正本質。所以，任何出土的古代遺體都被認為不只攸關史前史，更是攸關西方人的存在處境。這是一個曾讓三大洲迷醉的觀念（嚴格來說是迷醉至今），哪怕它的科學價值可疑和政策代價可怕。科學家真正希望找到的不是某個具體的部落，而是「白」的核心本質*。那些繼續追逐它的人發現，它就像史坦利的白色部落那樣，總是稍一露面便退入薄霧中。雖然被逐出了科學界，它繼續靠著可望卻不可即而保持挑逗力量。

*即那些讓白種人有別於其他有色人種的本質特徵。

後記　史坦利看見了什麼？

天還沒有亮，但坎帕拉*的納米倫貝路已湧動著小型巴士和摩托車。空氣中瀰漫著汽車廢氣味和街頭攤販烤玉米的燒木柴煙味。我登上一輛前往卡塞塞的巴士。卡塞塞是烏干達西部邊緣的小鎮，地處魯文佐里山脈的山麓。五年來，我一直透過舊書籍、科學期刊和探險報告追蹤白色部落觀念的足跡，為找資料去過包括達特茅斯學院和史密森尼學會在內不計其數的學術機構。我甚至到過比利時，在特伏丹的皇家中非博物館翻閱了史坦利細心寫就和筆跡捲曲的田野筆記。從這些材料，本書的大輪廓——「含族假說」的興起與衰落——逐漸成形。然而，這些材料無一可以回答那個當初驅使我投入這番追尋的問題：史坦利在一八七五年秋大看見了什麼？這八成是一個無解的問題，或只能用猜測解決的問題。這是因為我們對於史坦利看見了什麼，可依靠的完全只有他自己的記敘。不管烏干達在他橫跨非洲之後那近一個半世紀裡進行過

*烏干達首都。

魯文佐里山脈的邦萬貫拉山口，標高四四五〇公尺，離照片遠處的史坦利山兩日路程。

多少相關研究，它們無一可以破解這個謎。但我還是決定去一趟烏干達，除了是為了在坎帕拉大學做些研究，也是為了感受一下史坦利和穆特薩會面的那些地方，找一些烏干達人聊聊，以及到他一度相信住著迷路非洲白色部落的那座山走走。

在巴士擠過坎帕拉的狹窄街道前往高速公路途中，我油然想起史坦利的橫穿非洲大陸之旅。他是一八七五年秋天離開穆特薩的皇宮，朝西向愛德華湖進發，希望可以解決尼羅河的源頭之謎。他的遠征隊沒有巴士可坐，只能沿著卡通加河河岸的沼澤地徒步前進，挑夫們背著大包大包的食物、裝備、布料和珠子。還有些挑夫是把「淑女愛麗絲號」的各段落頂在頭上，像是頂著一隻斷成一截截的巨大昆蟲。因為這樣的負荷量，加上受到布干達敵人攻擊的威脅，遠征隊花了兩個月才去到我現在要去的地方（車程八小時）。巴士在東西向高速公路飆速時，兩旁不斷掠過蕉林和茶葉種植園。從窗戶洞開的人家傳出震天價響的非洲雷鬼音樂。

我為自己有巴士可坐而不需要穿過沼澤和荊棘而高興。雖然我沒有本領走史坦利的路線，我卻希望一睹他在旅途上目睹過的東西：不只是為了那博得他多年關注的淺膚色甘巴拉嘎拉人，還為了他在卡通加河附近的小山看見的甘巴拉嘎拉山——一座在藍色地平線上巍峨聳峙、峰頂終年積雪的萬丈高山。

這些經驗（這方面我們只有史坦利本人的證言）讓他深信非洲內陸有一個白色部落存在。又因為他是當時世界最著名的探險家，「非洲白色部落」的傳聞不脛而走，迅速被世界各地的報紙轉載或摘錄，後來又進入到書籍、地圖集和課本。它可以滿足多種用途，包括用來說明非洲地理、探險史和史坦利本人自己的冒險。自此，非洲的白色部落成了詩人、冒險小說和探險家著迷的對象。最重要的是，它讓對人種感興趣的科學家如獲至寶——靠著它，出版於十五年前的《物種起源》對他們的衝擊將會大大降低。《物種起源》沒有談到人類演化的問題，這是因為達爾文知道，即使不碰這個課題，他的書即已足以引起夠大爭議，不想節外生枝。不過，不管是他的支持者還是批評者都在《物種起源》的字裡行間讀出，演化的觀點一樣適用於人類身上。接下來十年，他們紛紛在自己的作品裡就此各抒己見。

當史坦利一八七一年穿過東非尋找李文斯頓之時，達爾文決定不再沉默，寫出《人類的由來》表達自己對人類演化的看法。他主張，所有人種都是同一個人類物種的變種，彼此的差異是天擇原理作用在不同地理環境的人群所導致。這種主張不只違背傳統對《聖經》的字面主義解釋，也與很多相信不同人種是不同物種的科學家相左。在這場爭論中，史坦利的白色部落（後來則加入金髮愛斯基摩人、白皮膚印第安人和西藏雅利安人）變得舉足輕重，因為他們比根據頭骨、骨骼和聖經經文所做的推論更為有力：他們都是活生生的人，而他們的存在本身就有解釋的必要。

因此，有白色部落存在之說不只引起轟動，還影響深遠。史坦利的這個說法尤其讓一種根植於《創世記》的人種起源說得到了新生命。自此，甘巴拉嘎拉山的白色部落變成了一種新版本「含族假說」的基石。以人類是起源於亞洲的普遍共識為基礎，這種假說認定，在遙遠古代，文化優越和淺膚色的含族曾經入侵非洲，征服和奴役非洲黑人（有時也會和黑人通婚）。這種思路當然不是由史坦利發端，因為曾有淺膚色含族入侵非洲之說是始自一八四〇年代。不過，史坦利的說法卻讓「含族假說」如虎添翼，不用光靠古人類骨骼和希伯來文本作為證據。

因為是同時建立在事實和幻想，也同時建立在測量數據和錯誤測量方法上，「含族假說」最終垮台。在考古學的領域，所有的含族子孫理論——包括「大辛巴威」的「外來者建造理論」、古埃及的「王朝人種理論」和東非的「阿扎尼亞文明理論」——最終都被新的證據、更謹慎的方法和道德義憤推翻。在人類學方面，古埃及人是高加索人種之說被拆穿。在語言學方面，那些宣稱有所謂含族語言存在並用這方法來支持含族入侵說的著作已經被證明方法上太隨興和削足適履。就連史坦利的主張一樣活不過十九世紀。他手下的一小批人曾經登上魯文佐里山脈的西翼，發現三千公尺以上的高度並無人居。

然而，「含族假說」繼續死而復生。它被一次又一次擊斃，但一次又一次以新的面目重生。雖然這個理論已被逐出社會科學無疑，卻繼續活在一些邊緣群體中間，被他們用來解釋世界和合理化自己的人種信念。更重要的是，它繼續活在非洲人自己中間。即便是在非洲各國脫離歐洲殖民的幾十年之後，不同非洲部落是不同人種的想法仍然形塑著非洲社會的面貌。雖然我們不能把一九九四年的盧安達大屠殺完全歸咎於「含族假說」的陰魂不散，但它仍然脫不了關係，因為它讓胡圖人和圖西人更容易把彼此看成非我族類。它讓操同一種語言、上同一所學校和在一起工作的人更容易把彼此視為陌路人。

我在坎帕拉認識的烏干達朋友無一把遠古入侵說當一回事。他們雖然是基督徒，但並不相信挪亞的兒子和非洲人金圖有任何關係。儘管如此，又儘管不利於「含族假說」的證據不斷增加，這假設繼續在非洲徘徊不去。自一九六〇年代以來，人類化石、史前遺址和群體基因學的證據都在在表明，人類物種的起源地不是亞洲，而是非洲。更近期的研究（從比較語言學到群體遺傳學的研究）還顯示，雖然東非人跟北非人和衣索比亞人有著共同祖先，但這只是發生在史前非洲的許多播遷事件之一。例如，「湖區」居民一樣是來自西非的班圖人和來自非洲南部科伊桑人的後裔。另外，這些遷移和氣候變化密切相關。移入東非的移民十之八九是為了逃避乾旱和饑荒，希望找到氣候穩定和土地肥沃的生活環境。[1]

然而，即使「含族假說」及其所有的變體和扭曲都已被推翻，我最早的疑問仍然存在。我在卡塞塞下巴士時，這個疑問啃咬著我。卡塞塞是剛果邊境附近一個塵土飛揚的採礦城鎮，離史坦利在一八七五年經過這一帶時的所在位置只有二十四公里。他當時看見的是什麼人？一個可能解釋是甘巴拉嘎拉人全患有白化病——一種由會限制或阻止色素產生的基因導致的遺傳性疾病。在南非、辛巴威和坦尚尼亞，白化病患者在人口中都占有一個高比例。所以，史坦利看見的「白皮膚非洲人」未嘗不可能和馬什在巴拿馬發現的「白皮膚印第安人」有相同問題：後者在日後被證實是一個白化病比率較高的群體。不過，即便是在白化病比率最高的非洲部落中，白化病仍然是一種罕有病症。在辛巴威的湯加人中間——他們的白化病比率全非洲最高——每一千個小孩中仍然只有一個是出生時是帶著褪色的皮膚。反觀甘巴拉嘎拉人（史坦利聽說）卻一律是淺膚色。而且，他對他們的描述也不符合典型白化病患者的特徵。例如，他說甘巴拉嘎拉人的膚色讓他聯想起「穿白襯衫希臘人」，換言之是南歐人。他也沒提到他們的眼珠或頭髮有褪色現象。在接受克爾採訪時，他形容甘巴拉嘎拉人有著「棕色捲髮」和「不比一個黑白混血兒深色」的皮膚。[2]

另一個可能解釋是，甘巴拉嘎拉人的淺膚色是為了適應特定的環境形成。深色皮膚是黑色素所導致，這種色素可以保護皮膚免受紫外線的傷害。紫外線最強的是赤道地區，所以，生活在這些緯度的人群也會產生出黑色素作為生存機制。但黝黑皮膚會讓人在紫外線低的環境失去生存優勢，甚至反過來不利於生存。因為雖然暴露在紫外線之下有可能會引起皮膚癌，但紫外線也可以讓人體合成維生素D——一種對骨骼生長和免疫系統來說至為重要的化合物。維生素D的重要性從一個事實可見一斑：人類六萬年前在離開非洲之後膚色迅速變淡。在歐亞大陸的高緯度地區，人類比較少暴露在紫外線之下——這除了是因為那裡的日照較不強烈，也是因為天氣較為寒冷，讓人有需要用衣服蔽體。隨著紫外線傷害的危險下降，黑色素的價值亦大為減低。[3]

甘巴拉嘎拉人是經歷了黑色素減少的過程嗎？雖然魯文佐里山脈大半位於高紫外線的赤道地區，但它的各座高山常常霧氣繚繞。此外，魯文佐里山脈以西的區域是覆蓋在濃密的熱帶雨林底下。因此，這山脈本身和四周很多地區都沒有太多陽光——這一點史坦利一八八七年從伊圖里森林前往魯文佐里山脈途中便注意到。耶爾諾在一九七六年所做的一項研究顯示，在非洲中西部，曾經有過一群人因為其成員分別遷居到三個紫外線強度不同的環境，在兩千年之間皮膚顏色起了顯著變化，因此分化為三個不同的族群：薩拉人、奧托人和特瓦人。在演化的時間尺度來說，兩千年是一段不算長的時間。在這三群人之中，住在剛果雨林濃密植被中的特瓦人膚色最淺。所以，甘巴拉嘎拉人不無可能也是為了適應陽光較少的棲地而發展出淺膚色。[4]

這當然只是猜測。我們不可能斷言甘巴拉嘎拉人曾經經歷膚色淡化的過程。事實上，白色部落從來不是光靠膚色來認定。含族理論還脫胎於其他特徵：高挺鼻子、頭型、文化行為和穿著。正是這些特徵讓白色部落在探險家和殖民者眼中顯得是「白色」。

但這層考慮讓「史坦利看見了些什麼」的問題有了另一可能答案，而這個答案也解釋得了李文斯頓、平托、斯皮克和其他探險家看見的白色部落：他們可能是根據自己所持的既有範疇把非洲人之間的天然差異解釋為人種差別。隨著基因研究的日益細緻，科學家已經證明，非洲人是地球上基因多樣性最大的一群。但有一點要注意。人類物種不同群體之間的同質性其實相當高。人與人之間的基因相似度達百分之九十九。其他哺乳類動物（例如黑猩猩）內部的基因差異性要大得多。但在人類基因差異的小範圍內，有很大一部分差異是發生在非洲人中間。這大概是因為非洲人口有大約二十萬年時間彼此分化，反觀其他地區人口在遷出非洲後只有大約六萬年時間可以分化。有趣的是，大多數這一類人類差異都是存在於大型的人群中：所以，例如，人類內部的變異有百分之八十五左右是存在於非洲人之中，而非洲人和其他人群（例如亞洲人、歐洲人和美洲人）之間只有百分之十五的基因差異。換言之，十九世紀想要打造一個鐵桶般堅實的人種系統的構想完全是搞錯了方向。區域內的基因差異要遠大於不同區域之間。而在各個區域中，非洲人內部的基因差異最大。

我們走過魯文佐里山脈山路起點的基倫貝村時，我向我的嚮導基明尼瓦提起史坦利遇見甘巴拉嘎拉人的故事。他覺得難以置信。基明尼瓦是孔佐人，皮膚黝黑。大多數住在基倫貝村和魯文佐里山脈山腳的孔佐人都是這種膚色。沒有人會把這些種咖啡豆、賣電話卡或捍牛的男女誤看成「穿白襯衫的希臘人」。也沒有人會對住在魯文佐里山脈其他城鎮——例如波特爾堡、希馬和基庫拉——的烏干達人有這種印象。這一點可以從一件小事清楚地顯示出來。我們在山徑上走著走著的時候，看見旁邊種著香蕉和木薯陡峭梯田裡有個基倫貝村的女人正在工作，身邊帶著個三歲左右的小女孩。我走近時，小女孩開始哭泣。我把太陽眼鏡脫掉，希望會有幫助，結果適得其反。她尖叫起來，用手捂住眼睛，轉身跑掉。淺膚色人在這一帶極為罕見，形同怪胎。

攀登史坦利山花了我們六天時間，沿途是一系列的農莊和竹林，到了近山頂處則只剩下冰川。這片風景史坦利從沒有在近距離看到過，他也不曾看過這裡的竹林、巨型半邊蓮、岩蹄兔和藍鬚猴。在坎帕拉，我已經習慣了跟幫助我的烏干達人走得很近，但在魯文佐里山脈這裡，我爬得愈高便愈覺得孤伶伶。基明尼瓦是個頂呱呱的嚮導，我的這趟登山之旅全靠他和兩個挑夫。但他們雖然有禮貌和專業，卻明顯是把我看成客戶，不是朋友。每天下午四點，哪怕是身處懸崖和暴風雨之中，挑夫固定為我沏茶。到了晚上，他們會給我端來飯菜，檢查我有沒有短缺什麼，再給我裝滿燒開的水才回自己的帳篷去。因為沒有意識到遊戲規則，有一次我在他們離開後跑到他們的帳篷去。三個男人一看見我馬上站起來，不發一語，等著我吩咐事情。雖然鬍子拉碴，滿身是汗，身上黏著厚厚的泥巴，但在這一刻，我覺得自己是個無預警下樓去巡視僕人區的伯爵。我已經進入了一個角色——這個角色是在斯皮克和伯頓的時代打就，至今仍被觀光客、打獵團和登山組織妥善保存。

還有其他挑戰讓我聯想起早期的探險家。對老練的登山者來說，攀爬一座五千公尺高峰不是什麼特別難事（就只有最後一天去到冰川區的時候比較考驗人），但我不是老練的登山者。到了第三天，海拔高度已經讓我食不下嚥。更糟糕的是，下山途中，在四千四百公尺高度時，一陣從左腎傳來的刺痛把我從睡夢中痛醒（後來得知是腎結石作怪）。我痛得無法站直。「我不認為我還能走下去。」我告訴基明尼瓦。

「我們是可以多找一些挑夫上來，但他們要幾天才到得了，抬你下山又需要再多幾天。」他說，停頓了一下又說：「如果你能夠自己走是最好。」

於是，我只好緊咬牙關，在不能睡覺又吃不下飯的情況在四十五度角的斜坡上磕磕絆絆，一直撐到十二公里以外的下一個營地。這是我做過最困難的事情。

不管我對維多利亞時代的探險家有多少批評，我都發現自己進入了他們的角色。我老是盯著烏干達人的鼻子、頭髮和皮膚看的行為，只更坐實了這種關連。我以一個二十一世紀的學者自居，不遺餘力批判殖民主義和它對人種科學的依賴，但在魯文佐里山脈上，我又逃不出殖民主義的陰影。不過說來奇怪，這種經驗倒是對我有用。它讓我對史坦利在探險旅途上的寂寞和孤單多了一點點了解，看出了哪怕是一個以手機和社交網站的全球化時代的今日，西方人和世界其他地方之間仍然橫著一條鴻溝。我的幾天登山活動自是無法和史坦利危險重重的三年橫跨非洲之旅相提並論，但它還是足以讓我體會到，渴求連結和看見熟悉事物的殷切心情有可能會影響他們對所見所聞的理解。

這不是一般人通常記得的史坦利。歷史根據不同切入點為他塑造出不同形象：或是把他刻劃成一個長於自我推銷的人，以發現李文斯頓作為槓桿，讓自己成為大名鼎鼎的探險家；或是刻劃成帝國的一枚馬前卒，為比利時國王利奧波德在非洲爭奪戰中出一分力；或是刻劃成有著一個破碎的內心世界，在本國人中間充滿不安全感的同時又在非洲勇猛無畏。所有這些觀點都有一定的道理。但他同樣渴盼連結。探險家常常被定義為萬事不求人，孤傲，不畏孤身涉險。但他們其實就像我們其他人一樣追求連結——不管這連結是來自友誼、浪漫韻事還是公眾喝采。讓他們變得特別的不是人格性情，而是環境。因為遠離家鄉，他們對距離的意識特別強烈。我們總是喜歡談維多利亞時代探險家的地理學理論、文化偏見和種族主義假設，然而，他們對嚇人和不熟悉人事物的理解同樣是透過他們的孤獨感的濾鏡。在一片陌生的環境中，他們巴望抓住一些熟悉的事物——任何可以讓他們和被他們留在後頭那個世界保持聯繫的事物。

在這個意義下，「迷路」（lost）一詞除了可以用來形容土著，還可以用來形容探險家。離開甘巴拉嘎拉山的幾個月後，史坦利到達剛果。在這裡，他的遠征隊最是傷亡慘重。其中一個遠征隊成員——叫阿米娜的非洲女人——死前對史坦利說：「主人，這裡是一個可怕的世界，而你在其中迷失了路。」在她看來，史坦利才是迷路的人，不是他在發給《紐約先驅報》的稿子裡提及的白色部落。這一點，從他描寫自己看見李文斯頓時的興奮心情的文字可見一斑。*在一些較不起眼的地方，他的極度孤單感和渴盼看見熟悉人事物的心情一樣呼之欲出。在回國後發表的一個演講裡，史坦利告訴聽眾，他在遙遠的非洲內陸地區看見過一些長得跟他的歐洲或美國朋友驚人相似的人。但還不只是這樣。「第一次看到烏凱雷威的國王路孔吉時，我傻住了，因為他十足像肖像畫裡的拿破崙。在另一個非洲人身上，我看見了美國演說家韋伯斯特。還有一個非洲人讓我覺得是傑克遜總統的黑皮膚分身。英格蘭一位最著名的政治家被忠實複製在烏瑞加叢林一個赤身露體的土著身上，還有一位知名國會議員會讓我聯想起禿頭和五官細緻的恩扎比國王——我是在李文斯頓河上遇到他。」5

這一切都讓人可以對史坦利看見迷路部落一事有一種不同解讀。如果只有他一個是這樣，那在偏遠地區可以找到熟悉的臉（甚至是熟悉人種）的想法也許可以說是不正常。但這種事屢見不鮮：斯蒂芬森到達維多利亞島之後看見了金髮愛斯基摩人，梅爾在新疆看見自己哥哥躺在一個玻璃櫃裡，查德斯從一個史前頭骨看見了一個活像派崔克．史都華的人。所有這些「看見」無疑都是人種觀念作祟，但類似的事發生過太多次，以致不是人種觀念完全解釋得了。

二十世紀初期，隨著歐洲和北美的出生率不斷降低和遷入的有色人種不斷增加，認為西方正在「種族自殺」的說法甚囂塵上。所以，人種遷移理論的大力鼓吹者往往也是最擔心白人文化會被世界各種「有色」文化淹沒的人，這現象絕非巧合。出於同樣理由，人種科學家會那麼殷切尋找雅利安人、高加索人和含族部落，也不值得我們驚訝。到了這時候，「迷路的白色種族」一語已經有了新的意涵。因為就像阿米娜那樣，我們可以用它來形容西方人而不是非洲人，用它來描寫紐約、倫敦和柏林那些煩惱多多的居民。尋找白色部落不只是一種被人種偏見滲透的顱相學的產物。從這種追求的強度和它歷時幾十年不衰的韌性，我們可以看出人種科學的科學論述底下潛藏著別的東西：西方在工業化時代揮之不去的不安全感。從哈葛德的冒險小說到榮格的精神分析著作都是這種不安全感的表述。因此，尋找迷路部落固然代表著科學家和探險家的研究興趣，但它同樣反映著西方世界一個更深層和較少道出的渴望：發現自身的渴望。

＊他形容自己當時「直想像個瘋子那樣大叫大跳」。

鳴謝

我會有現在這個研究寫作計畫，是源於一九九八年讀到斯蒂芬森談「金髮愛斯基摩人」的文章。那是一個離奇的故事。當時，它和我正在研究的課題（北極探險）無關，所以我沒把它納入我正在寫的《最冷的坩堝：北極探險與美國文化》一書。但「金髮愛斯基摩人」的故事始終盤踞著我的心思。不久之後，我找到更多與白色部落邂逅的故事，便把它們集中在一個檔案櫃裡。到我在二〇〇八年開始認真投入本書的寫作時，檔案櫃裡已塞滿高加索人、含族和雅利安人的記載、「失落部落」文學的書評、納粹遠征的故事和研究頭骨的文章。

如果說本書沒有流為一檔案櫃奇怪故事的雜錦的話，那是因為我得到很多人的幫助。安東尼（Jason Anthony）、奧爾森（Valerie Olson）、歐文斯（Katharine Owens）、帕特（Avi Patt）、希雷（Laurel Clark Shire）、希切（Bryan Sinche）、理查德·特洛伊（Richard Troy）和羅賓·特洛伊（Robin Troy）讀過本書早期的寫作大綱，他們的建議讓我更知道應該把重點放在哪裡。謝培德（Kathleen Sheppard）、柯達什（Neil Kodesh）、米雪·特洛伊（Michele

Troy）和肯尼迪（Dane Kennedy）讀過本書的部分初稿，不吝向我提供他們的寶貴專業知識。庫珀（Rand Richards Cooper）把初稿從頭到尾讀過兩遍。他的建議讓本書更有可讀性。

在比利時的皇家中非博物館，勒杜克-格里馬爾迪博士（Dr. Mathilde Leduc-Grimaldi）指引我穿過史坦利檔案庫的密林。在坎帕拉的馬凱雷雷大學（Makerere University），社會研究所的馬丹尼（Mahmood Mamdani）和歷史學教授穆興都（Arthur Syahuka Muhindo）抽出寶貴時間回答我就「含族假說」提出的問題。

我在坎帕拉度過愉快的幾周，交到了一批從康涅狄克州人到東非人的朋友：亞富尼耶夫妻（Jake and Alicia Fournier）、奧代（Eddy Odet）、納魯罷加（Christine Nalubega）、那巴克瓦（Christine Nabachwa）和薩優托（John Ssebyoto）。在魯文佐里山脈，我非常幸運有基明尼瓦當我登史坦利山的嚮導。也要謝謝「魯文佐里山徒步旅行服務公司」的創辦人亨維特（John Hunwick）在山腳下迎接我。我坐在他摩托車上看到的山景想必也會讓史坦利覺得賞心悅目。

寫作本書期間，我得到康涅狄克州美國太空總署補助金、比科夫青年教師獎和柯芬補助金的資助。我到比利時和烏干達的研究之旅是由哈特福德大學的國際旅遊中心的休假委員會支持。我特別要感謝希利爾學院院長戈登伯格（David Goldenberg）和人文學系系主任芬赫（Anthony Rauche）為我排除外務和協助我申請到寫作、研究和旅行的經費。在此還要謝謝我兩門研討課的學生，他們提出的問題對我的思考刺激良多（這兩門課分別是「追尋本真經驗」

和「生活在刀口上：探險、技術與極端環境」）。

是我的經紀人斯特羅斯曼（Wendy Strothman）幫本書找到牛津大學出版社這個歸宿，它在那裡受到本特（Tim Bent）、奧康納（Alyssa O'connell）和奧山卡（Joellyn Ausanka）的歡迎。三一學院瓦克森圖書館館長林格（Richard Ring）和哈特福德大學圖書館館際協調員克利斯蒂（Christy Bird）都曾幫我查到重要資料和圖像的下落，在此一併致上謝忱。

感謝羅賓遜和特洛伊家族，特別是馬克（Mark）、瑪麗安（Maryann）、科琳（Colleen）、羅比（Robbie）和莫莉・羅賓遜（Molly Robinson），以及巴特（Bart）和彭尼・特洛伊（Penny Troy）。謝謝他們的意見、鼓勵和支持。還要感謝我的孩子苔絲（Tess）、伊莎貝拉（Isabella）和西奧多（Theodore），他們別無選擇，只得忍受這個寫作計畫，忍受我老是默不作聲坐在電腦螢幕前面。我把最大的感謝歸給米雪・特洛伊（Michele Troy）。她知道愉快和整整有條的鳴謝詞背後，隱藏著寫作過程的混亂和迷惘。投入寫作一本書就是投入一個必然會迷路的過程，而每逢我迷路，她都會引導我回到岸上。這本書是題獻給她。

深入閱讀　追尋神祕的非洲內陸白人族

楊彥彬

在西方，非洲內陸存在白人族的傳說由來已久，可以上溯到古代時期。希臘天文學家托勒密（Claudius Ptolemy，九〇至一六八年）在其繪製的世界地圖中，把「白色的衣索比亞人」放在非洲內陸，但是他並沒有針對這個白色族群的體質特徵多做描述。據筆者所知，第一位具體描述非洲內陸這個神祕人種的人士可能是老普林尼（Pliny the Elder，二三至七九年）。在其博物學著作《自然研究》中，這位古羅馬學者曾經提到非洲內陸往南的方向，經過一個沙漠的中介地帶之後，住著一些「白色的衣索比亞人」，他們挖洞穴為居所，體毛濃密，牙齒尖銳，沒有語言，以刺耳的、類似口哨的聲音來溝通；這些穴居人有海藍色的眼睛，且從小就有白頭髮，夜間視力好。根據現代的醫學知識，我們應該可以判斷老普林尼筆下的「白色的衣索比亞人」有一部分意象衍生自白化症患者（albinos）的病徵。

此外，東羅馬帝國史家波寇披厄斯（Procopius，約五〇〇至五五〇年）在其《戰爭史》敘述羅馬人與汪達爾人作戰的篇章中，提到他曾經與統治過北非大片土地的奧賀塔伊阿斯（Ortaïas）見面，並且轉述後者的談話：

在他所統治的地區之外，就是無人居住的、延伸極廣的大片沙漠地區，在這片廣大無人煙的區域之外，有人住在那裡，這些人不像摩爾人是黑膚色的，而是身體非常白、金色頭髮。

雖然我們無法單憑上述的爆料就確定真的有白人族生存於非洲內陸，但是我們至少可以從古代時期這些零散的記載知道一件事：有些古代學者相信非洲內陸人跡罕至的地區，有一群夜間視力優於白晝、金髮且膚色非常白的人居住其中，而且這群金髮白人之所以引起注意，主要是他們的膚色與當地常見的黑人相差太大。

十六世紀以降，歐洲人為了與東印度群島、爪哇等地進行貿易與傳教，陸續在非洲沿岸建立據點。這些遠離家鄉的西方旅遊者回到各自的國家之後，往往將其海外的奇聞冒險告訴他人，引發大眾好奇，進而口述筆錄成文。而一些學者亦開始將單篇旅遊文獻輯錄成遊記集，以便大眾閱覽。在眾多奇聞中，「深膚色的人種生出白色小孩」的奇特現象引起許多西方學者的注意。

十七世紀初，英格蘭人巴泰爾（Andrew Battell，活躍於一五八九至一六一四年）在其歷險記中提到：剛果的黑人有時生出白色的小孩，當他們長大成人之後，經常成為當地君王的巫師。一六六六年，荷蘭學者佛斯厄斯（Isaac Vossius，一六一八至一六八九年）出版《論尼羅河發源地》，特地以一整章的篇幅討論「白色的衣索比亞人」。他指出：不只在剛果，連尼羅河起源地往南的幾內亞內陸也經常會見到這群「白色的衣索比亞人」或「白色的摩爾人」，而荷蘭人與葡萄牙人卻稱呼這些白人為「阿爾比諾人」（Albinos）；雖然他們膚色為白，但是父母親都是黑人；當地黑人不敢靠近這些白人，因為前者認為後者的身體，甚至呼吸排出的空氣都具有傳染性。據此，佛斯厄斯推測這些「白色的衣索比亞人」其實是痲瘋病患。然而，「白色的衣索比亞人」的膚色來自痲瘋病的看法並不能說服日耳曼學者魯道夫（Hiob Ludolf，一六二四至一七〇四年）。一六八二年，在他的《新衣索比亞史》中，這位通曉衣索比亞語的著名學者提出質疑：如果這些白人是具有傳染力的痲瘋病患，非洲的一些君王不可能將之視為奇珍而長期收留於宮廷。假如痲瘋病不是造成「白色的衣索比亞人」膚色為白的原因，那麼這些奇特白人的膚色到底是如何形成的？雖然佛斯厄斯以及魯道夫之間的爭辯沒有結論，但是我們至少看到：尼羅河發源地、衣索比亞與白人族所在地等議題彼此密切相關。

英格蘭教士湯瑪斯・蕭（Thomas Shaw，一六九四至一七五一年）任職於北非期間，曾經廣泛遊歷當地，並在一七三八年出版其旅遊經歷。在其遊記中，蕭敘述他在「阿爾吉爾王國」

境內的山上發現大量的古代遺跡，而且山上居民膚色竟然與附近其他住民有相當大的差異：

他們的膚色絕不是黑色而是白色與紅色；而且他們的頭髮是深黃色，不是其他卡比爾人（Kabyles）的黑色。雖然他們是回教徒，且口操卡比爾人的語言，但是上述的特徵使我們推論：這些人如果不是波寇披厄斯所提到的族群（the Tribe），至少是汪達爾人的某些殘餘。這些人雖然在當時被逐出他們的堡壘，且四散於非洲家庭中，之後他們很可能找到一些機會聚集而形成聚落，而且重新復原。

或許是因為這個黃髮、淺膚色族群居住於北非山區，這位英格蘭旅遊者採取比較審慎的態度，不敢遽然將之與波寇披厄斯著作中描繪的內陸白人族畫上等號，轉而設想這群高山白人可能是古代汪達爾人殘留於當地的後裔。蕭的看法日後被英國史家吉朋（Edward Gibbon，一七三七至一七九四年）採用，寫進《羅馬帝國衰亡史》有關羅馬帝國皇帝查士丁尼征伐北非汪達爾人的篇章之中。

一七六八年，蘇格蘭探險家布魯斯（James Bruce，一七三〇至一七九四年）開始進行北非以及衣索比亞的探險，目的在於尋找尼羅河源頭。雖然他的探險完成於一七七三年，但是旅遊的經歷卻等到一七九〇年才出版。在其《發現尼羅河源頭之旅》中，布魯斯提到非洲赤道地區的住民是白人：

> 北緯十三與十四度，有一些黑人民族，但在這些民族的南方，於緯度十度之處，幾乎在赤道的正下方，所有的居民都是白人。

除了加上較為現代的緯度座標之外，布魯斯這段簡短的敘述與波寇披厄斯的記載實在高度類似。雖然布魯斯筆下的赤道白人帶有抄襲嫌疑，但是他的非洲探險經歷卻促成了一七八八年，「促進非洲內陸探險協會」（Association for Promoting the Discovery of the Interior Parts of Africa）在倫敦成立。

這個由英格蘭博物學者班克斯（Joseph Banks，一七四五至一八二〇年）倡議成立的協會，其目的在於提升當時學界對於非洲內陸的認識，尤其致力於西非探險，企圖尋找尼日河的河道及其起源地。在其成員資助之下，該協會陸續派出多位探險家到非洲探勘，並出版這些探險者的日記或報告，以對照古代地理著作中的紀錄。其中，蘇格蘭醫生帕克（Mungo Park，一七七〇至一八〇五年）於塞內加爾河流域的邦督王國（le royaume de Bondou）停留時，觀察到當地的夫拉族（Foulahs）膚色不是黑色，而是褐色。英格蘭地理學者雷涅爾（James

Rennell，一七四二至一八三〇年）據此推論：夫拉族就是托勒密與老普林尼筆下的「白色的衣索比亞人」，換句話說，這些神祕「白色衣索比亞人」的膚色只是不像當地黑人那麼黑，並不是真正的白色。然而，雷涅爾的假設無法說服溫德波頓（Thomas Masterman Winterbottom，一七六六至一八五九年）。這位曾經居住於西非獅子山國的英格蘭醫生明確主張：非洲內陸白人族的傳說極可能脫胎於個別、偶然被發現的白子。雖然西非探險的目的不是尋找傳說中的非洲白人族，但是我們藉由當時衍生出來的相關討論可以得知：直到十九世紀初期，聯合王國的菁英依然相信非洲內陸存在這個謎樣的白人族群。我們可以問：為什麼當時的西方學者對於非洲中部的白人族有這麼高的興趣？這就涉及近代西方學界聚訟紛紜的人類起源議題。

近代西方學界的主流意見傾向人類單一起源論。根據《聖經》的說法，上帝造人之後，由於人類多行惡事，造物者遂降大雨毀滅邪惡的人類；但是，挪亞多行義事，於是上帝預先通知他造方舟避難，所以大洪水消退後，只剩下挪亞一家人存活；日後，挪亞三個兒子的子孫在地球上逐漸繁衍，並遷徙擴張，因此，地球上的人類都是挪亞的後代。但是，在西方人眼中，挪亞是白人，其子與其後裔也應該是白人，果真如此，該如何解釋非洲黑人的存在？

有些學者把焦點放在挪亞後裔擴散全球的過程：白人遷移時，可能遇到不同的外在氣候與環境，隨後出現不同的膚色以及體質特徵的人種，而非洲的高溫環境理所當然使得原始的白膚色變成黑色。這就是論證人類單一起源論的外在環境說。但是，外在環境說還是遭到許多質疑，尤其是：為什麼黑人移居溫帶仍然持續生出黑小孩？於是傾向多元起源論者主張內在說（黑人膚色是來自身體內部器官分泌物，而不是外在熾熱高溫所造成的結果）。另外一些人士則根據《聖經》經文，以「挪亞詛咒」解釋黑人膚色：上帝以其大能將含的膚色從白色變成黑色，以懲罰他的不當行為，但是這種訴諸奇蹟的解釋方式被批評為助長無知。

當黑人膚色成因尚未解決之時，更棘手的事情出現了：據說炎熱的非洲內陸存在一個白色的「阿爾比諾族」，而且許多遊記還講述黑人父母偶爾會生出白色小孩。無論內在器官黑色說還是外在氣候環境說，都無法解釋黑人生出白子的現象。如果黑人身體的分泌物是造成黑人膚色的因素，為什麼內部器官為黑的黑人夫婦會生出白色小孩？如果氣候是黑人膚色的成因，為何在炎熱的非洲中部地區會有白人族存在？

為了維持氣候環境解釋人類單一起源論的有效性，法國博物學家布豐（George Louis Leclerc, comte de Buffon，一七〇七至一七八八年）提出更為細緻的環境論：雖然同樣地處熱帶，但是區域的溫度會隨著地勢高低、降水多寡而產生連帶的變動，所以赤道下方可能存在氣溫涼爽之處，使得居住其間的居民膚色變得與歐洲人一樣白。此外，布豐還從「返祖現象」的角度解釋黑人偶然生出的白子：如果子代有可能既不像父親也不像母親，反而像祖父母或更早的祖先，那麼黑人偶然生出白色小孩正好意外透露白人是黑人的祖先，而人類的最初膚色是白色。於是，黑人生出白小孩的現象反而更為加強人類單一起源論的說服力。

主張人類多元起源的伏爾泰（François Marie Arouet, Voltaire，一六九四至一七七八年）完全無法接受布豐的想法。對於前者來說，牛奶白的膚色、畏光又不停轉動的紅眼睛，以及矮身材等外在體質特徵都足以證明居住在非洲內陸的「阿爾比諾人」既不屬歐洲白人，也不等同於非洲黑人，而是另外自成一格的獨特種族，根本不是偶然從黑膚色父母出生的個別白人。

非洲當地偶爾看到的白色「阿爾比諾人」是不是自成人類種族的一支，甚至他們根本就是傳說中的非洲內陸白人族？十八世紀後半期，歐洲學者透過臨床醫學的觀察有了初步的答案。在其一七九五年出版的《論人類》中，日耳曼學者布魯門巴赫（Johann Friedrich Blumenbach，一七五二至一八四〇年）提出「白化症不是癩瘋病」的看法。此後，布魯門巴赫更在後續的著作中一再指陳：白化症是母體受孕期間產生的疾病，而且通常具有遺傳性；這些被稱為「阿爾比諾人」的白子並不是特殊的種族，只是罹患遺傳疾病的個人，在人類的各個種族中都曾經發現類似個案。於是，經過好幾個世紀的摸索，近代歐洲學界雖然還無法完全解開黑人生出白子的確切致病機轉，但是至少到了十九世紀初，這些白色的「阿爾比諾人」再也不是生活在非洲中部深處的種族，更與人類單一或多元起源的議題渺不相涉，他們只是偶然出現的患病個人。

前面我們曾經指出，從十七世紀後半期到十八世紀末，非洲內陸白人族的古代傳說有幾種變形流傳在近代歐洲知識界之中：佛斯厄斯主張幾內亞內陸有「癩瘋病的白人族」存在；布豐認為，非洲中部存在著一群白人，但是他們是因為當地山勢高，降雨多，使此地區的溫度降低，而被「白化」的黑人；伏爾泰一再堅持，白色的「阿爾比諾人」不是零星出生的個案，而是生活在非洲內陸的個別種族；雷涅爾推測非洲內陸所謂白人族並不是真正的白人，只是膚色與鄰近黑人族群相比顏色較淺的族群。從十九世紀初期的醫學知識來看，白化症病患根本不是罹患痲瘋病的人，而且更不可能自成一個種族，佛斯厄斯與伏爾泰的看法不能成立。於是，非洲內陸假如真的有神祕的白人族出沒，這些人的膚色最有可能是由非洲區域性的環境差異所營造出來淺膚色族群。本書主角史坦利敘述遇到東非山區白色部落之時的解釋方法，就是這個想法的翻版。

為了重現史坦利非洲探險的歷程，本書作者不辭辛勞，不只自己親自走訪當時的歷史現場，還運用大量史料重建十九世紀西方學界之所以重視史坦利探險經歷的學術背景，內容涵蓋古文獻學、歷史語言學以及人種學等面向。讀者通讀此書，將有如經歷一場學術冒險之旅。

本文作者 楊彥彬／國立臺灣師範大學歷史學系副教授

注釋

序

1. 克爾採訪史坦利的經過，見克爾本人所寫的文章 "White Africans and the Congo," *New York Times*, December 20, 1885, 6; "The white race of Gambaragara" 一文為史坦利投給 *Daily Telegraph and New York Herald*, November 1, 1876; 史坦利的身材和容貌，見 Dorothy Tennant's diary, January 10, 1886, MSS 5925, Stanley Archives.
2. 「爭奪非洲」（The Scramble for Africa）一語是《泰晤士報》首先提出，見於該報一篇以此為題的文章（September 15, 1884, 8.）。譯按：英文的 scramble 一詞有你推我擠、爭先恐後的意味。
3. "White People in Africa," *Hartford Daily Courant*, August 18, 1876, 1; "Central Africa," *Daily Inter Ocean* (Chicago), August 14, 1876, 3; "Stanley's Discoveries in Africa," *Albany Evening Journal*, August 18, 1876, 2; "Geography and Exploration," *American Naturalist* 10 (September 1876): 562; J. A. Grant, "On H. M. Stanley's Exploration of the Victoria Nyanza," *Journal of the Royal Geographical Society* 46 (1876): 27; on Manuel Iradier, see Martin-Márquez, Disorientations, 80–84.
4. Ker, *White Africans*, preface; L. E. Neame, "Mysterious White Races," *Chambers's Journal* (London) 8 (February 18, 1905): 188.「部落」（tribe）是充滿爭議的字眼，因為有著負面和不精確的意涵，現在

人們儘量避免使用。我一般用 clan、people 和 society 來指原住民群體，但表達十九世紀探險家和科學家的觀點時繼續使用「部落」。

5. 討論過甘巴拉嘎拉山「白色部落」的地理學和探險文獻包括 Joel Tyler Headley, *The Achievements of Stanley* (Philadelphia: Hubbard Bros., 1878) and Headley's H. M. *Stanley's Wonderful Adventures in Africa* (New York: Union Publishing House, 1886), 462; J. E. Chambliss, *The Life and Labors of David Livingstone* (Philadelphia: Hubbard Bros., 1876), 836; John George Wood, *The Uncivilized Races of Men in All Countries of the World* (San Francisco: J. A. Brainard & Co., 1883), 1530; Robert Brown, *The Story of Africa and Its Explorers* (London: Cassell, 1893), 299; Alexander Hyde and Francis Bliss, *Stanley in Africa* (St. Louis, MO: Columbian Book Co., 1879), 379; Keith Johnston, *Africa* (London, Edward Stanford, 1884), 606; John Geddie, *The Lake Regions of Central Africa* (Edinburgh and New York: T. Nelson and Sons, 1881), 99; James Penny Boyd, *Wonders of the Heavens, Earth, and Ocean* (Philadelphia: International Publishing, 1888), 324.

6. Richard Hall, *Stanley* (London: Collins, 1974), 55; James L. Newman, *Imperial Footprints: Henry Morton Stanley's African Journeys* (Washington, DC: Potomac Books, 2004), xix. 甘巴拉嘎拉山和甘巴拉嘎拉人的故事未見於 Frank McLynn's *Stanley: The Making of an African Explorer* (Chelsea, MI: Scarborough House, 1990), John Bierman's *Dark Safari: The Life Behind the Legend of Henry Morton Stanley* (New York: Knopf, 1990), Byron Farwell's *The Man Who Presumed: A Biography of Henry M. Stanley* (New York: W. W. Norton, 1985), 或 Tim Jeal 進一步的研究：*Stanley: The Impossible Life of Africa's Greatest Explorer* (New Haven, CT: Yale University Press, 2007). 今日關於甘巴拉嘎拉人的參考資料包括：Martin-Márquez, *Disorientations;* Gatsinzi Basaninyenzi, "'Dark-Faced Europeans': The Nineteenth- Century Colonial Travelogue and the Invention of the Hima Race," in *Race and the Foundations of Knowledge*, ed. Joseph A.

Young and Jana Evans Iraziel (Urbana: University of Illinois Press, 2006), 123.

7. Kennedy, *Spaces*, 220–222.

第一章　甘巴拉嘎拉山

1. 史坦利遇見甘巴拉嘎拉人的經過，見 Stanley, *Through the Dark Continent* (New York: Harpers, 1878), 426–28; *The Exploration Diaries of H. M. Stanley*, ed. Richard Stanley and Alan Neame (New York: Vanguard Press, 1961), 113; *Stanley's Despatches to the New York Herald, 1871–1872, 1874–1877* (Boston: Boston University Press, 1970), 265–67. 史坦利引述出自 *Despatches*, 266. 干達人的膚色，見 Stanley, *Dark Continent*, 197; 到過湖區的探險家，見 Robert Collins, *Europeans in Africa*, 54–58.
2. 西方人對非洲的幻想連翩，見 Lorraine Daston and Katharine Park, *Wonders and the Order of Nature, 1150–1750* (New York: Zone Books, 2001), 63–64, 329–63.
3. 史坦利的說法見 "Stanley in Central Africa," *Thames Advertiser* (London), October 14, 1876, 3. 也可見於 E. Chambliss, *The Lives and Travels of Livingstone and Stanley*, (Boston: DeWolfe, Fiske, and Company, 1881), 726.
4. 凱撒的說法見 Jean Kerisel, *The Nile and Its Masters: Past, Present, and Future* (London: Taylor & Francis, 2001), 8; Eleni Manolaraki, "Nocendi Nilum Cupido: The Nile Digression in Book 10," in *Brill's Companion to Lucan*, ed. Paolo Asso (Leiden: Brill, 2011), 153–56; Francesc Relaño, "Against Ptolemy: The Significance of the Lopes-Pigafetta Map of Africa," *Imago Mundi* 47 (1995): 49–66.
5. 引自 Baker, *Albert N'yanza*, 308; Kennedy, *Civilized Man*, 93–130.
6. 追尋尼羅河源頭的努力，見 Jeal, *Explorers of the Nile*, 1–17; 斯皮克之死，見同一本書，199–208.

7. 史坦利前往維多利亞湖的艱苦跋涉，見 Stanley, *Dark Continent*, 88–145.
8. 非洲的象牙戰爭，見 Oliver and Atmore, *Africa Since 1800*, 94–96; 從巴加莫約到維多利亞湖的旅程、為牛奶引起的小規模衝突，還有波考克之死，見 Jeal, *Stanley*, 164–68.
9. Stanley, Notebook 15, "A Journey into Africa," Stanley Archives.
10. 時間地點參見 *Dark Continent* 附錄，"A Table of Our Wanderings Through Africa, 1874, 1875, 1876, 1877," 528. 史坦利的引言出自 *Despatches*, 265, 267. 重新刊登於 "Geography and Exploration," *American Naturalist* 10 (November 1876): 695.
11. 二十五年後，約翰斯頓（Harry Johnston）將會指出：「史坦利爵士如果還活著，他對於他大約二十年前去過的森林所發生的改變一定會很詫異。在那時，在他和他的遠征隊眼中，那地區比北極還要遠離文明。」Johnston, *Uganda Protectorate*, 24.

第二章　另一個世界

1. 哥倫布所述見 William D. Phillips and Carla Rahn Phillips, *The Worlds of Christopher Columbus* (New York: Cambridge University Press, 1993), 106; Alvise Cadamosto, *The Voyages of Cadamosto* (London: Hakluyt Society, 1937), 1.
2. Luís de Camões, *The Lusiad; or, the Discovery of India* (London: G. Bell and Sons, 1877), 137.
3. Dee Brown, *Hear That Lonesome Whistle Blow: The Epic Story of the Transcontinental Railroad* (New York: Macmillan, 2001), 222.
4. James Romm, *The Edges of the Earth in Ancient Thought: Geography, Exploration, and Fiction* (Princeton, NJ: Princeton University Press, 1992), 9–44; Barry Cunliffe, *Facing the Ocean: The Atlantic and Its Peoples,*

8000 BC–AD 1500 (Oxford: Oxford University Press, 2001), 3–4; Alfred Hiatt, *Terra Incognita* (Chicago: University of Chicago Press, 2008), 65–145.

5. Braude, "The Sons of Noah and the Construction of Ethnic and Geographical Identities in the Medieval and Early Modern Periods," *William and Mary Quarterly* 54 (January 1997): 109, 123, 125–26.
6. Guérin, *Elephant Ivory*, 166–67; Kevin Shillington, *History of Africa* (New York: Palgrave Macmillan, 2012), 54–56.
7. Guérin, *Elephant Ivory*, 159–161.
8. 出處同上，164.
9. Al-Umari 的記載引自 J. F. P. Hopkins and Nehemia Levitzion, *Corpus of Early Arabic Sources for West African History* (Cambridge: Cambridge University Press, 1981), 269–73.
10. 曼沙穆薩也可見於一三七五年繪製的 Catalan Atlas 地圖，典藏於 the Bibliothèque Nationale de France: http://expositions.bnf.fr/ciel/catalan/.
11. John Day, "The Great Bullion Famine of the Fifteenth Century," *Past and Present* (May 1978): 11–23, 42; Ronald A. Messier, "The Almoravids: West African Gold and the Gold Currency of the Mediterranean Basin," *Journal of the Economic and Social History of the Orient* 17, no. 1 (March 1974): 31–47.
12. Thomas Benjamin, *The Atlantic World: Europeans, Africans, Indians, and Their Shared History, 1400–1900* (Cambridge: Cambridge University Press, 2009), 79.
13. Matteo Salvadore, "The Ethiopian Age of Exploration: Prester John's Discovery of Europe, 1306–1458," *Journal of World History* 21, no. 4 (2011): 599–608.
14. Michael E. Brooks, "Prester John: A Reexamination and Compendium of the Mythical Figure Who Helped

Spark European Expansion," PhD diss., University of Toledo, 2009 (ProQuest, Thesis No. 3394987), 7 and Appendix A, 251.

15. Douglas R. Egerton et al., *The Atlantic World: A History, 1400–1888* (Wheeling, IL: Harlan Davidson, 2007), 10, 58; Alfred W. Crosby, *Ecological Imperialism: The Biological Expansion of Europe, 900–1900* (Cambridge: Cambridge University Press, 2004), 112–15.

16. Gomes Eanes de Zurara, "Crónica da Tomada de Ceuta," in *The Portuguese in West Africa, 1415–1670: A Documentary History*, ed. Malyn Newitt (Cambridge: Cambridge University Press, 2010), 26; Benjamin, *Atlantic World*, 80.

17. Eddy Stols, "The Expansion of the Sugar Market in Western Europe," in *Tropical Babylons: Sugar and the Making of the Atlantic World, 1450–1680*, ed. Stewart B. Schwartz (Chapel Hill: University of North Carolina Press, 2004), 237–88; Sidney W. Mintz, *Sweetness and Power: The Place of Sugar in Modern History* (New York: Penguin, 1985), 19–73.

18. Gomes Eannes de Azurara, *The Chronicle of the Discovery and Conquest of Guinea*, ed. C. R. Beazley and E. Prestage (London: Hakluyt Society, 1896), 1:184; Newitt, *A History of Portuguese Overseas Expansion* (New York: Routledge, 2004), 25.

19. Newett, *Overseas Expansion*, 26; 卡達莫斯托的報導見 Hugh Thomas, *The Slave Trade: The Story of the Atlantic Slave Trade, 1440–1870* (New York: Simon & Schuster, 2013), 57.

20. Azurara, *Chronicle*, 2:252–57.

21. Gregory H. Maddox, *Sub-Saharan Africa: An Environmental History* (Santa Barbara, CA: ABC-CLIO, 2006), 84–87.

22. Newett, *Overseas Expansion*, 152–54.
23. Francisco Monclaro, *Records of South Eastern Africa*, ed. George McCall Theal (London: William Clowes and Sons, 1899), 3:202–253; 引言見 236.
24. Monclaro, Records, 3:251.
25. 「白人的墳墓」一詞透過一八三四年同名書籍而流行，作者為：F. Harrison Rankin; K. G. Davies, "The Living and the Dead: White Mortality in West Africa, 1684–1732" in *Race and Slavery in the Western Hemisphere: Quantitative Studies* (Princeton, NJ: Princeton University Press, 1975), 83–98; Philip Curtin, *Disease and Empire: The Health of European Troops in the Conquest of Africa* (Cambridge: Cambridge University Press, 1998), 1–28.
26. 迪亞哥．康（Diogo Cao）的語錄出自 Bailey W. Diffie and George D. Winius, *Foundations of the Portuguese Empire* (Minneapolis: University of Minnesota Press, 1977), 155; Brooks, "Prester John," 210n47.

第三章　早期相遇

1. 此處對李文斯頓和柯克的描繪分別出自 Jeal, *Livingstone*, 264 and 265; 關於下文的貝內特和報社見 Beau Riffenburgh, *The Myth of the Explorer*, 49–68.
2. Clare Pettitt, *Dr. Livingstone, I Presume? Missionaries, Journalists, Explorers, and Empire* (London: Profile Books, 2007), 71–77; Jeal, *Stanley*, 117–19; Riffenburgh, *Myth*, 49–68.
3. Robinson, *Coldest Crucible*, 25–29.
4. Jeal, *Stanley*, 65; 引言出自 Stanley, *How I Found Livingstone*, 73.
5. Stanley, *How I Found Livingstone*, 引言出自 89–90, 326.

6. Stanley's disintegrating party: Jeal, *Stanley*, 113; "It requires more," Stanley, *How I Found Livingstone*, 308.
7. 史坦利和李文斯頓的會面經過，見 Pettitt, "*Dr. Livingstone*," 71–77, and Jeal, *Stanley*, 117–19; "vent my joy ... ": Stanley, *How I Found Livingstone*, 411.
8. Stanley, *How I Found Livingstone*, 476.
9. 出處同前，478.
10. 出處同前，495–506.
11. Stanley, Dispatch to NYH, January 16, 1876, *Despatches*, 267. 雖有這一層懷疑，但李文斯頓告訴史坦利，他在坦噶尼喀湖西面見過一些「非常淺膚色」的非洲人。見 Stanley, *How I Found Livingstone*, 464.
12. 專有名詞，見 Edwin M. Yamauchi, "The Romans and Meroe in Nubia," in *ItaliAfrica: Bridging Continents and Cultures*, ed. Sante Matteo (Stony Brook, NY: Forum Italicum, 2001), 38–46; Frank M. Snowden, Jr., *Blacks in Antiquity: Ethiopians in the Greco-Roman Experience* (Cambridge, MA.: Harvard University Press, 1970), 1–14.
13. 關於拉巴特見 William B. Cohen, *The French Encounter with Africans: White Response to Blacks*, 1530–1880 (Bloomington: Indiana University Press, 1980), 27.
14. Stanley, *Despatches*, 267.
15. 博埃米奧引言見 Brooks, "Prester John," 300; 祭司王約翰的圖像：197–98.
16. Herman Moll, "Map of Africa," 1710, 來源為：*To the Mountains of the Moon: Mapping African Exploration, 1541–1880*, http://libweb5.princeton.edu/ visual_materials/maps/websites/africa/maps-continent/continent.html. 莫爾的評論可能來自於 Andrew Battel，其於十七世紀描述了白色非洲人（或法語中所謂的

negre blancs）。關於此，可見 Andrew S. Curran, *The Anatomy of Blackness: Science and Slavery in an Age of Enlightenment* (Baltimore: Johns Hopkins University Press, 2011), 87–91, and, by the same author, “Rethinking Race History: The Role of the Albino in the French Enlightenment Life Sciences.” *History and Theory* 48 (October 2009): 151–79.

17. Michael Shepard, “A Visit to Zanzibar,” in *New England Merchants in Africa: A History Through Documents, 1802–1865*, ed. Norman R. Bennett and George E. Brooks, Jr. (Boston: Boston University Press, 1965), 263.

第四章 故事中斷

1. Jeal, *Stanley*, 210; Stanley, *Dark Continent*, 2:435–64.
2. 「補給品」那句敘述見：Stanley, *Dark Continent*, 447;「雖然我努力……」出處同前，460.
3. 同前，464.
4. 同前，462–63.
5. Jeal, *Stanley*, 216–21.
6. 史坦利在《紐約先驅報》討論過甘巴拉嘎拉人的快遞稿件包括 “Stanley. The Great Explorer Heard From After a Year’s Silence” (includes subheading “The Palefaces of Gambaragara”), July 26, 1876, 3; “Stanley’s Recent Discoveries,” July 27, 1876, 4; “Stanley. Opinions of the Press.” July 28, 1876, 5; “Stanley. The Great Explorer’s Attempt to Survey the Albert Nyanza,” August 11, 1876, 2; “The Sources of the Nile” (map), August 12, 1876, 2.
7. “Central Africa,” *Daily Inter Ocean* (Chicago), August 14, 1876, 3; “White Africans,” Maine Farmer,

September 16, 1876, 2; *Hartford Daily Courant*, August 18, 1876, 1; "A Remarkable Mountain and a Race of Pale-Face Africans," *Washington Evening Star* (Washington, DC), July 26, 1876, 1. 一個期刊報導的例子："Discoveries in Africa," *African Repository* 52 (October 1876): 4, 113; "Central Africa," *Duluth Minnesotan-Herald*, September 2, 1876, 3; "Stanley Heard From," *Cincinnati Daily Gazette*, July 28, 1876, 2; "The Wonders of Africa," *Cincinnati Commercial Tribune*, August 14, 1876, 3; [Stanley], *Kalamazoo Gazette*, August 15, 1876, 1; "The Wonders of Africa," *Wheeling Daily Register*, August 16, 1876, 3; "Stanley's Discoveries in Africa," *Albany Evening Journal*, August 18, 1876, 2; "Stanley," *Chicago Daily Tribune*, August 14, 1876, 3; "Stanley Heard From," *New York Observer and Chronicle*, August 3, 1876, 46; "Geography and Exploration," *American Naturalist* 10 (September 1876): 562.

8. "Mr. Stanley and the African Expedition," *Madras Mail* (Madras, India), August 23, 1876, 6; [untitled], *Auckland Star*, November 21, 1876, 2; "La Expedicion de Mr. Stanley," *El Siglo Diezy Nueve* (Mexico City, Mexico), September 20, 1876, 2; [untitled], Daily Star and Herald (Panama City, Panama), September 20, 1876, 2.

9. "Notes," *Nature* 14 (July 27, 1876): 279; "Mr. Stanley," *Nature* 17 (February 14, 1878): 298; J. M. Buchan, "Climate and Complexion," *Popular Science Monthly* 17 (May 1, 1880): 3–10; "Geography and Exploration," *American Naturalist* 10 (November 1876): 695–99; "Rapport Sur Les Travaux de la Société," *Bulletin de la Société de géographie* 13 (1877): 400; "Spedizione ai grandi laghi equatoriali," Annuario Scientifico ed Industriale (Milan: Fratelli Treves, 1877), 1056; "Die Erforschung des Ukerewe (Victoria-Nyanza) durch Henry M. Stanley u. sein Zug zum Mwutan (Albert- Nyanza)," *Mitteilungen der Kaiserlich-Königlichen Geographischen Gesellschaft*, 19 (1876): 644; "A Geographical Sketch of the Nile and

Livingstone (Congo) Basins," *Journal of the Royal Geographical Society* 22 (June 3, 1878): 382–410; J. A. Grant, "On Mr. Stanley's Exploration of the Victoria Nyanza," *Journal of the Royal Geographical Society* 46 (1876): 10–34; Chaillé Long, "Uganda and the White Nile," *Journal of the American Geographical Society of New York* 8 (1876): 285–304.

10. "Boss Tweed" from "All Sorts," *National Republican* (Washington, DC), August 26, 1876, 4.
11. "Facetiae," *London Journal*, October 4, 1879, 222.
12. "The Pale-Faces of Mount Gambaragara," *Dublin University Magazine*, March 1878, 344; Quotation from Manuel Iradier, *Africa: Asociación Euskara La Exploradora* (Bilbao, Spain: Andrés P.-Cardenal, 1901), 37.
13. Stanley, "May," in journal labeled "1874.75.76," Lett's Perpetual Diary, Stanley Archives.
14. 史坦利的講稿, "Through the Dark Continent" (first delivered October 1878), 4717, Stanley Archives.
15. Stanley, *How I Found Livingstone*, 69.
16. Edward J. Larson, *Evolution's Workshop: God and Science on the Galapagos Islands* (New York: Basic Books, 2002), 15–87.

第五章　含受詛咒

1. David M. Goldenberg, *The Curse of Ham: Race and Slavery in Early Judaism, Christianity, and Islam* (Princeton, NJ: Princeton University Press, 2003), 1–78.
2. 出處同前。
3. Benjamin Braude, "The Sons of Noah and the Construction of Ethnic and Geographical Identities in the Medieval and Early Modern Periods," *William and Mary Quarterly* 54 (January 1997), 103–42.

4. 有關阿爾昆和「T－O地圖」，見 Braude, "Sons of Noah," 113.
5. 有關《創世記》第九章那個讓人困惑的故事，參見 Goldenberg, *Curse of Ham*, 163–66, and Braude, "Sons of Noah," 108. 好些學者都認為把挪亞的詛咒和黑奴制度拉在一起的人是早期的猶太教拉比，目的是為奴役黑人提供理據。但近年的研究顯示，這個觀念的演化過程要更加複雜，包括基督教和伊斯蘭教的釋經學都牽涉其中。見 David H. Aaron, "Early Rabbinic Exegesis on Noah's Son Ham and the So-Called 'Hamitic Myth,'" *Journal of the American Academy of Religion* 63, no. 4 (Winter 1995): 721–59.
6. David M. Goldenberg, "What Did Ham Do to Noah?" in "*The Words of a Wise Man's Mouth Are Gracious*" (Qoh 10,12): *Festschrift for Günter Stemberger on the Occasion of His 65th Birthday*, ed. Mauro Perani (Berlin: Walter de Gruyter, 2005), 257–65.
7. 有關挑迦南作為詛咒對象的政治動機，見 Aaron, "Rabbinic Exegesis," 730.
8. Goldenberg, *Curse of Ham*, 174; Mandeville, "Travels" (1371), quoted by Braude, "Sons of Noah," 117. 含作為亞洲人的始祖見：Braude, "Sons of Noah," 117–21.
9. 有關珀切斯，見 Braude, "Sons of Noah," 135–37.
10. Eannes, *Chronicle* I: 54–55, quoted by Braude, "Sons of Noah," 127–28; "severe curses ... ": Brigham Young, speech before Joint Session of Utah Legislature, January 23, 1852, in *The Complete Discourses of Brigham Young*, ed. Richard S. Van Wagoner (Salt Lake City, UT: Smith-Pettit Foundation, 2009), 1:473–74.

第六章　東方瓊斯

1. Jones, *A Grammar of the Persian Language*, ii. 船上生活見：Jones, *The Letters of Sir William Jones* (Oxford,

UK: Clarendon Press, 1970), 2:614.

2. William Jones, "Objects of Enquiry During My Residence in Asia," *Works*, 2:3–4; Urs App, "William Jones's Ancient Theology," *Sino-Platonic Papers* 191 (2009): 3.

3. 瓊斯在亞細亞學會第三屆年會的演講這樣解釋聖經神話和異教神話的價值：「我不能像牛頓那樣相信，古代神話只包括一些穿著詩性外衣的歷史真理。我不能像培根那樣相信，古代神話只包括道德和形而上寓言。我不能像布萊恩特那樣相信，異教神明只是太陽或者過世祖先的表象。相反的，宗教神話的整個系統就像尼羅河那樣，是由好些不同的起源匯聚而成。」引自 App, "Ancient Theology," 86.

4. Garland H. Cannon, *The Life and Mind of Oriental Jones Sir William Jones, the Father of Modern Linguistics* (Cambridge: Cambridge University Press, 1990), 195–221; Michael J. Franklin, 'Orientalist Jones': *Sir William Jones, Poet, Lawyer, and Linguist, 1746–1794* (New York: Oxford University Press, 2011), 1–42.

5. Robert Clive, quoted in Ramsay Muir, *The Making of British India, 1756–1858* (Manchester, UK: 1915), 76.

6. Nathaniel Halhed, *Code of Gentoo Laws* (London: n.p., 1776), xxxv–xxxvi; Cannon, *Life and Mind,* 230–31. Pandits discussed by Thomas Trautmann, *Aryans* and British India (Berkeley: University of California Press, 1997), 31.

7. Jones to William Pitt the Younger, February 5, 1785, *Letters*, 2:664.

8. Raymond Schwab, *Oriental Renaissance: Europe's Rediscovery of India and the East, 1680–1880* (Columbia University Press, 1984) 51–129. "The bounds ... ": William Jones, "Preliminary Discourse," *Asiatick Researches: Or, Transactions of the Society Instituted in Bengal, for Inquiring into the History and Antiquities, the Arts, Sciences, and Literature, of Asia* 1 (London, 1801), xi.

9. Cannon, *Life and Mind*, 231.
10. Jones, "Third Anniversary Discourse," reprinted in App, "Ancient Theology," 83–84.
11. 早在十六世紀，其他歐洲人便討論過歐洲語言和亞洲語言的相似性（但討論得沒有那麼系統性就是）。見 J. P. Mallory, *In Search of the Indo-Europeans: Language, Archaeology and Myth* (London: Thames & Hudson, 1989), 9–23.
12. William Jones, "Discourse the Ninth," reprinted in App, "Ancient Theology," 115–16.
13. Jones, "Third Anniversary Discourse" in App, "Ancient Theology," 87. 瓊斯認為梵語的使用者是含族後代及其他學者的反對意見，請參見 Arvidsson, *Aryan Idols*, 18–19.
14. Cannon, *Life and Mind*, 296–97; Trautmann, *Aryans*, 29.
15. Michael J. Franklin, "Jones, Sir William (1746–1794)," *Oxford Dictionary of National Biography*, ed. H. C. G. Matthew and Brian Harrison (Oxford: Oxford University Press, 2004), online ed., ed. Lawrence Goldman, May 2011, http://www.oxforddnb. com/view/article/15105 (accessed February 12, 2013).
16. Jones, "Discourse the Ninth," in App, "Ancient Theology," 109. 對《聖經》年代的挑戰見 Martin J. S. Rudwick, *Worlds Before Adam: The Reconstruction of Geohistory in the Age of Reform* (Chicago: University of Chicago Press, 2010), 253–390.
17. Darwin, *Origin of Species*, 被引用於 Trautmann, *Aryans*, 57; Arvidsson, *Aryan Idols*, 28.
18.「如果我們擁有人類的完整譜系……」：Darwin, *Origin of Species*, 498;「墮落和低賤」：Jones, 引言見 Arvidsson, *Aryan Idols*, 23;「語言的新理論……」：Maine, 引言見 Trautmann, *Aryans*, 1.

第七章　漂亮的頭骨

1. Blumenbach, 引自 Karl Friedrich Heinrich Marx, "Life of Blumenbach," in *The Anthropological Treatises of Johann Friedrich Blumenbach* (London: Longman, Green, Longman, Roberts, and Green, 1865), 44; Fabian, *Skull Collectors*, 34.
2. M. P. J. Flourens, "Memoir of Blumenbach," in Marx, *Anthropological Treatises*, 50–51; Marx, "Life of Blumenbach," in *Anthropological Treatises*, 28, 35.
3. Peter J. Bowler, *Evolution: The History of an Idea* (Berkeley: University of California Press, 2009), 48–95, 150, 293.
4. 包括梅耶（De Maillet）、莫佩爾蒂（Pierre Louis Moreau de Maupertuis）和布豐在內，好些學者都曾不借助聖經，對生命起源提出過唯物主義取向解釋，但都沒有主張不同人種是從單一源頭演化出來。見David N. Livingstone, *Adam's Ancestors: Race, Religion, and the Politics of Human Origins* (Baltimore: Johns Hopkins University Press, 2011), 4–5; Bowler, Evolution, 29.
5. Bowler, *Evolution*, 75–78.
6. Blumenbach, "On the Natural Variety of Mankind," in Marx, *Anthropological Treatises*, 269.
7. 本段引言見：Blumenbach, "Contributions to Natural History," in *Anthropological Treatises*, 162, 300; 關於阿什男爵見 H. F. Augstein,"From the Land of the Bible to the Caucasus and Beyond: The Shifting Ideas of the Geographical Origin of Humankind," in Race, Science & Medicine, 1700–1960, ed. Waltraud Ernst and Bernard Harris (London: Routledge, 1999), 58–79, 63; 關於美學與布盧門巴赫見 Schiebinger, *Nature*'s Body (Boston: Beacon Press, 1993), 133.
8. C. Rommel quoted in Augstein, "Land of the Bible,"66.

9. Blumenbach, "Contributions," in Marx, *Anthropological Treatises*, 303.
10. Blumenbach, "Natural Variety," in Marx, *Anthropological Treatises*, 106.
11. Blumenbach, "Observations on Some Egyptian Mummies Opened in London," *Philosophical Transactions of the Royal Society of London* 84 (1794): 181.
12. 出處同前，191.
13. Bruce Baum, *The Rise and Fall of the Caucasian Race: A Political History of Racial Identity* (New York: New York University Press, 2008), 58–117.
14. Thomas Malthus, *An Essay on the Principle of Population* (New York: Dover, 2008 [1798]), 148.

第八章　修改過的假說

1. Josiah Clark Nott, Two Lectures on the Connection Between the Biblical and Physical History of Man (New York: Bartlett and Welford, 1849), 7. 某些一元發生論者也會和聖經的年代說法切割，例如：James Cowles Prichard　和 Sir William Lawrence; John P. Jackson and Nadine M. Weidman, *Race, Racism, and Science: Social Impact and Interaction* (New Brunswick, NJ: Rutgers University Press, 2005), 37.
2. 有關多元起源論，見 John S. Haller, "The Species Problem: Nineteenth-Century Concepts of Racial Inferiority in the Origin of Man Controversy," *American Anthropologist* 72 (1970): 1319–29; Brad D. Hume, "Quantifying Characters: Polygenist Anthropologists and the Hardening of Heredity," *Journal of the History of Biology* 41, no. 1 (Spring 2008): 119–58.
3. 解開木乃伊的過程，見 August B. Granville, "An Essay on Egyptian Mummies; With Observations on the Art of Embalming among the Ancient Egyptians," *Philosophical Transactions of the Royal Society of London*

115 (1825): 269–316; "the *couvrechef* ...": 271.

4. 出處同前, 277.

5. 本段兩句引言出處同前, 279. 拿破崙遠征埃及期間，法國學者也熱烈參與了有關古代埃及人人種身分的辯論，見 Melanie Byrd, "The Hamitic Prophesy and Napoleon's Egyptian Campaign," *Consortium on Revolutionary Europe, 1750–1850: Proceedings* 22 (1992): 13–20.

6. Blumenbach, in Marx, *Anthropological Treatises*, 123.

7. Baum, *Caucasian Race*, 95–103.

8. 莫頓此一觀點見於 Fabian, *Skull Collectors*, 30.

9. Fabian, *Skull Collectors*, 103–28.

10.「（這個頭骨）是混合了尼格羅人形態的埃及人嗎？」：Morton, *Crania Aegyptiaca*, 12;「因此我認為他們是混血兒」：出處同前, 17;「這些被《聖經》稱為米示拉族……」：出處同前, 214.

11. Morton, *Crania Aegyptiaca*, xli; 阿格西也對《創世記》描繪的高加索人種史提出議論，見 "The Diversity and Origin of the Human Races," *Christian Examiner* 58 (1850): 110–45.

12.「在含族和其他亞洲種族入侵以前，尼羅河流域只有一個土著人種。」：Samuel Morton, "Dr. Morton's Craniological Collection," *Transactions of the American Ethnological Society* (New York: Bartlett & Welford: 1848): 220;「高加索人種的三大分支」：Gliddon, "A Sketch of the Progress of Archeological Science in America," *Southern Literary Messenger* 11 (July 1845): 8.

13. James Cowles Pritchard, "Anniversary Address for 1848," *Royal Anthropological Institute of Great Britain and Ireland* 2 (1850): 119–49.

14.「當我提到含族的時候，我是指黑人。」：Arthur de Gobineau, *The Inequality of Human Races* (New

York: G. P. Putnam's Sons, 1915), 146;「這些用法對民族學家來說是差勁用法」：Burton, *A Mission to Gelele, King of Dahome* (London: Tinsley Bros., 1864), 2:193;「用含族表示純粹的黑人或說尼格羅人……」：Speke, *What Led to the Discovery of the Source of the Nile* (London: Blackwood, 1864), 340.

15.「挪亞的詛咒……」：Speke, *Journal of the Discovery of the Source of the Nile* (London: Blackwood, 1864), 60;「含受到父親詛咒，……」：出處同前, xvii.

16. Prichard, *Researches into the Physical History of Mankind* (London: John and Arthur Arch, 1813), 384. 史坦利在接受莫頓和其他人主張的白人侵略說之後，繼續用「含族」一詞指黑皮膚的非洲人：「在剛誕生之時，他們的含族和高加索人特徵各半。但從出娘胎一刻開始，離開高加索人的趨勢便占了優勢。見 Stanley, speech from 1878, Folder 4718, Stanley Archives.

17. 所有引述都出自 Speke, *Journal*, 137; 207; 236. 也可見 242 頁對含族入侵的討論。

18. 出處同前, 241.

19. 史坦利在 *Dark Continent*, 1:271 提到穆特薩的含族知識。關於此段這句引文，也在一八七七年十月六日的信件中，由史密斯（Lieut. G. Shergold Smith）所記錄。史密斯還說：「穆特薩說了一個奇特的故事，關於他是含的後代，還承諾提供一個完整的系譜。」*Church Missionary Intelligencer* 3 (April 1878): 212.

第九章　國王穆特薩

1. Roland Oliver and Anthony Atmore, *Africa Since 1800* (New York: Cambridge University Press, 2005), 90–102.

2. Apolo Kagwa and Henry Wright Duta Kitakule, "How Religion Came to Uganda," *The Mind of Buganda*,

ed. D. A. Low (Berkeley: University of California Press, 1971), 1–2; Oliver and Atmore, *Africa*, 94.

3. Richard Reid, "Images of an African Ruler: *Kabaka* Mutesa of Buganda, ca. 1857–1884," *History in Africa* 26 (1999): 275; 這句引言見 Kagwa and Kitakule, "Religion," 1.
4. Benjamin C. Ray, *Myth, Ritual, and Kingship in Buganda* (New York: Oxford University Press, 1991), 100.
5. Linant de Bellefonds, 記錄於一八七五年四月二十七日，重新刊載於 Low, *Mind*, 3.
6. Neil Kodesh, *Beyond the Royal Gaze: Clanship and Public Healing in Buganda* (Charlottesville and London: University of Virginia Press, 2010), 32–34.
7. Kodesh, *Royal Gaze*, 25–66.
8. 「新教《聖經》……」：Stanley, *Dark Continent*, 322;「讀金圖的故事……」：出處同前，379.
9. Stanley, *Dark Continent*, 345.
10. Smith, *Church Missionary Intelligencer*, 212.
11. Gordon, letter to Rev. H. Wright, in Kodesh, *Royal Gaze*, 33–34.
12. Arthur Bryan Fisher, "Western Uganda," *Geographical Journal* 24 (September 1904): 251.
13. Johnston, 引自於 Christopher Wrigley, *Kingship and State: The Buganda Dynasty* (Cambridge: Cambridge University Press, 2002), 112–13.
14. C. T. Wilson and R. W. Felkin, *Uganda and the Egyptian Soudan* (London: Sampson Low, Marston, Searle, and Rivington, 1882), 1:196.
15. Kodesh, *Royal Gaze*, 33.
16. 有關定年的難題，見 Wrigley, *Kingship and State*, 111.
17. Kodesh 提出或許在皈信基督的改信者和知識份子間，關於金圖的外國起源的地點有各種觀點。某些人或許相信金圖來自於布干達以外的地方，像是埃爾貢山，但仍位於東非。出自二〇一四年私人通訊討論。

18. 「托羅人談到……」：Fisher, "Western Uganda," 251; 對基瓜與比曼努卡的討論見 Nigel Eltringham, "'Invaders Who Have Stolen the Country': The Hamitic Hypothesis, Race and the Rwandan Genocide," *Social Identities* 12, no. 4 (July 2006) 432–33;「看來確實意味兩件事情……」：Johnston, *Uganda Protectorate*, 2:588–89.

19. Apolo Kagwa, *The Kings of Buganda*, trans. and ed. M. S. M. Kiwanuka (Nairobi: East African Publishing House, 1971), 7; Brian K. Taylor, *The Western Lacustrine Bantu* (London: International African Institute, 1962), 18–19, 42.

20. Stanley, December 27 [1875], Notebook 15, Stanley Archives.

第十章　大辛巴威

1. Carl Mauch, Journals, 266; D. Munjeri, "Great Zimbabwe: A Historiography and History: Carl Mauch and After: Paper Presented to Mark the 150th Birthday of Carl Mauch," *Heritage of Zimbabwe* 7 (1987): 1–10.
2. Mauch, *Journals*, 267–68.
3. Alcacova and Fernandes, 引自 Garlake, *Great Zimbabwe*, 51.
4. de Barros, 引自 Garlake, *Great Zimbabwe*, 52.
5. dos Santos, 引自 Garlake, *Great Zimbabwe*, 53.
6. Mauch, 引自 Garlake, *Great Zimbabwe*, 63.
7. Mauch, letter to August Petermann, September 13, 1871, reprinted in Joseph Forsyth Ingram, *The Land of*

Gold, Diamonds and Ivory: Being a Comprehensive Handbook and Guide to the Colonies, States and Republics of South and East Africa (London: W. B. Whittingham, 1893), 107.

8. 前一段提到「上帝」的引文見：Mauch, Journals, 267. 檀香木見：Garlake, *Great Zimbabwe*, 64.

9. "Geographical Notes," *American Educational Monthly* 9 (1872): 238–39; "The Observatory," *Sunday School Teacher* 5 (1872): 219; Charles Beke, "The Gold Country of Ophir," *Ecclesiastical Observer*, April 1, 1872, 184.

10. Carl Mauch, Carl Mauch: *African Explorer* (Transvaal, South Africa: C. Struik, 1971), 2.

11. Mauch, *Journals*, 6.

12. the Rudd Concession, 引自 Arthur Keppel-Jones, *Rhodes and Rhodesia: The White Conquest of Zimbabwe 1884–1902* (Montreal: McGill-Queen's University Press, 1983), 78; Blake, *History of Rhodesia* (New York: Knopf, 1978), 42–92.

13. James Theodore Bent, *The Ruined Cities of Mashonaland*, 60.

14. 出處同前，54.

15. 出處同前，33.

16. Garlake, *Great Zimbabwe*, 66–67.

17. Bent, *Ruined Cities*, 188.

18. Bruce Trigger, *A History of Archaeological Thought*, 2nd ed. (Cambridge: Cambridge University Press, 2006), 195–205; Klaus Peter Kopping, *Adolf Bastian and the Psychic Unity of Mankind: The Foundations of Anthropology in Nineteenth Century Germany* (Berlin: LIT Verlag, 2005), 1–6, 126–36.

19. Trigger, *History*, 217–22.

20. Karin R. Andriolo, "Kulturkreislehre and the Austrian Mind," *Man* 14 (1979: 133–44; 引言出自 "The Ruins in Mashonaland," *Sun* (New York), February 10, 1892, 3.
21.「這建築……」：David Christiaan De Waal, *With Rhodes in Mashonaland* (Cape Town, South Africa: J. C. Juta and Company, 1896), 276;「『辛巴威』是一座……」：Rhodes, 引自 Garlake, *Great Zimbabwe*, 65.
22. Saul Dubow, *Scientific Racism in Modern South Africa* (Cambridge: Cambridge University Press, 1995), 68–69; Theal, *Yellow and Dark-Skinned People of Africa South of the Zambesi* (London: Swan Sonnenschein & Company, 1910), 358.
23. Garlake, *Great Zimbabwe*, 67–72.

第十一章　登頂

1. Stanley, *In Darkest Africa*, 1:429.
2. Stanley, *Darkest Africa*, 192–206; Jeal, *Stanley*, 354–64.
3. Stanley, *Darkest Africa*, 2:77; Jeal, *Stanley*, 324–42, 354.
4. 引述自 Jeal, *Stanley*, 328.
5. Stanley, *Darkest Africa*, 2:139–181; Jeal, *Stanley*, 336–53.
6. Stanley, *Darkest Africa*, 2:317.
7. 出處同前，276; W. E. Stairs, "Lieutenant Stairs' Account of His Ascent of Ruwenzori, to a Height of 10,677 Feet Above Sea-Level," *Proceedings of the Royal Geographical Society* 11, no. 12 (December 1889): 729.
8. Jeal, *Stanley*, 378.
9. Stanley, "Geographical Results of the Emin Pasha Relief Expedition," *Proceedings of the Royal Geographical*

Society 12, no. 6 (June 1890): 327–28.

10. Stanley, *Darkest Africa*, 2:332.
11. 出處同前，2:345.
12. Stanley, “Geographical Results,” 320.
13. Johnston, *Uganda Protectorate*, 25.
14. 「比高加索人還要白」：Serpa Pinto, 引自 “A White Race in Africa,” *Stark Democrat* (Canton, OH), July 17, 1879, 1; interview with Zebehr Pasha in “White Natives of Africa,” *Belmont Chronicle* (St. Clairsville, OH), September 1, 1887, 4; 關於 Captain Larrymore 報導的白色非洲人見 “Africa’s White Race,” *Wichita Daily Eagle*, April 14, 1896, 8;「在廷巴克圖以南……」：*Juniata Sentinel and Republican* (Mifflintown, PA), August 8, 1888, 4.
15. Jeal, *Stanley*, 456.
16. Stanley, *Darkest Africa*, 2:324.
17. Stanley, “The Origin of the Negro Race,” *North American Review* 170 (May 1900): 659.
18. “There are many ... ”: Prince Luigi Amedeo of Savoy, *Ruwenzori: An Account of the Expedition of H.R.H. Prince Luigi Amedeo of Savoy, Duke of Abruzzi* (New York: Dutton, 1908), 98–99.

第十二章　王朝人種

1. W. M. Flinders Petrie, *Migrations* (London: Anthropological Institute of Great Britain and Ireland, 1906), 5.
2. Petrie, *Medum* (London: David Nutt, 1892), 1.
3. Petrie, *Ten Years’ Digging in Egypt, 1881–1891* (New York: Religious Tract Society, 1892), 138.

4. Petrie, *Medum*, 4.
5. Petrie, *Digging*, 146.
6. Petrie, *Digging*, 161; Sheppard, Life, 42–44.
7. Margaret S. Drower, *Flinders Petrie: A Life in Archaeology* (Madison: University of Wisconsin Press, 1995), 135–36.
8. Morton, *Crania Aegyptiaca,* 12.
9. Petrie, Migrations, 31.
10. Darwin, *The Descent of Man, and Selection in Relation to Sex* (London: John Murray, 1871), 1:101.
11. 本段兩句引文出自：Francis Galton, *Memories of My Life* (London: Methuen and Co., 1908), 287, 155.
12. Francis Galton, "Editorial," *Biometrika* 1 (1902):1.
13. Kathleen L. Sheppard, "Flinders Petrie and Eugenics at UCL," *Bulletin of the History of Archeology* 20, no. 1 (May 2010): 16–29.

第十三章　雅利安人浪潮

1. Friedrich Max Müller, *Auld Lang Syne* (New York: Charles Scribner's Sons, 1899), 2:2–3.
2. 出處同前，2:3.
3. Schwab, *Oriental Renaissance*, 131–224; Arvidsson, *Aryan Idols*, 23–26.
4. Friedrich Max Müller, *My Autobiography: A Fragment* (New York: Charles Scribner's Sons, 1901), 146.
5. Francis W. Ellis, "Note to the Introduction," in Alexander D. Campbell, *Grammar of the Teloogoo Language* (Madras, India: The College Press, 1816), 1.

6. Stevenson 引自 Trautmann, *Aryans* and British India, 157. 原始資料來源：*Observations on the Grammatical Structure of the Vernacular Languages of India Journal of the Asiatic Society of Bombay* 3 (1849): 73.
7. Max Müller, "On the Relation of the Bengali to the Arian and Aboriginal Languages of India," *Report of the Seventeenth Meeting of the British Association for the Advancement of Science* (London: John Murray, 1848), 328.
8. 出處同前, 348.
9. Edward Tregear, *Aryan Maori* (Wellington, New Zealand: George Didsbury, 1885), 4; Tony Ballantyne, *Orientalism and Race: Aryanism in the British Empire* (New York: Palgrave Macmillan, 2007), 56–82.
10. Hieronymus de Angelis, 引自 David MacRitchie, *The Aïnos* (New York: E. Steiger & Co., 1892), 6. 一九〇一年，Alice Lee 和 Karl Pearson 用阿伊努人的頭顱指數數據來論證他們人種上和歐洲人接近，見 "Data for the Problem of Evolution in Man," *Philosophical Transactions of the Royal Society* 196 (1901): 245; 阿伊努人的雅利安根源亦見 B. Douglas Howard, *Life with Trans-Siberian Savages* (London: Longmans, 1893), 185–86. On Starr, "Been Seeing Japan Close," *Sun* (New York), June 13, 1910, 2.
11. 「這些尼格利陀人……」：Daniel Brinton, "People of the Philippines," *American Anthropologist* 11 (October 1898): 295;「金髮澳洲原住民」：Griffith Taylor, "Aborigines in North-West Australia," *Sydney Morning Herald*, March 27, 1925, 10;「長期失落的同種同源兄弟」：Herbert Gowen, "Are Hawaiians from Aryan Stock?" *Austin's Hawaiian Weekly*, Honolulu, June 17, 1899, 15; 亦見 W. D. Alexander, "The Origin of the Polynesian Race," *Journal of Race Development* 1 (October 1910): 221–30.
12. Miles Poindexter, *The Ayar-Incas* (New York: H. Liveright, 1930), x.
13. Taylor, "Climatic Cycles of Evolution," *Geographical Review* 8, no. 6 (December 1919): 312; Taylor, "The

Evolution and Distribution of Race, Culture, and Language," *Geographical Review* 11, no. 1 (January 1921): 104.

14. Taylor, "Climatic Cycles," 309–13.
15. from "Japanese of Mixed Blood," *Mahoning Dispatch* (Ohio), September 12, 1913, 4.
16. Max Müller, *Biography of Words and the Home of the Aryas* (London: Longmans, 1888), 120.

第十四章　金髮愛斯基摩人

1. Stefansson, *My Life with the Eskimo* (New York: Macmillan, 1913), 190, 192.
2. 出處同前，193. Gísli Pálsson, "Hot Bodies in Cold Zones: Arctic Exploration," *The Scholar and Feminist Online* 7, no. 1 (Fall 2008), http:// sfonline.barnard.edu/ice/print_palsson.htm.
3. 「不管是他們……」：Stefansson, *The Stefánsson-Anderson Arctic Expedition of the American Museum: Preliminary Ethnological Report* (New York: American Museum of Natural History, 1914), 14:239;「如果幾代人以前……」：Rasmussen, 引自 "The 'Blond' Eskimos," *Harpers Monthly Magazine* 156 (1928): 198.
4. 消失的格陵蘭殖民地在十九世紀常常被人拿來討論，以下是兩個例子："Account of Danish Discoveries on the East Coast of Greenland in 1829," *Journal of the Royal Geographical Society of London* 1 (1831): 247–52; R. H. Major, "The Site of the Lost Colony of Greenland Determined, and Pre-Columbian Discoveries of America Confirmed," *Proceedings of the Royal Geographical Society of London* 17, no. 5 (1872–73): 312–21.
5. 斯蒂芬森的話見 Stefansson, *My Life*, 1–2. 關於芬妮・潘尼格布魯克見 Gísli Pálsson, *Writing on Ice: The Ethnographic Notebooks of Vilhjalmur Stefansson* (Hanover, NH: University Press of New England, 2001),

12, 39.

6. *Seattle Times*, September 9, 1912, 1; *Princeton Union*, Sept 19, 1912, 8; "Lost Tribe Discovered," *Vermont Phoenix*, September 13, 1912, 3; "Returns After Four Years from the Far North," *Salt Lake Tribune*, September 10, 1912, 1; *Daily Missoulian*, September 10, 1912, 1; "Arctic Explorer Ends Arctic Search of Four Years," *San Francisco Call*, September 10, 1912, 1. 國際報導包括：“L'expédition Stefansson," *Conféderé du Valais* (Switzerland), December 26, 1913, 3; "Crónicas Cosmopolitas," *Vida Marítima* (Madrid), Jan 20, 1912, 1; Ricardo White, "Un Pueblo Desconocido," *La Ilustración Española y Americana* (Madrid), November 8, 1912, 11–13; "Los Esquimales," *Caras y Caretas* (Buenos Aires), December 8, 1916, 16.

7. Amundsen 引自 *As Told at the Explorers Club: More Than Fifty Gripping Tales of Adventure*, ed. George Plimpton (Guilford, CT: Lyons Press, 2005), 116.

8. Jenness, "The 'Blond' Eskimo," *American Anthropologist* 23, no. 3 (July–September 1921), 262.

9. Topinard 引自 Stocking, *Race, Culture, and Evolution*, 58; "natural variation in the complexion": Murdoch quoted in Jenness, "'Blond' Eskimo," 262. 關於默多克的觀察見 "Ethnological Results of the Point Barrow Expedition," *Ninth Annual Report of the Bureau of Ethnology* (Washington, DC: U.S. Government Printing Office, 1892).

10. Jenness, "'Blond' Eskimo," 265.

11. Verrill, "Hunting the White Indians," *McClure's Magazine* 43 (July 1924): 48.

12. 出處同前，52. 十九世紀亦常常有人聲稱看見「白皮膚印度人」，見 Harold T. Wilkins, *Secret Cities of Old South America* (Kempton, IL: Adventures Unlimited Press,1998), 88; Kim Hill and A. Magdalena

Hurtado, *Ache Life History: The Ecology and Demography of a Foraging People* (Hawthorne, NY: Aldine De Gruyter, 1996), 57–59; Margot Lynn Iverson, "Blood types: A history of genetic studies of Native Americans, 1920—1955," (PhD diss., University of Minnesota, 2007), 1–2.

13. 「誘人和存在已久……」：Arthur Olney Friel, *The River of the Seven Stars* (New York: Harpers, 1924), 34;「純白色皮膚」：出處同前，397;「雖然要拋棄……」：出處同前，402.

14. Alexander Hamilton Rice, 引自 "Explorer Rice Back, Saw White Indians," *New York Times*, July 11, 1925, 6.

15. Ralph Glidden, 引自 Alma Overholt, "Giant White Indian Race Stirs Scientific Research," *Los Angeles Times*, January 26, 1930, F6.

16. Richard Marsh, *The White Indians of Darien* (New York: G. P. Putnam's Sons, 1934), 26.

17. 「我們在街道上看見……」：出處同前，214–15;「整件事情讓我反胃」：Aleš Hrdlic̆ka, 引自 James Howe, *A People Who Would Not Kneel: Panama, the United States, and the San Blas Kuna* (Washington, DC: Smithsonian Institution Press, 1998), 242.

18. Marsh, 引自 Howe, *A People*, 243.

19. 出自 Marsh, *The World's Work*, 49 (April 1925), 643; Howe, *A People*, 250–56.

第十五章　文學想像力裡的部落

1. H. Rider Haggard, *The Days of My Life*, 1: 233; Norman Etherington, *Rider Haggard* (Boston: Twayne Publishers, 1984), 9.

2. 「在念書方面是個笨蛋」：Haggard, *Days*, 1: 61;「軟弱和遲鈍的寫照」：Etherington, *Haggard*, 1.

3. Haggard, *Days*, 1:52.

4. Etherington, *Haggard*, 7–30.
5.「三個世紀前由一個……」：Haggard, *King Solomon's Mines* (New York: Longmans, Green, and Company, 1901), 60;「奇怪的雲和霧」：出處同前，70.
6.「我一輩子都有豎起耳朵的習慣……」：Haggard, *Days*, 1:242;「管理寶藏的腓尼基官員設計」：Haggard, *Mines*, 221;「他們是你們之前的另一批白人」：Haggard, *Mines*, 126.
7. 波札那最高一座山是奧采山（Otse Hill），高 1491 公尺。辛巴威的最高山為伊尼揚加尼山（Mount Nyangani），高 2592 公尺。.
8. Haggard, *Days*, 2:245
9.「弱者必然滅亡……」：Haggard, 引自 Etherington, *Haggard*, 47;「我不認為……」：Gosse, 引自 Haggard, *Days*, 245;「優美怪誕的想像力」：Stevenson, 引自 Haggard, *Days*, 235.
10. Stevenson, 引自 Haggard, *Days*, 235.
11. Fred H. Smith, "Cro-Magnon," in *History of Physical Anthropology*, ed. Frank Spencer (New York: Francis and Taylor, 1997), 1:298–301.
12. Jess Nevins, "Pulp Science Fiction Under German Totalitarianism," http://io9.com/5960383/pulp-science-fiction-under-totalitarian-regimes-part-one-germany, accessed January 15, 2014; Elana Gomel, "Lost and Found: The Lost World Novel and the Shape of the Past," *Genre* 60 (Spring–Summer 2007): 105–10.
13. Everett F. Bleiler and Richard Bleiler, *Science-Fiction, the Early Years: A Full Description of More Than 3,000 Science-Fiction Stories from Earliest Times to the Appearance of the Genre Magazines in 1930* (Kent, OH: Kent State University Press, 1990), 796; Edward James, "Science Fiction by Gaslight: An Introduction to English-Language Science Fiction in the Nineteenth Century," in *Anticipations: Essays on Early Science*

Fiction and Its Precursors*, ed. David Seed (Syracuse, NY: Syracuse University Press, 1995), 26–45.

14. Joseph Conrad, *Heart of Darkness* (New York: Dover Thrift Editions, 1990 [1902]), 24.
15. Zebehr Pasha, 引自 "White Natives of Africa," *Belmont Chronicle* (St. Clairsville, OH), September 1, 1887, 4.
16. Etherington, *Haggard*, 109; Terrence Ranger, "The Rural African Voice in Zimbabwe Rhodesia: Archaism and Tradition," *Social Analysis* 4 (September 1980): 100–15; Robert Fraser, "Fiction and the Other Reader: The Reception of Imperial Adventure Romance in Africa," in *Moveable Type, Mobile Nations: Interactions in Transnational Book History*, eds. Simon Frost and Robert W. Rix (Copenhagen: Museum Tusculanum Press, 2010), 99–106. Patrick Brantlinger, "Victorians and Africans: The Genealogy of the Myth of the Dark Continent," *Critical Inquiry* 12 (Autumn 1985): 166–203, 196.
17. Haggard, 引自 Etherington, *Haggard*, 36.

第十六章　白色心靈

1. Sigmund Freud, *The Interpretation of Dreams* (New York: Macmillan, 1913), 359; Etherington, *Haggard*, 38.
2. Freud, *Dreams*, 359.
3. Charles De Brosses, *Du culte des dieux fétiches ou Parallèle de l'ancienne religion de l'Égypte avec la religion actuelle de Nigritie* (1760). 也引自 Celia Brickman, *Aboriginal Populations in the Mind: Race and Primitivity in Psychoanalysis* (New York: Columbia University Press, 2003), 37.
4. Richard Noll, *Aryan Christ: The Secret Life of Carl Jung* (New York: Random House, 1997), 98–100.
5. Carl Jung, *Memories, Dreams, Reflections* (New York: Knopf, 2011), 244.
6. "Paul Gauguin," *Dictionary of Modern and Contemporary Art*, eds. Ian Chilvers and John Glaves-Smith (New

York: Oxford University Press, 2009), 259–60; Joseph Knowles, *Alone in the Wilderness* (Boston: Small, Maynard and Co., 1913), 144; Tait Keller, "Holy Mountains and Hollow Men: The Search for Sanctuary in the Eastern Alps" (conference talk, American Historical Association annual meeting, January 2011); Petteri Pietikainen, "The Volk and Its Unconscious: Jung, Hauer and the 'German Revolution,'" *Journal of Contemporary History* 35, no. 4 (October 2000): 523–39;「歐洲人斷然……」：Jung, *Memories*, 240.

7. Jung, *Memories*, 244.
8. 出處同前，254; Blake Burleson, *Jung in Africa* (New York: Bloomsbury Academic, 2005), 27–28, 43.
9.「我不知道是我把ＣＧ〔榮格〕釣到……」：Ruth Bailey 引自 Burleson, *Jung in Africa*, 75;「顏色處處喧囂……」：出處同前，71.
10. Jung, *Memories*, 254.
11. 出處同前，255.
12. Jung, 引自 Burleson, *Jung in Africa*, 165.
13. Jung, *Memories*, 264.

第十七章　理論出現裂痕

1. Gertrude Caton-Thompson, *The Zimbabwe Culture: Ruins and Reactions* (Oxford: Clarendon Press, 1931), 1.
2. 葛楚前往大辛巴威之行見 Caton-Thompson, *Mixed Memoirs* (New York: Paradigm Press, 1983), 114–18.
3. 羅德斯從大辛巴威弄到哪些文物，見 Henrika Kuklick, "Contested Monuments: The Politics of Archeology in Southern Africa," in *Colonial Situations: Essays on the Contextualization of Ethnographic Knowledge*, ed. George W. Stocking, Jr. (Madison: University of Wisconsin Press, 1991), 135.

4. Caton-Thompson, *Zimbabwe Culture*, 4.
5. 「不理會各種臆測……」：Caton-Thompson, Memoirs, 84;「演繹錯誤曠野」：Caton-Thompson, *Zimbabwe Culture*, 1–2.
6. Robin Derricourt, "The Enigma of Raymond Dart," *International Journal of African Historical Studies* 42, no. 2 (2009): 257–82.
7. Raymond Dart, "The Historical Succession of Cultural Impacts upon South Africa," *Nature* 111, no. 2890 (March 21, 1925): 426.
8. 「光是這一點就讓我的六星期花得有價值」：Caton-Thompson, Memoirs, 123;「我相當肯定這遺址是土著的作品……」：出處同前, 128; Maund Ruins Plan (plate), *Zimbabwe Culture*, 275.
9. 「只能顯示出頭骨的一些次要特徵……」：Giuseppe Sergi, "My New Principles of the Classification of the Human Race," *Science* 22 no. 564 (November 24, 1893): 290;「頭顱指數看來除了會因為父母的不同而異……」：Flinders Petrie, *Migrations*, 1906, 31; Franz Boas,"Changes in the Bodily Form of Descendants of Immigrants," *American Anthropologist* 14, no. 3 (July–September 1912): 530–62; Elazar Barkan, *The Retreat of Scientific Racism: Changing Concepts of Race in Britain and the United States Between the World Wars* (Cambridge: Cambridge University Press, 1992), 228–78; Robert Wald Sussman, *The Myth of Race: The Troubling Persistence of an Unscientific Idea* (Cambridge, MA: Harvard University Press, 2014), 146–64.
10. Paul Topinard, 引自 George W. Stocking, *Race, Culture, and Evolution: Essays in the History of Anthropology* (Chicago: University of Chicago Press, 1968), 59.
11. Caton-Thompson, *Memoirs*, 131.

12. 報紙引文出自 Caton-Thompson, *Memoirs*, 135–37.
13. *Cape Times*, 出處同前, 132.

第十八章　世界屋脊

1. Heather Pringle, *The Master Plan: Himmler's Scholars and the Holocaust* (New York: Hyperion, 2006), 145–76; Christopher Hale, *Himmler's Crusade: The Nazi Expedition to Find the Origins of the Aryan Race* (Hoboken, NJ: John Wiley and Sons, 2003), 154–86. 舍費爾原擬取道中國的長江前往西藏，後因一九三七年七月中日戰爭全面爆發作罷。
2. Pringle, *Master Plan*, 149–51.
3. Andrew D. Evans, *Anthropology at War: World War I and the Science of Race in Germany* (Chicago: University of Chicago Press, 2010), 61, 82–83.
4. Jon Røyne Kyllingstad, "Norwegian Physical Anthropology and the Idea of a Nordic Master Race," *Current Anthropology* 53, no. S5 (April 2012): S46–S56.
5. On Julius Lehmann and Hans F. K. Gunther, 參見 Hale, *Crusade*, 103–5; Hans H. K. Gunther, *The Racial Elements of European History* (London: Longman, 1928), [ch. 8, part i]; Pringle, *Master Plan*, 155n52.
6. Hale, *Crusade*, 102–8.
7. Bruno Beger, 引自 Hale, *Crusade*, 129.
8. Schäfer 被 Pringle, *Master Plan*, 162 引述。
9. Hale, *Crusade*, 175.
10. 「月球表面的地貌」：Schäfer 引自 Hale, *Crusade*, 192.「世界屋脊」一詞是探險家伍德（John Wood）

借自巴基斯坦的瓦罕人（Wakhi people），原來只是指喜馬拉雅山脈西緣的帕米爾高原。

11. Léon Poliakov, *The Aryan Myth: A History of Racist and Nationalist Ideas in Europe* (London: Sussex University Press, 1974), 23–28.

12. Hale, *Crusade*, 296–97.

13. David Stahel, *Operation Barbarossa and Germany's Defeat in the East* (Cambridge: Cambridge University Press, 2009), 33–38.

14. Hale, *Crusade*, 325–330.

15. Beger 引自 Hale, *Crusade*, 362.

第十九章　被戰爭染色

1.「所有的人都屬於同一物種……」：UNESCO "Statement on Race" [1950] in *Four Statements on the Race Question* (Paris: United Nations, 1969), 30;「世界專家小組找不到人種偏見的科學根據」：*New York Times*, July 18, 1950, 1; Barkan, *Retreat*, 341–47.

2. Carl N. Degler, *In Search of Human Nature: The Decline and Revival of Darwinism in America* (New York: Oxford University Press, 1992), 235–238.

3. Jan T. Gross, *Fear: Anti-Semitism in Poland After Auschwitz* (New York: Random House, 2006), 31–166; John Howard, *Concentration Camps on the Home Front: Japanese Americans in the House of Jim Crow* (Chicago: University of Chicago Press, 2008), 45–64.

4. Cynthia Ann Humes, "Hindutva, Mythistory, and Pseudoarchaeology," *Numen* 59 (2012): 178–201.

5.「雅利安人種理論是那麼的荒謬……」：B. R. Ambedkar 引自 Arvind Sharma, "Dr. B. R. Ambedkar on the Aryan Invasion and the Emergence of the Caste System in India," *Journal of the American Academy of Religion* 73, no. 3 (September 2005): 864;「〔婆羅門階層〕聲稱他們代表雅利安人種……」：B. R. Ambedkar, 引自 Edwin Bryant, *The Quest for the Origins of Vedic Culture: The Indo-Aryan Migration Debate* (Oxford: Oxford University Press, 2001), 51.

6. Joseph H. Greenberg, "The Classification of African Languages," *American Anthropologist* 50, no. 1 (January–March 1948), 26; Carl Meinhof and Felix von Luschan, *Die Sprachen Der Hamiten* (Hamburg: Friederischsen, 1912).

7. Philip V. Tobias, *The Meaning of Race* (Johannesburg: South African Institute on Race Relations, 1961), 1–21.

8. Batrawi, "The Racial History of Egypt and Nubia: Part II. The Racial Relationships of the Ancient and Modern Populations of Egypt and Nubia," *Journal of the Royal Anthropological Institute of Great Britain and Ireland* 76, no. 2 (1946): 144; Charlotte Roberts, "Ahmed Mahmoud el Batrawi," *The Global History of Paleopathology: Pioneers and Prospects*, ed. Jane Buikstra and Charlotte Roberts (New York: Oxford University Press, 2012), 220–22.

9.「王朝人種是來自埃及以外地區……」：Reginald Engelbach, 引自 D. E. Derry, "The Dynastic Race in Egypt," *Journal of Egyptian Archaeology* 42 (December 1956): 82;「屈肢葬的年代一般都晚於更先進的直肢葬……」：Frank Addison, *Jebel Moya* (London: Trustees of the late Sir Henry Wellcome, 1949), 51;「這裡有一個支配性人種存在……」：Derry, "Race," 84; C. G. Seligman, *The Races of Africa* (Oxford: Oxford University Press, 1930);「雜有強烈的閃族……」：Dart, 引自 Derricourt, "Enigma," 267.

10. H. H. Johnston, "A Survey of the Ethnography of Africa: And the Former Racial and Tribal Migrations in That Continent," *Journal of the Royal Anthropological Institute of Great Britain and Ireland* 43 (July–

December 1913): 401; J. E. G. Sutton, "Archeology and Reconstructing History in the Kenya Highlands: The Intellectual Legacies of G.W.B. Huntingford and Louis S. B. Leakey," *History in Africa* 34 (2007): 297–320.

11. Robin Law, "The 'Hamitic Hypothesis' in Indigenous West African Historical Thought," *History in Africa* 36 (2009): 293–314.

12. Rev. L. Classe 引自 Tharcisse Gatwa, *The Churches and Ethnic Ideology in the Rwandan Crises* (Oxford: Regnum Books International, 2005), 70.

13. Mahmood Mamdani, *Victims*, 76–102.

第二十章 「肯納威克人」

1. James C. Chatters, *Ancient Encounters: Kennewick Man and the First Americans* (Simon and Schuster, 2002), 21.

2. Chatters, *Encounters*, 55.

3. John Bradbury 引自 Robert E. Bieder, *A Brief Historical Survey of the Expropriation of American Indian Remains* (Bloomington, IN: Native American Rights Fund, 1990), 18.

4. Armand Minthorn, Kennewick (WA) *Tri-City Herald*, October 27, 1997, D1.

5. Chatters, *Encounters*, 76; 關於肯納威克人的法律問題見 Douglas Owsley and Richard L. Jantz, "Kennewick Man—A Kin? Too Distant," *Claiming the Stones, Naming the Bones: Cultural Property and the Negotiation of National and Ethnic Identity*, eds. Elazar Barkan and Ronald Bush (Los Angeles: Getty Publications, 2003), 141–61; *Bonnichsen v. United States*, Court of Appeals, Ninth Circuit, 2004.

6. Victor Mair, 引自 Pringle, Mummy Congress, 137.

7. John Noble Wilford, "Mummies, Textiles Offer Evidence of Europeans in Far East," *New York Times*, May 7, 1996, C1.

8. Pringle, "Battle for the Xinjiang Mummies," *Archaeology* 63, no. 4 (July–August 2010), accessed at http://archive.archaeology.org/1007/abstracts/xinjiang.html.

9. Alessandro Rippa, "Re-Writing Mythology in Xinjiang: The Case of the Queen Mother of the West, King Mu and the Kunlun," *China Journal* 71 (January 2014): 43–64; Christopher P. Thornton and Theodore G. Schurr, "Genes, Language, and Culture: An Example from the Tarim Basin," *Oxford Journal of Archaeology* 23, no. 1 (2004): 85.

10. David Hurst Thomas, *Skull Wars: Kennewick Man, Archaeology, and the Battle for Native American Identity* (New York: Basic Books, 2001), xxii.

11. Philip Kohl, review of *The Bronze Age and Early Iron Age Peoples of Eastern Central Asia*, by Victor H. Mair, *American Journal of Archaeology* 103 (July 1999): 549–50.

12. Douglas Preston, "The Lost Man," *New Yorker*, June 16, 1997, 70.

13. Mair 引自 Samuel Hughes, "When West Went East," *Pennsylvania Gazette* 109 (January–February 2011): 44; Thornton and Schurr, *Genes*, 89.

14. Kohl, review of *Bronze Age*, 999.

15. 出處同上。

16. Graham Richards, "*Race*," *Racism, and Psychology: Towards a Reflexive History* (New York: Routledge Press, 1997), 262.

後記　史坦利看見了什麼？

1. Jibril B. Hirbo, "Complex Genetic History of East African Human Populations," PhD thesis, University of Maryland, 2011.
2. Stanley 引自 Ker, *White Africans*, 6.
3. Nina G. Jablonski, *Skin: A Natural History* (Berkeley: University of California Press, 2006).
4. Jean Hiernaux, "Skin Color and Climate in Central Africa: A Comparison of Three Populations," *Human Ecology* 4 (January 1976): 69–73. 關於 lost 的文化意義，見 Sumathi Ramaswamy, *The Lost Land of Lemuria: Fabulous Geographies, Catastrophic Histories* (Berkeley: University of California Press, 2004).
5. Stanley, 未出版演講稿 no. 4718, "The Dark Continent and Its People, or Africa and the Africans" [1878], Stanley Archives.

參考書目

檔案

Dartmouth College (Hanover, NH)

Rauner Special Collections Library: Vilhjalmur Stefansson Collection

Smithsonian Institution (Washington, DC)

National Anthropological Archives: Richard Marsh Collection

Royal Museum for Central Africa (Tervuren, Belgium)

Stanley Archives: Henry Morton Stanley Collection

出版品

Aaron, David H. "Early Rabbinic Exegesis on Noah's Son Ham and the So-Called 'Hamitic Myth.'" *Journal of the American Academy of Religion* 63 (Winter 1995): 721–59.

Amedeo, Luigi (Prince). *Ruwenzori: An Account of the Expedition of H.R.H. Prince Luigi Amedeo of Savoy, Duke of Abruzzi*. London: Archibald Constable and Co., 1908.

Andriolo, Karin R. "Kulturkreislehre and the Austrian Mind." *Man* 14 (1979): 133–44.

App, Urs. *The Birth of Orientalism*. Philadelphia: University of Pennsylvania Press, 2010.

App, Urs. "William Jones's Ancient Theology." *Sino-Platonic Papers* 191 (2009): 1–125.

Arvidsson, Stefan. *Aryan Idols: Indo-European Mythology as Ideology and Science*. Chicago: University of Chicago Press, 2006.

Augustein, H. F. "From the Land of the Bible to the Caucasus and Beyond: The Shifting Ideas of the Geographical Origin of Humankind." In *Race, Science and Medicine, 1700–1960*, edited by Waltraud Ernst and Bernard Harris, 58–79. London: Routledge, 1999.

Azurara, Gomes Eannes de. *The Chronicle of the Discovery and Conquest of Guinea*. Edited by C. R. Beazley and E. Prestage. 2 vols. London: Hakluyt Society, 1896.

Baker, Samuel White. *The Albert N'yanza; Great Basin of the Nile, and Explorations of the Nile Sources*. London: Macmillan and Co., 1866.

Barkan, Elazar. *The Retreat of Scientific Racism: Changing Concepts of Race in Britain and the United States Between the World Wars*. Cambridge: Cambridge University Press, 1992.

Basaninyenzi, Gatsinzi. " 'Dark-Faced Europeans': The Nineteenth-Century Colonial Travelogue and the Invention of the Hima Race." In *Race and the Foundations of Knowledge*, edited by Joseph A. Young and Jana Evans Braziel, 114–26. Chicago: University of Illinois Press, 2006.

Batrawi, Ahmed Mahmood. "The Racial History of Egypt and Nubia: Part II. The Racial Relationships of the Ancient and Modern Populations of Egypt and Nubia." *Journal of the Royal Anthropological Institute of Great Britain and Ireland* 76 (1946): 131–56.

Baum, Bruce. *The Rise and Fall of the Caucasian Race: A Political History of Racial Identity*. New York: New York University Press, 2008.

Benjamin, Thomas. *The Atlantic World: Europeans, Africans, Indians, and Their Shared History, 1400–1900*. Cambridge: Cambridge University Press, 2009.

Bent, James Theodore. *The Ruined Cities of Mashonaland*. London: Longmans, 1892.

Bieder, Robert E. *A Brief Historical Survey of the Expropriation of American Indian Remains*. Bloomington, IN: Native American Rights Fund, 1990.

Bleiler, Everett F., and Richard Bleiler. *Science-fiction, the Early Years: A Full Description of More Than 3,000 Science-fiction Stories from Earliest Times to the Appearance of the Genre Magazines in 1930*. Kent, OH: Kent State University Press, 1990.

Blumenbach, Johann Friedrich. *The Anthropological Treatises of Johann Friedrich Blumenbach*. London: Anthropological Society, 1865.

Blumenbach, Johann Friedrich. "Observations on Some Egyptian Mummies Opened in London." *Philosophical Transactions of the Royal Society of London* 84 (1794): 177–95.

Boas, Franz. "Changes in the Bodily Form of Descendants of Immigrants." *American Anthropologist* 14 (July–September 1912): 530–62.

Bowler, Peter J. *Evolution: The History of an Idea*. Berkeley: University of California Press, 2009.

Brantlinger, Patrick. "Victoria and Africans: The Genealogy of the Myth of the Dark Continent." *Critical Inquiry* 12 (Autumn 1985): 166–203.

Braude, Benjamin. "The Sons of Noah and the Construction of Ethnic and Geographical Identities in the Medieval and Early Modern Periods." *William and Mary Quarterly* 54 (January 1997): 103–42.

Brooks, Michael E. "Prester John: A Reexamination and Compendium of the Mythical Figure Who Helped Spark European Expansion." PhD diss., University of Toledo, 2009.

Bryant, Edwin. *The Quest for the Origins of Vedic Culture: The Indo-Aryan Migration Debate*. Oxford: Oxford University Press, 2001.

Burleson, Blake. *Jung in Africa*. New York: Bloomsbury Academic, 2005.

Byrd, Melanie. "The Hamitic Prophesy and Napoleon's Egyptian Campaign." *Consortium on Revolutionary Europe, 1750–1850: Proceedings* 22 (1992): 313–20.

Campbell, Alexander Duncan. *A Grammar of the Teloogoo Language*. Madras, India: College Press, 1816.

Cannon, Garland H. *The Life and Mind of Oriental Jones Sir William Jone*s, *the Father of Modern Linguistics*. Cambridge: Cambridge University Press, 1990.

Caton-Thompson, Gertrude. *Mixed Memoirs*. New York: Paradigm Press, 1983.

Caton-Thompson, Gertrude. *The Zimbabwe Culture: Ruins and Reactions*. Oxford: Clarendon Press, 1931.

Chatters, James C. *Ancient Encounters: Kennewick Man and the First Americans*. New York: Simon and Schuster, 2002.

Collins, Robert. *Europeans in Africa*. New York: Knopf, 1971.

Conrad, Joseph. *Heart of Darkness*. New York: Dover Thrift Editions, 1990.

Crosby, Alfred W. *Ecological Imperialism: The Biological Expansion of Europe, 900–1900*. Cambridge: Cambridge University Press, 2004.

Cunliffe, Barry. *Facing the Ocean: The Atlantic and Its Peoples, 8000 bc–ad 1500*. New York: Oxford University Press, 2001.

Curran, Andrew S. *The Anatomy of Blackness: Science and Slavery in an Age of Enlightenment*. Baltimore: Johns Hopkins University Press, 2011.

Curran, Andrew S. "Rethinking Race History: The Role of the Albino in the French Enlightenment Life Sciences." *History and Theory* 48 (October 2009): 151–79.

Curtin, Philip. *Disease and Empire: The Health of European Troops in the Conquest of Africa*. Cambridge: Cambridge University Press, 1998.

Dart, Raymond. "The Historical Succession of Cultural Impacts upon South Africa." *Nature* 115 (March 21, 1925): 425–29.

Darwin, Charles. *The Descent of Man, and Selection in Relation to Sex*. London: John Murray, 1871.

Darwin, Charles. *On the Origin of Species*. London: John Murray, 1859.

Daston, Lorraine, and Katharine Park. *Wonders and the Order of Nature, 1150–1750*. New York: Zone Books, 2001.

Davies, K. G. "The Living and the Dead: White Mortality in West Africa, 1684–1732." In *Race and Slavery in the Western Hemisphere: Quantitative Studies*, edited by Stanley L. Engerman and Eugene D. Genovese, 83–98. Princeton, NJ: Princeton University Press, 1975.

Day, John. "The Great Bullion Famine of the Fifteenth Century." *Past and Present* 79 (May 1978): 3–54.

Degler, Carl N. *In Search of Human Nature: The Decline and Revival of Darwinism in America*. New York: Oxford University Press, 1992.

Derricourt, Robin. "The Enigma of Raymond Dart." *International Journal of African Historical Studies* 42

(2009): 257–82.

Derry, D. E. "The Dynastic Race in Egypt." *Journal of Egyptian Archaeology* 42 (December 1956): 80–85.

Drower, Margaret S. *Flinders Petrie: A Life in Archaeology*. Madison: University of Wisconsin Press, 1995.

Dubow, Saul. *Scientific Racism in Modern South Africa*. Cambridge: Cambridge University Press, 1995.

Egerton, Douglas, Alison Games, Jane G. Landers, Kris Lane, and Donald R. Wright. *The Atlantic World: A History, 1400–1888*. Wheeling, IL: Harlan Davidson, 2007.

Eltringham, Nigel. " 'Invaders Who Have Stolen the Country': The Hamitic Hypothesis, Race and the Rwandan Genocide." *Social Identities* 12, no. 4 (July 2006): 425–46.

Etherington, Norman. *Rider Haggard*. New York: Twayne, 1984.

Evans, Andrew D. *Anthropology at War: World War I and the Science of Race in Germany*. Chicago: University of Chicago Press, 2010.

Fabian, Ann. *The Skull Collectors: Race, Science, and America's Unburied Dead*. Chicago: University of Chicago Press, 2010.

Franklin, Michael J. *"Orientalist Jones": Sir William Jones, Poet, Lawyer, and Linguist, 1746–1794*. New York: Oxford University Press, 2011.

Fraser, Robert. "Fiction and the Other Reader: The Reception of Imperial Adventure Romance in Africa." In *Moveable Type, Mobile Nations: Interactions in Transnational Book History*, edited by Simon Frost and Robert W. Rix, 99–106. Copenhagen: Museum Tusculanum Press, 2010.

Freud, Sigmund. *The Interpretation of Dreams*. New York: Macmillan, 1913.

Galton, Francis. *Memories of My Life*. London: Methuen and Co., 1908.

Garlake, Peter S. *Great Zimbabwe*. London: Thames and Hudson, 1973.

Gatwa, Tharcisse. *The Churches and Ethnic Ideology in the Rwandan Crises*. Bletchley, UK: Regnum Books International, 2005.

Geddie, John. *The Lake Regions of Central Africa*. Edinburgh: T. Nelson and Sons, 1881.

Gobineau, Arthur Comte de. *The Inequality of Human Races*. New York: G. P. Putnam's Sons, 1915.

Goldenberg, David M. *The Curse of Ham: Race and Slavery in Early Judaism, Christianity, and Islam*. Princeton, NJ: Princeton University Press, 2003.

Goldenberg, David M. "What Did Ham Do to Noah?" In *The Words of a Wise Man's Mouth Are Gracious (Qoh 10, 12): Festschrift Gunter Stemberger on the Occasion of his 65th Birthday*, edited by Mauro Ferani, 257–65. Berlin: Walter de Gruyter, 2005.

Gomel, Elana. "Lost and Found: The Lost World Novel and the Shape of the Past." *Genre* 60 (Spring–Summer 2007): 105–10.

Granville, August B. "An Essay on Egyptian Mummies; With Observations on the Art of Embalming among the Ancient Egyptians." *Philosophical Transactions of the Royal Society of London* 115 (1825): 269–316.

Greenberg, Joseph H. "The Classification of African Languages." *American Anthropologist* 50 (January-March, 1948): 24–30.

Gross, Jan T. *Fear: Anti-Semitism in Poland After Auschwitz*. New York: Random House, 2006.

Guérin, Sarah M. "Avorio d'ogni ragione: The Supply of Elephant Ivory to Northern Europe in the Gothic Era." *Journal of Medieval History* 36 (2010): 156–74.

Gunther, Hans H. K. *The Racial Elements of European History*. London: Methuen, 1928.

Haggard, H. Rider. *The Days of My Life*. 2 vols. London: Longmans, 1926.

Hale, Christopher. *Himmler's Crusade: The Nazi Expedition to Find the Origins of the Aryan Race*. Hoboken, NJ: John Wiley and Sons, 2003.

Haller, John S. "The Species Problem: Nineteenth-Century Concepts of Racial Inferiority in the Origin of Man Controversy." *American Anthropologist* 72 (1970): 1319–29.

Hiatt, Alfred. *Terra Incognita: Mapping the Antipodes Before 1600*. Chicago: University of Chicago Press, 2008.

Hirbo, Jibril B. "Complex Genetic History of East African Human Populations." PhD thesis, University of Maryland, 2011.

Howard, Benjamin Douglas. *Life with Trans-Siberian Savages*. London: Longmans, 1893.

Howard, John. *Concentration Camps on the Home Front: Japanese Americans in the House of Jim Crow*. Chicago: University of Chicago Press, 2008.

Howe, James. *A People Who Would Not Kneel: Panama, the United States, and the San Blas Kuna*. Washington, DC: Smithsonian Institution Press, 1998.

Hume, Brad D. "Quantifying Characters: Polygenist Anthropologists and the Hardening of Heredity." *Journal of the History of Biology* 41 (Spring 2008): 119–58.

Humes, Cynthia Ann. "Hindutva, Mythistory, and Pseudoarchaeology." *Numen* 59 (2012): 178–201.

Jablonski, Nina G. *Skin: A Natural History*. Berkeley: University of California Press, 2006.

Jackson, John P., and Nadine M. Weidman, *Race, Racism, and Science: Social Impact and Interaction*. New Brunswick, NJ: Rutgers University Press, 2005.

James, Edward. "Science Fiction by Gaslight: An Introduction to English-Language Science Fiction in the Nineteenth Century." In *Anticipations: Essays on Early Science Fiction and Its Precursors*, edited by David Seed, 26–45. Syracuse, NY: Syracuse University Press, 1995.

Jeal, Tim. *Explorers of the Nile: The Triumph and Tragedy of a Great Victorian Adventure*. New Haven, CT: Yale University Press, 2011.

Jeal, Tim. *Livingstone*. New York: Putnam, 1973.

Jeal, Tim. *Stanley: The Impossible Life of Africa's Greatest Explorer*. New Haven, CT: Yale University Press, 2007.

Jenness, Diamond. "The 'Blond' Eskimo." *American Anthropologist* 23 (July–Sept. 1921): 257–67.

Johnston, Harry Hamilton. "A Survey of the Ethnography of Africa: And the Former Racial and Tribal Migrations in That Continent." *Journal of the Royal Anthropological Institute of Great Britain and Ireland* 43 (July–December 1913): 375–421.

Johnston, Harry Hamilton. *The Uganda Protectorate*. 2 vols. London: Hutchinson and Co., 1902.

Jones, William. *A Grammar of the Persian Language*. London: W. and J. Richardson, 1771.

Jones, William. *The Works of Sir William Jones*. 13 vols. London: John Stockdale, 1807.

Jung, Carl Gustav. *Memories, Dreams, Reflections*. New York: Pantheon, 1963.

Kagwa, Apolo. *The Kings of Buganda*. Translated and edited by M. S. M. Kiwanuka. Nairobi: East African Publishing House, 1971.

Kennedy, Dane. *The Last Blank Spaces: Exploring Africa and Australia*. Cambridge, MA: Harvard University Press, 2013.

Kennedy, Dane. *The Highly Civilized Man: Richard Burton and the Victorian World*. Cambridge, MA: Harvard University Press, 2005.

Keppel-Jones, Arthur. *Rhodes and Rhodesia: The White Conquest of Zimbabwe 1884–1902*. Montreal: McGill-Queen's University Press, 1983.

Kodesh, Neil. *Beyond the Royal Gaze: Clanship and Public Healing in Buganda*. Charlottesville: University of Virginia Press, 2010.

Kopping, Klaus Peter. *Adolf Bastian and the Psychic Unity of Mankind: The Foundations of Anthropology in Nineteenth Century Germany*. Berlin: LIT Verlag, 2005.

Kuklick, Henrika. "Contested Monuments: The Politics of Archeology in Southern Africa." In *Colonial Situations: Essays on the Contextualization of Ethnographic Knowledge*, edited by George W. Stocking, Jr., 135–69. Madison: University of Wisconsin Press, 1991.

Kyllingstad, Jon Røyne. "Norwegian Physical Anthropology and the Idea of a Nordic Master Race." *Current Anthropology* 53 (April 2012): S46–S56.

Larson, Edward J. *Evolution's Workshop: God and Science on the Galapagos Islands*. New York: Basic Books, 2002.

Law, Robin. "The 'Hamitic Hypothesis' in Indigenous West African Historical Thought." *History in Africa* 36 (2009): 293–314.

Livingstone, David N. *Adam's Ancestors: Race, Religion, and the Politics of Human Origins*. Baltimore: Johns Hopkins University Press, 2011.

Low, D. A. *The Mind of Buganda: Documents of the Modern History of an African Kingdom*. Berkeley: University of California Press, 1971.

MacRitchie, David. *The Aïnos*. New York: E. Steiger & Co., 1892.

Major, R. H. "The Site of the Lost Colony of Greenland Determined, and Pre-Columbian Discoveries of America Confirmed." *Proceedings of the Royal Geographical Society of London* 17 (1872–1873): 312–21.

Mallory, J. P. *In Search of the Indo-Europeans: Language, Archaeology and Myth*. London: Thames & Hudson, 1989.

Mamdani, Mahmood. *When Victims Become Killers: Colonialism, Nativism, and the Genocide in Rwanda*. Princeton, NJ: Princeton University Press, 2001.

Marsh, Richard. *The White Indians of Darien*. New York: G. P. Putnam's Sons, 1934.

Martin-Márquez, Susan. *Disorientations: Spanish Colonialism in Africa and the Performance of Identity*. New Haven, CT: Yale University Press, 2008.

Mauch, Carl. *The Journals of Carl Mauch: His Travels in the Transvaal and Rhodesia*. Edited by E. E. Burke. Salisbury: National Archives of Rhodesia, 1969.

Mauch, Carl. *Karl Mauch: African Explorer*. Edited and translated by F. O. Bernhard. Transvaal, South Africa: C. Struik, 1971.

Max Müller, Friedrich. *Auld Lang Syne*. New York: Charles Scribner's Sons, 1899.

Max Müller, Friedrich. *Biography of Words and the Home of the Aryas*. London: Longmans, 1888.

Max Müller, Friedrich. *My Autobiography: A Fragment*. New York: Charles Scribner's Sons, 1901.

Max Müller, Friedrich. "On the Relation of the Bengali to the Arian and Aboriginal Languages of India." In *Report of the Seventeenth Meeting of the British Association for the Advancement of Science*. London: J. Murray, 1848, 319–50.

Meinhof, Carl and Felix von Luschan. *Die Sprachen Der Hamiten*. Hamburg: L and R Friederischsen, 1912.

Messier, Ronald A. "The Almoravids: West African Gold and the Gold Currency of the Mediterranean Basin." *Journal of the Economic and Social History of the Orient* 17 (March 1974): 31–47.

Morton, Samuel George. *Crania Aegyptiaca*. Philadelphia: John Penington, 1844.

Morton, Samuel George. "Dr. Morton's Craniological Collection." *Transactions of the American Ethnological Society* 2 (1848): 215–22.

Munjeri, D. "Great Zimbabwe: A Historiography and History: Carl Mauch and After: Paper Presented to Mark the 150th Birthday of Carl Mauch." *Heritage of Zimbabwe* 7 (1987): 1–10.

Newman, James L. *Imperial Footprints: Henry Morton Stanley's African Journeys*. Washington, DC: Potomac Books, 2004.

Noll, Richard. *Aryan Christ: The Secret Life of Carl Jung*. New York: Random House, 1997.

Oliver, Ronald, and Anthony Atmore. *Africa Since 1800*. Cambridge: Cambridge University Press, 2005.

Owsley, Douglas W., and Richard L. Jantz. "Kennewick Man—A Kin? Too Distant." In *Claiming the Stones, Naming the Bones: Cultural Property and the Negotiation of National and Ethnic Identity*, edited by Elazar Barkan and Ronald Bush, 141–61. Los Angeles: Getty Publications, 2003.

Pálsson, Gísli. "Hot Bodies in Cold Zones: Arctic Exploration" In "Gender on Ice," special issue, The Scholar and Feminist Online 7, no. 1 (Fall 2008), http://sfonline.barnard.edu/ice/print_palsson.htm.

Pálsson, Gísli. *Writing on Ice: The Ethnographic Notebooks of Vilhjalmur Stefansson*. Hanover, NH: University Press of New England, 2001.

Petrie, W. M. Flinders. *Medum*. London: David Nutt, 1892.

Petrie, W. M. Flinders. *Migrations*. London: Anthropological Institute of Great Britain and Ireland, 1906.

Petrie, W. M. Flinders. *Ten Years' Digging in Egypt, 1881–1891*. New York: Religious Tract Society, 1892.

Pettitt, Clare. *Dr. Livingstone, I Presume? Missionaries, Journalists, Explorers, and Empire*. London: Profile Books, 2007.

Pietikainen, Petteri. "The Volk and Its Unconscious: Jung, Hauer and the 'German Revolution.'" *Journal of Contemporary History* 35 (October 2000): 523–39.

Poindexter, Miles. *The Ayar-Incas*. New York: H. Liveright, 1930.

Poliakov, Léon. *The Aryan Myth: A History of Racist and Nationalist Ideas in Europe*. Sussex, UK: Sussex University Press, 1974.

Pringle, Heather. "Battle for the Xinjiang Mummies." *Archaeology* 63 (July/August 2010): 30–34.

Pringle, Heather. *The Master Plan: Himmler's Scholars and the Holocaust*. New York: Hyperion, 2006.

Pritchard, James Cowles. "Anniversary Address for 1848." *Royal Anthropological Institute of Great Britain and Ireland* 2 (1850): 119–49.

Pritchard, James Cowles. *Researches into the Physical History of Mankind*. London: John and Arthur Arch, 1813.

Ramaswamy, Sumathi. *The Lost Land of Lemuria: Fabulous Geographies, Catastrophic Histories*. Berkeley: University of California Press, 2004.

Ranger, Terrence. "The Rural African Voice in Zimbabwe Rhodesia: Archaism and Tradition." *Social Analysis* 4 (September 1980): 100–115.

Ray, Benjamin C. *Myth, Ritual, and Kingship in Buganda*. New York: Oxford University Press, 1991.

Reid, Richard. "Images of an African Ruler: *Kabaka* Mutesa of Buganda, *ca.* 1857–1884." *History in Africa* 26 (1999): 269–98.

Relaño, Francesc. "Against Ptolemy: The Significance of the Lopes-Pigafetta Map of Africa," *Imago Mundi* 47 (1995): 49–66.

Richards, Graham. *"Race," Racism, and Psychology: Towards a Reflexive History*. New York: Routledge Press, 1997.

Riffenburgh, Beau. *The Myth of the Explorer: The Press, Sensationalism, and Geographical Discovery*. London: Belhaven Press, 1993.

Rippa, Alessandro. "Re-Writing Mythology in Xinjiang: The Case of the Queen Mother of the West, King Mu and the Kunlun." *China Journal* 71 (January 2014): 43–64.

Robinson, Michael. *The Coldest Crucible: Arctic Exploration and American Culture*. Chicago: University of Chicago Press, 2006.

Romm, James. *The Edges of the Earth in Ancient Thought: Geography, Exploration, and Fiction*. Princeton, NJ: Princeton University Press, 1992.

Rudwick, Martin J. S. *Worlds Before Adam: The Reconstruction of Geohistory in the Age of Reform*. Chicago: University of Chicago Press, 2010.

Salvadore, Matteo. "The Ethiopian Age of Exploration: Prester John's Discovery of Europe, 1306–1458." *Journal of World History* 21 (2011): 593–627.

Sanders, Edith R. "The Hamitic Hypothesis: Its Origins and Functions in Time Perspective." *Journal of African*

History 10 (1969): 521–32.

Schwab, Raymond. *Oriental Renaissance: Europe's Rediscovery of India and the East, 1680–1880*. New York: Columbia University Press, 1984.

Seligman, C. G. *The Races of Africa*. Oxford, UK: Oxford University Press, 1930.

Sergi, Giuseppe. "My New Principles of the Classification of the Human Race." *Science* 22 (November 24, 1893): 290.

Sharma, Arvind. "Dr. B. R. Ambedkar on the Aryan Invasion and the Emergence of the Caste System in India." *Journal of the American Academy of Religion* 73 (September 2005): 843–70.

Sheppard, Kathleen L. "Flinders Petrie and Eugenics at UCL." *Bulletin of the History of Archeology* 20 (May 2010): 16–29.

Sheppard, Kathleen L. *The Life of Margaret Alice Murray: A Woman's Work in Archaeology*. Plymouth, UK: Lexington Books, 2013.

Speke, John Hanning. *Journal of the Discovery of the Source of the Nile*. London: Blackwood, 1864.

Speke, John Hanning. *What Led to the Discovery of the Source of the Nile*. London: Blackwood, 1864.

Stahel, David. *Operation Barbarossa and Germany's Defeat in the East*. Cambridge: Cambridge University Press, 2009.

Stairs, W. E. "Lieutenant Stairs' Account of His Ascent of Ruwenzori, to a Height of 10,677 Feet Above Sea-Level." *Proceedings of the Royal Geographical Society* 12 (December 1889): 726–30.

Stanley, Henry M. *The Exploration Diaries of H. M. Stanley*. Edited by Richard Stanley and Alan Neame. New York: Vanguard Press, 1961.

Stanley, Henry M. "Geographical Results of the Emin Pasha Relief Expedition." *Proceedings of the Royal Geographical Society* 12 (June 1890): 313–31.

Stanley, Henry M. *How I Found Livingstone: Travels, Adventures, and Discoveries in Central Africa*. London: Sampson Low, Marston, Low, and Searle, 1872.

Stanley, Henry M. *In Darkest Africa*. 2 vols. London: Sampson Low, Marston, Searle, and Rivington, 1890.

Stanley, Henry M. "The Origin of the Negro Race." *North American Review* 170 (May 1900): 656–65.

Stanley, Henry M. *Stanley's Despatches to the New York Herald, 1871–1872, 1874–1877*. Boston: Boston University Press, 1970.

Stanley, Henry M. *Through the Dark Continent*. New York: Harpers, 1878.

Stefansson, Vilhjalmur. "The 'Blond' Eskimos," *Harpers Monthly Magazine* 156 (1928): 191–98.

Stefansson, Vilhjalmur. *My Life with the Eskimo*. New York: Macmillan, 1913.

Stefansson, Vilhjalmur. *The Stefánsson-Anderson Arctic Expedition of the American Museum: Preliminary Ethnological Report* 14. New York: American Museum of Natural History, 1914.

Stocking, George W. *Race, Culture, and Evolution: Essays in the History of Anthropology*. Chicago: University of Chicago Press, 1968.

Sussman, Robert Wald. *The Myth of Race: The Troubling Persistence of an Unscientific Idea*. Cambridge, MA: Harvard University Press, 2014.

Sutton, J. E. G. "Archeology and Reconstructing History in the Kenya Highlands: The Intellectual Legacies of G.W.B. Huntingford and Louis S. B. Leakey." *History in Africa* 34 (2007): 297–320.

Taylor, Brian K. *The Western Lacustrine Bantu*. London: International African Institute, 1962.

Taylor, Griffith. "Climatic Cycles and Evolution." *Geographical Review* 8, no. 6 (December 1919): 289–328.

Taylor, Griffith. "The Distribution of Future White Settlement: A World Survey Based on Physiographic Data." *Geographical Review* 12 (July 1922): 375–402.

Taylor, Griffith. "The Ecological Basis of Anthropology." *Ecology* 15 (July 1934): 223–42.

Taylor, Griffith. "The Evolution and Distribution of Race, Culture, and Language." *Geographical Review* 11, no. 1 (January 1921): 54–119.

Taylor, Griffith. "The Nordic and Alpine Races and Their Kin: A Study of Ethnological Trends." *American Journal of Sociology* 30 (July 1931): 67–81.

Theal, George McCall. *Yellow and Dark-Skinned People of Africa South of the Zambesi*. London: Swan Sonnenschein & Company, 1910.

Thornton, Christopher P., and Theodore G. Schurr. "Genes, Language, and Culture: An Example from the Tarim Basin." *Oxford Journal of Archaeology* 23 (2004): 83–106.

Tobias, Philip V. *The Meaning of Race*. Johannesburg: South African Institute on Race Relations, 1961.

Trautmann, Thomas R. *Aryans and British India*. Berkeley: University of California Press, 1997.

Tregear, Edward. *Aryan Maori*. Wellington, New Zealand: George Didsbury, 1885.

Trigger, Bruce. *A History of Archaeological Thought*, 2nd ed. Cambridge: Cambridge University Press, 2006.

Waal, David Christiaan De. *With Rhodes in Mashonaland*. Cape Town, South Africa: J. C. Juta and Company, 1896.

Wilson, C. T., and R. W. Felkin, *Uganda and the Egyptian Soudan*. London: Sampson Low, Marston, Searle, and Rivington, 1882.

Wrigley, Christopher. *Kingship and State: The Buganda Dynasty*. Cambridge: Cambridge University Press, 2002.

中英對照及索引

六畫

七畫

八畫

九畫

十三畫

地點、建築

五畫

六畫

七畫

文獻、影片

九畫

十畫

族群、國家

七畫

八畫

九畫

十畫

六～十畫

十一畫以後